歷史領航家正傳

王季香、施忠賢、陳文豪、陸冠州、鄭國瑞　編著

麗文文化事業

■ 國家圖書館出版品預行編目資料

歷史領航家正傳／王季香等合編. ──初版. ──高
雄市：麗文文化, 2015.08
　　面；　公分
　　ISBN　978-957-748-621-9(平裝)

1.傳記　2.中國

782.1　　　　　　　　　　　　　　　104015286

歷史領航家正傳

初版一刷・2015 年 8 月

編者	王季香、施忠賢、陳文豪、陸冠州、鄭國瑞
發行人	楊曉祺
總編輯	蔡國彬
出版者	麗文文化事業股份有限公司
地址	80252高雄市苓雅區五福一路57號2樓之2
電話	07-2265267
傳眞	07-2233073
網址	http://www.liwen.com.tw
電子信箱	liwen@liwen.com.tw
劃撥帳號	41423894
購書專線	07-2265257轉236
臺北分公司	23445新北市永和區秀朗路一段41號
電話	02-29229075
傳眞	02-29220464
法律顧問	林廷隆律師
電話	02-29658212

行政院新聞局出版事業登記證局版台業字第5692號
ISBN 978-957-748-621-9（平裝）

麗文文化事業

定價：350 元

歷史領航家正傳 目次

歷史的航程

一、錨：「歷史」的定位

一個重視歷史的民族，最重大的課題不是如何記取無窮無盡的歷史教訓，而是如何將日積月累、汗牛充棟的史冊臚列統整、歸納分類。

中國是個多書、重書的國度，早在西方圖書館學還沒傳入的漢朝，雖然經過了秦朝挾書律（一般所稱的「焚書」）和楚漢相爭的經年戰火，但短短數十年間，西漢成帝時的劉向和劉歆父子，已經需要設計一套圖書分類系統為當時龐雜的書籍典冊進行編目工作。劉向完成的是《別錄》，其子劉歆在這個基礎上推出了《七略》。

《七略》將當時的古今圖書分為六類（加上最前面的分類原則等總綱性文字，合起來就是七略），其中的〈六藝略〉堪稱「經學」之部，是六經相關書籍的類別。既然與六經相關，其中必然有一部分的書籍是依附於《春秋》而成一小類的，而這一小類，便是中國最早史籍被編入的門類。

史書被編入經學，這不是劉向父子混淆了類別，而是六經原本不是「經」，它們的來源多端，像《詩》屬於文學；《書》、《春秋》屬於歷史；《易》屬於命理；《禮》屬於制度；《樂》屬於音樂。但後來儒學開展之後，「經」成了它們的第一身分，而其各自的原本功能便成為次要的了。

從這個特殊因緣來說，中國的歷史向來便不只是歷史，而是「經」與「史」的綜合。說得更真切些，從中國的觀點來看，人類是藉由過往之事（史）來領悟人生之理（經）。「史」是「經」的材料，「經」是「史」的意義。當然，這樣一來「史」的地位因為「經」的身分而提升了；但從另一個角度來說，「史」也成了「經」的附庸，無法有獨立的學術領域。

這種情況一直要到南北朝才有了不同的分類法。那是梁朝阮孝緒，他

1

在他的著作《七錄》中,將圖書分爲七大類,其中第二類爲「記傳錄」,也就是史籍類。這一類單獨成立,與第一類的「經典錄」已經區隔開來,可以說,「史」與「經」自此已然走上分道揚鑣的路了。

而一般最爲耳熟能詳的「經、史、子、集」四大分類概念,最早出自於《隋書·經籍志》。但究其實,該書對於圖書的劃分共有六類,除了前面這四大類外,要再加上「道經」、「佛經」這兩類。只不過這後兩類既是宗教典籍,便與人間之學有別,因此阮孝緒在《七錄》裏便將之稱爲「外篇」,與前四類的「內篇」界域分明。《隋書·經籍志》雖然沒有區分內、外,不過「經、史、子、集」叫四部,「道、佛」則不稱部,顯然仍是差別看待的。因此,後代皆以《經籍志》爲四部分類的先河,而中國圖書典籍的分類規模,也大致底定,後代因循的多,更易的都屬細部調整了。

《隋書·經籍志》尚有一個分類上值得注意之處,那就是它將史部分爲:正史、古史、雜史、霸史、起居史、舊事、職官、儀注、刑法、雜傳、地理、譜系、簿錄等十三目。如果對照清代編輯的《四庫全書》,其史部共分:正史、編年、紀事本末、別史、雜史、詔令奏議、傳記、史鈔、載記、時令、地理、職官、政書、目錄、史評等十五種。依這兩者對史籍的分類,則除了《左傳》、《戰國策》、《史記》、《資治通鑑》等我們常見的史書外,尚有資料、制度、天文地理,甚至讀史心得都包羅其中,由此也可看出中國史學的廣度。

二、船:史書的體裁

歷史是被寫出來的。在這個意義下,歷史是人爲加工後的產物,一般人認爲的歷史「眞相」或「原貌」,大約只能算是歷史的素材,它離歷史成品還有相當大的距離。加工後所呈現的歷史,將過去原本未定的一切,定格成爲一種系統化、完整性的樣貌,我們看到的歷史,就是這種處理後的歷史。

　　而這種歷史「工藝」隨著時間的演進而發展。「時間」是一開始的常用工法，理由明白直捷：歷史乃是時間的產物。因此隨著時間的縱軸而將素材依次排列，便有了「編年體」的產生。編年體以「年」為單位記錄歷史事件，起源最早，所以也稱古史。前面提到的《春秋》便是最早的一部編年史，其後北宋司馬光耗時十九年所完成的《資治通鑑》，同樣也是編年體的名著。

　　編年體算是最素樸的歷史撰述法，因此它的優點與缺點也簡單明顯。由於它貼緊時間的軌跡，所以優點是特定時間單元內所出現的人事物可以一目瞭然，事件的前後次序也能輕鬆辨識。然而，歷史常不是一瞬間的，在漫長的時間流衍中，許多人事物以斷斷續續、若即若離的方式進行著，因此在閱讀的過程中常會發生歷史「斷點」的情形，然後在某個時點又忽然接續了起來，歷史在此竟被時間切割得零碎散漫，真是成也時間、敗也時間。

　　由於編年體的這個缺點，讓我們理解到「時間」並不是歷史唯一的構成要素。我們觀閱歷史，常常是在檢視「事件」，而「事件」是一連串人事地物的總合，它隨「時間」而演變發展，但不純然只是時間。於是一種以「事件」為主軸的歷史撰述法—「紀事本末體」於焉誕生。

　　紀事本末體是以特定歷史事件為中心，每一事件單獨成一篇。這種體裁一般認為是創始於宋朝袁樞的《通鑑紀事本末》，然而早在《戰國策》這本史書上便可以看到這種形式的歷史呈現，如《東周策》的「秦興師臨周而求九鼎」、《秦策》的「衛鞅亡魏入秦」等。在此，構成歷史的單元要素是「事件」，經由彙整貫串，每一事件發生的原因、經過與結果有始有終、獨立而完整。

　　紀事本末體讓歷史脫離了編年體那充滿資料、記錄的性質，進入到一種濃烈的敘事風格裏，它相當程度地擺脫了時間（依序編史）對於個別歷史事件的干擾，讓歷史可以是一則頭尾完整、一氣呵成的動人故事。這不僅拉近了歷史與文學的關聯，還大大強化了歷史作為「借鏡」的文化功能。原本在編年體的史冊中，歷史要發揮「借鏡」功能，常須利用「外

加」的方式，以《春秋》為例，它須透過如《公羊傳》、《穀梁傳》、《左傳》等「解經」的手續，亦即對於記載內容「解碼」或「補充說明」的過程，才能令人洞悉歷史的原委，以及後人應記取的教訓。而紀事本末體讓歷史充滿了劇情，讀史和看戲之間有了更簡捷的過渡，觀閱後自然會在心靈產生洗滌、淨化、反思的藝術效果。以上，都可視為紀事本末體的優點。

只是，紀事本末體的方式，讓歷史被切割成許多大大小小的事件，而這些事件之間同樣有了「斷點」。以上面提到的「秦興師臨周而求九鼎」、「衛鞅亡魏入秦」為例，我們無法知道這兩者之間有何關聯？以及這兩個事件中間還發生了什麼事？所以看紀事本末體的作品，我們得到的是對許多故事的印象，得不到一個時代的完整風貌。歷史，被「事件」切割得零碎了。還是那句話：成也事件，敗也事件。

紀傳體的出現，開啟了中國歷史撰述上最偉大的工程。它以「人物」為中心，直接點明人性、智愚、情仇、治亂等等跟人有關的元素，才是推動歷史無限開播、欲罷不能、精采紛呈的驅力。從編年體的「時間」、紀事本末體的「事件」，到紀傳體的「人物」，史家看待歷史的焦點，從抽象到具體，從具體到生命，經過這一連串演變，中國的歷史彷彿經歷了一番「皮諾丘」（變人）歷程，不能不說，紀傳體是歷史上，畫龍點睛的那一筆。

那麼會不會又是成也人物，敗也人物呢？答案當然是肯定的。只是司馬遷所設計的紀傳體，並不只是從「時間」、「事件」改變到「人物」這樣單純的焦點轉移，若只是這樣，那與其他體裁對比，自然是各有優缺點，而且優點之所在，缺點之所在。紀傳體相對於其他兩體，最大的意義在於它是一個「系統」，所以有其多元層面，在這個比較點上，編年體和紀事本末體各自只有「時間」和「事件」一個層面，所以特色突顯，缺點也明顯。正因如此，使得紀傳體雖然以「人物」為述史主軸，卻能夠在多層面「系統」的互補下，大大減低了「敗也人物」的缺失。

司馬遷所規畫的這個「系統」，以「本紀」、「世家」、「列傳」分

記帝王、諸侯，以及個人的歷史；此外又以「書」記述典章制度；以「表」按年為序，列出諸侯王者之歷代大事記，使讀者仍能有明確之時間觀念。這是司馬遷參酌古籍、綜合各體的嶄新創舉，喻之為偉大的「發明」，一點也不為過。所以「人物」（本紀、世家、列傳）所可能產生的偏失，有「書」和「表」來補充說明；時間縱軸在「本紀」、「世家」、「列傳」中被保留，且在「表」中被格式化；時代、社會與文化的橫剖面則放入「書」中做完整敘述。這是文化與歷史累積到極豐富的程度才會出現的大躍進，間接也逼出了《史記》這本曠世巨著。

自司馬遷創設紀傳體後，歷代修史者沿承不絕，只做小處更動，全然不違其基本規範，班固《漢書》、范曄《後漢書》、陳壽《三國志》（與《史記》和稱「四史」），一直到清代的《明史》（合稱「二十五史」），中國歷來被稱為正史者，全都遵循著紀傳體的規格。

三、航：歷程的典範

拜紀傳體發達之所賜，數千年來許多精采的人物相繼躍然於史冊上，他們或開風氣之先河、或留後代之遺澤、或閃耀生命之熾芒、或埋首千古之事業……，太多太多的典範人物，沿著歷史的軸線站立在他們所屬的時間座標上，讓歷史這條長河璀燦閃爍，直與天上銀河輝映。

歷史之奇妙，在於它從來不曾停留在過去，而是時時閃現在當前。孔子行誼垂訓百世、孔明妙計膾炙至今，即使像《說文解字》的許慎、《通典》作者的杜佑，透過他們的著作，我們都能清楚感應到一顆睿智深思、認真渴求的心靈在躍動著，更不用說是曹操那一世奸雄的形象、秋瑾愁煞人的悲傷，以及惠能本來無一物的豪情了。也許要用顧愷之的畫筆才描繪得出武則天一代女皇的威勢、鄭和站在艦首遠眺汪洋的眉宇、華佗把脈問診的專注，和周敦頤那謙沖不染的道貌。所幸司馬遷用他的文采，替我們留下了劉邦發跡的故事、白圭發財的傳奇。而同屬於太史公那個時代的張騫，雖然沒有向東打通前往福爾摩沙的水路，但最後鄭成功、劉銘傳還是

相繼渡海來台了……

　　歷史之奇妙，在於它從來不會只是別人的故事，而往往自己不知不覺間也成了劇中之人。也許我們該和王羲之一樣來個臨文嗟悼、感慨係之。在這群賢畢至的二十篇介紹文字中，每人每事，都足以遊目騁懷、暢敘幽情，與這些時代的領航家結識，也不枉我人俯仰一世了。

　　　　　　　　　　　　　　　　　　　施忠賢

引領先秦子學之先河 —— 孔子

《史記·孔子世家》

　　本文節錄自司馬遷的《史記·孔子世家》。司馬遷寫歷史，多以人爲中心，以本紀序帝王，世家載諸侯，列傳記人物，強調人的能動性。而論人物，獨立於政治傳統之外，不以官本位，不就成敗論英雄。因此，孔子雖非王侯將相，也無爵位封國，但他認爲孔子的文化貢獻卓著，影響力不亞於世代相傳的諸侯，列入孔子世家。他在《史記·太史公自序》表明其撰述動機：「周室既衰，諸侯恣行。仲尼悼禮廢樂崩，追修經術，以達王道，匡亂世反之於正，見其文辭，爲天下制儀法，垂六藝之統紀於後世。作孔子世家第十七。」太史公如此自破體例撰史，實深具卓見特識。

　　孔子生長在世變日亟的春秋時代，淑世是他的理想，教育是他的志業，文化是他的使命。如果先秦諸子是代表中國文化的軸心思想，那麼孔子就是開啓這軸心思想的先河。《史記·孔子世家》詳細地記述了孔子的生平活動及各方面的成就。全文線索清楚，有條不紊，寫孔子貧賤孤苦的童年、穩實安命的成長、在苦難中不忘自我解嘲的幽默風度、面對政治危機考驗不改其志的人格典型，及其善於因機設教，隨境點化的教育之道，不僅注意性格特徵的描寫，也大量引用孔子自道或對話表現並活化孔子形象，令人覺得親切可感。而其太史公曰的歷史贊言，既客觀稱頌其人，也主觀寄寓他對孔子的嚮往和景仰，虛實相寫，最能提要鉤玄，並看到歷史學家理智重建歷史的觀點。贊語先引《詩經·小雅》的話，抒發感慨，表

達對孔子的崇敬;繼而引入事實,提出遺書、遺物和遺教,寫作者在孔子故居的所見與感受,表示對孔子的嚮往;最後用反襯說明孔子獨出於聖賢的影響力,終以「可謂至聖矣」作結,含蓄有餘的歸納出孔子活得精采,死得莊嚴,且創業繼統,澤及後世的歷史定位。

在政治上,孔子秉持淑世的理想熱情,周遊列國,到處宣揚他以德領政的爲政之道,即使到處碰壁,遭到打擊、排斥、嘲諷、甚至圍困,仍然堅持不懈。司馬遷在傳記中,以相當的篇幅,眞實記述孔子一生的政治活動,寫得生動具體、形象逼眞。由於本文選錄重點在於浮凸孔子開風氣之先的文化思想與教育精神,因此對孔子政治上的經歷,較強調其「天下雖干戈,我心仍禮樂」的處變之道。

孔子是我國教育史上私人授徒講學的第一人。在他之前,學在官府,他打破貴族、平民的階級區隔,興辦私學,廣收門徒,平民於是有了受教權,把文化知識普遍傳播到民間,這在我國教育史上,實爲創舉。太史公對孔子的辦學思想、教學內容和方法,以及循循善誘、誨人不倦的教育風範,大書特書,突出表現偉大教育家的風範。而孔子所以能創教垂統,折衷先秦諸子思想,來自於「好古敏學」、「述而不作」的生命特質與「斯文在茲」的文化使命。太史公通過時代、家世背景的描寫、孔子和弟子及時人的對話,勾勒出孔子淵博的學養和高度的人格修養,以及他創造性繼承古代文化的貢獻。

本文節選的內容主要著眼於孔子出身背景、人格特質及其在文化教育方面的貢獻。看看孔子如何突破出身背景的限制、時代環境的格局,成爲當時人心目中的聖人,成爲歷史上的至聖先師;也開創了儒家思想,確立出「自立立人」的文化方向!

本文及註釋

【身世背景】

　　孔子生魯昌平鄉陬邑[1]。先[2]宋人也，曰孔防叔。防叔生伯夏，伯夏生叔梁紇。紇與顏氏女野合[3]而生孔子，禱於尼丘得孔子。魯襄公二十二年而孔子生。生而首上圩頂[4]，故因名曰丘云。字仲尼，姓孔氏。

　　丘生而叔梁紇死，葬於防山。防山在魯東，由是孔子其父墓處，母諱之[5]也。孔子為兒嬉戲，常陳俎豆[6]，設禮容[7]。孔子母死，乃殯五父之衢[8]，蓋其慎也。陬[9]人輓父之母誨[10]孔子父墓，然後往合葬於防焉。

　　孔子要絰[11]，季氏饗[12]士，孔子與往。陽虎絀[13]曰：「季氏

---

[1] 陬邑：陬，音ㄗㄡ，地名，今山東阜東南。

[2] 先：祖先。

[3] 野合：不合禮儀的婚配。司馬貞索隱：「今此云野合者，蓋謂梁紇老而徵在少，非當壯室初笄之禮，故云野合，謂不合禮儀。」當時叔梁紇已六十六歲，顏徵在還不到二十歲。老夫少妻，在春秋時期是不合禮儀的婚配，因為孔子之父叔梁紇年老而母親顏徵在年少，故兩人結合不合禮儀。

[4] 圩頂：中間低而四周高起。圩，音ㄩˊ。

[5] 母諱之：叔梁紇去世時，顏徵在少寡，在當時社會，她不便送葬，故不知叔梁紇墳地所在，所以無法告訴孔子，他父親的墓地是在何處。

[6] 常陳俎豆：陳，陳列、擺設。俎豆，古代祭祀時盛祭品的器皿。俎是方形的，豆是圓形的。

[7] 禮容：指儀容。

[8] 殯五父之衢：殯，停放靈柩。五父之衢，路名，是魯國城內的街道。

[9] 陬：通「陬」，陬邑。

[10] 誨：告訴的意思。

[11] 要絰：古代喪服中的麻腰帶。要，通「腰」。

[12] 饗：用酒食款待人。

[13] 絀：通「黜」，排除，貶退。

饗士，非敢饗子也。孔子由是退。

孔子年十七，魯大夫孟釐子[14]病且死[15]，誡其嗣[16]懿子曰：「孔丘，聖人之後，滅於宋[17]。其祖弗父何始有宋而嗣讓厲公[18]。及正考父佐[19]戴、武、宣公，三命茲益恭[20]，故鼎銘[21]云：『一命而僂[22]，再命而傴[23]，三命而俯，循牆[24]而走，亦莫敢余侮[25]。饘[26]於是，粥於是[27]，以餬余口[28]。』其恭如是。吾聞聖人之後，雖不當世[29]，必有達者[30]。今孔丘年少好[31]禮，其達者歟？吾即沒[32]，若[33]必師之。」及釐子卒，懿子與魯人南宮敬叔往學禮焉。是歲，季武子卒，平子代立。

---

[14] 孟釐子：釐，音ㄒㄧ，通「僖」。
[15] 病且死：病重將要死。且，將要，將近。
[16] 誡其嗣：誡，囑告。嗣，繼承人，此指兒子。
[17] 滅於宋：孔子六世祖孔父嘉在宋國內亂中為華督所殺，其子防叔奔魯，故云滅於宋。
[18] 嗣讓厲公：孔子遠祖弗父何為宋襄公之子，依禮法當為宋國嗣君，但其讓位於弟弟，即後來的宋厲公。
[19] 佐：輔助。
[20] 三命茲益恭：三命，指三次加官晉爵。茲益，更加。
[21] 鼎銘：鼎上所鑄的文字。
[22] 僂：曲背，引申為鞠躬。
[23] 傴：音ㄩˇ，背脊彎曲的，彎腰表示恭敬。
[24] 循牆：挨著牆。循，沿著。
[25] 侮：欺侮。
[26] 饘：音ㄓㄢ，稠粥。
[27] 於是：在這個鼎中。
[28] 以餬余口：用饘、粥來勉強維持自己的生活。表示過儉樸的生活。
[29] 當世：指做國君。
[30] 達者：顯貴的人。
[31] 好：喜歡。
[32] 即沒：如果死了。
[33] 若：你，指孟懿子。

【成長歷程】

孔子貧且賤。及長，嘗為季氏史[34]，料量平[35]；嘗為司職吏而畜蕃息[36]。由是為司空[37]。已而去魯，斥乎齊，逐乎宋、衛，困於陳、蔡之間，於是反魯。孔子長九尺有六寸，人皆謂之「長人」而異之。魯復善待，由是反魯。

魯南宮敬叔言魯君[38]曰：「請與孔子適周。」魯君與之一乘車，兩馬，一豎子俱[39]，適周問禮，蓋見老子云。辭去，而老子送之曰：「吾聞富貴者送人以財，仁人者送人以言。吾不能富貴，竊[40]仁人之號，送子以言，曰：『聰明深察而近於死者，好議人者也。博辯廣大危其身者，發人之惡者也。為人子者毋以有己[41]，為人臣者毋以有己。』」孔子自周反於魯，弟子稍益進焉[42]。

⋯⋯（孔子年四十二）吳伐越，墮[43]會稽[44]得骨節專車[45]。

---

[34] 嘗爲季氏史：嘗，曾經。史，一作「委吏」，古代管理倉庫的小官。

[35] 料量平：料，計算。量，量具。平，公平、精確。

[36] 司職吏而畜蕃息：司職史，管理牧場的小官吏。畜蕃息，牲畜殖興旺。

[37] 司空：官名。周代主管建築工程、製造車服器械、監督手工業奴隸的官，爲六卿之一。

[38] 魯君：指魯國國昭公。

[39] 一豎子俱：豎子，童僕。俱，一起。

[40] 竊：自謙之詞，冒充。

[41] 毋以有己：忘掉自己。

[42] 稍益進焉：稍，漸漸。益進，增多。

[43] 墮：音ㄏㄨㄟ，通「隳」，毀壞。

[44] 會稽：山名。

[45] 骨節專車：謂一節骨頭有一輛車長。

吳使使問仲尼：「骨何者最大？」仲尼曰：「禹致[46]群神於會稽山，防風氏[47]後至，禹殺而戮[48]之，其節專車，此為大矣。」吳客曰：「誰為神？」仲尼曰：「山川之神足以綱紀[49]天下，其守為神[50]，社稷[51]為公侯，皆屬於王者。」客曰：「防風何守？」仲尼曰：「汪罔氏[52]之君守封、禺之山，為釐姓。在虞、夏、商為汪罔，於周為長翟，今謂之大人。」客曰：「人長幾何？」仲尼曰：「僬僥氏[53]三尺，短之至也。長者不過十之[54]，數之極也。」於是吳客曰：「善哉聖人！」

桓子嬖臣曰仲梁懷，與陽虎有隙[55]。陽虎欲逐懷，公山不狃止之。其秋，懷益驕，陽虎執懷。桓子怒，陽虎因囚桓子，與盟而醳[56]之。陽虎由此益輕季氏。季氏亦僭[57]於公室，陪臣[58]執國政，是以魯自大夫以下皆僭離於正道。故孔子不仕，退而脩

---

[46]致：召集。

[47]防風氏：部落首領。

[48]戮：陳屍。

[49]綱紀：法則，原則。這裡是造福的意思。

[50]其守為神：守，指監守山川按時祭祀的人。神，指神化了的部落首領。

[51]社稷：指土地和穀物，此指守土神和穀神的人。

[52]汪罔氏：上古部落名。

[53]僬僥氏：僬僥，音ㄐㄧㄠ ㄐㄧㄠˇ，古代傳說中的矮人。《列子‧湯問》：「從中州以東四十里，得僬僥國，人長一尺五寸。」

[54]十之：指三尺的十倍，即三丈。

[55]隙：裂痕。

[56]醳：音ㄕˋ，通「釋」，釋放。

[57]僭：超越本分。指下級冒用上級的名義、禮儀、器物。

[58]陪臣：諸侯國的大夫，對天子自稱陪臣。此指季氏。

《詩》、《書》、《禮》、《樂》，弟子彌眾，至自遠方，莫不受業焉。

【從政之路】

……定公十四年[59]，孔子年五十六，由大司寇行攝相事[60]，有喜色。門人曰：「聞君子禍至不懼，福至不喜。」孔子曰：「有是言也。不曰『樂以其貴下人』乎？」於是誅魯大夫亂政者少正卯。與聞[61]國政三月，粥羔豚者弗飾賈[62]；男女行者別於塗；塗不拾遺；四方之客至乎邑者，不求有司，皆予之以歸[63]。

……孔子狀類陽虎，拘焉五日，顏淵後，子曰：「吾以汝為死矣。」顏淵曰：「子在，回何敢死！」匡人拘孔子益急，弟子懼。孔子曰：「文王既沒，文不在茲乎？天之將喪斯文也，後死者不得與于斯文也。天之未喪斯文也，匡人其如予何！」孔子使從者為宵武子臣於衛，然後得去。

去即過蒲。月餘，反乎衛，主蘧伯玉家。靈公夫人有南子者，使人謂孔子曰：「四方之君子不辱[64]欲與寡君為兄弟者，必見寡小君[65]。寡小君願見。」孔子辭謝，不得已而見之。夫人在

---

[59] 定公十四年：西元前 496 年。

[60] 行攝相事：擔任理相。相，指處理政務的最高行政官。

[61] 與聞：參預。

[62] 粥羔豚者弗飾賈：粥，音ㄩˋ，通「鬻」，賣。賈，通「價」。

[63] 歸：意謂都有賓至如歸之感。

[64] 不辱：不以為辱。

[65] 寡小君：對他國稱國夫人的謙辭。此指南子。

絺帷[66]中。孔子入門，北面稽首[67]。夫人自帷中再拜，環佩玉聲璆然[68]。孔子曰：「吾鄉[69]為弗見，見之禮答焉。」子路不說。孔子矢[70]之曰：「予所不[71]者，天厭之！天厭之！」居衛月餘，靈公與夫人同車，宦者雍渠參乘[72]，出，使孔子為次乘，招搖市過之。孔子曰：「吾未見好德如好色者也。」於是醜之，去衛，過曹。是歲，魯定公卒。

孔子去曹適宋，與弟子習禮大樹下。宋司馬桓魋欲殺孔子，拔其樹。孔子去。弟子曰：「可以速矣。」孔子曰：「天生德於予，桓魋其如予何！」

……孔子適鄭，與弟子相失，孔子獨立郭東門[73]。鄭人或謂子貢曰：「東門有人，顙[74]似堯，其項類皋陶，其肩類子產，然自要[75]以下不及禹三寸，纍纍[76]若喪家之狗。」子貢以實告孔子。孔子欣然笑曰：「形狀，末[77]也。而謂似喪家之狗，然哉！然哉！」

---

[66] 絺帷：細葛布帳子。

[67] 稽首：古代的一種恭敬的禮節，叩頭觸地。

[68] 璆然：此指美玉相撞發出的聲音。璆，音ㄑㄧㄡˊ，美玉。

[69] 鄉：通「向」，向來、一向。

[70] 矢：發誓。

[71] 予所不：所，如果。不，通「否」，《論語·雍也》中「不」作「否」。

[72] 參乘：古代乘車，御者居中，尊者居左，參乘居右，是陪乘。

[73] 郭東門：在城的周邊所加築的城牆。郭，外城。

[74] 顙：額。

[75] 要：通「腰」。

[76] 纍纍：通「累累」，頹喪憔悴的樣子。

[77] 末：不重要。一說是不對之意。

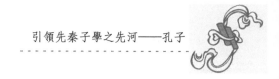

【禮樂素養】

孔子學鼓琴師襄子，十日不進。師襄子曰：「可以益矣。」孔子曰：「丘已習其曲矣，未得其數[78]也。」有閒[79]，曰：「已習其數，可以益矣。」孔子曰：「丘未得其志[80]也。」有閒，曰：「已習其志，可以益矣。」孔子曰：「丘未得其為人[81]也。」有閒，有所穆然[82]深思焉，有所怡然高望而遠志焉。曰：「丘得其為人，黯然而黑，幾然[83]而長，眼如望羊[84]，如王四國，非文王其誰能為此也！」師襄子辟席再拜，曰：「師蓋云《文王操》也。」。

……

孔子之時，周室微而禮樂廢，《詩》、《書》缺。追跡三代之禮，序《書傳》[85]，上紀唐、虞之際，下至秦繆[86]，編次其事。曰：「夏禮吾能言之，杞[87]不足徵也。殷禮吾能言之，宋不足徵也。足，則吾能徵之矣。」觀殷、夏所損益，曰：「後雖百世可

---

[78] 數：指演奏樂曲的技術、方法。

[79] 有閒：過了一段時間。

[80] 志：指樂曲的情感意蘊。

[81] 為人：樂曲作者的人品。

[82] 穆然：沉默靜思的樣子。穆，通「默」，沉默。

[83] 幾然：身長的樣子。

[84] 望羊：又作「望洋」，遠望。

[85] 《書傳》：即《尚書》之傳。

[86] 繆：通「穆」。

[87] 杞：西周初年分封的一個諸侯國。

知也，以一文一質。周監二代[88]，郁郁乎文哉。吾從[89]周。」故《書傳》、《禮記》自孔氏。

孔子語魯大師：「樂其可知也。始作翕[90]如，縱之純如[91]，皦[92]如，繹如[93]也，以成。」「吾自衛反魯，然後樂正[94]，《雅》、《頌》各得其所。」

【教育文化貢獻】

古者《詩》三千餘篇[95]，及至孔子，去其重，取可施於禮義，上采契、后稷，中述殷、周之盛，至幽、厲之缺，始於衽席[96]，故曰：「《關雎》之亂[97]以為《風》始，《鹿鳴》為《小雅》始，《文王》為《大雅》始，《清廟》為《頌》始」。三百五篇孔子皆弦歌之，以求合《韶》、《武》、《雅》、《頌》之音。禮樂自此可得而述，以備王道，成六藝。

孔子晚而喜《易》，序《彖》、《繫》、《象》、《說

---

[88] 周監二代：周朝的禮樂制度是在借鑒了夏、商二代禮樂制度長處的基礎上制定的。監，通「鑒」，借鑒。

[89] 從：遵行。

[90] 翕：音ㄒㄧˋ，配合一致。

[91] 縱之純如：縱，放開。純如，和諧。

[92] 皦：音ㄐㄧㄠˇ，清晰。

[93] 繹如：連續不斷。

[94] 樂正：即「正樂」，整理那些錯亂的樂曲。

[95] 《詩》三千餘篇：司馬遷關於古代有《詩》三千餘篇的說法缺乏根據，目前不少學者對此持懷疑態度。

[96] 衽席：本是床席，這裡指男女情愛。

[97] 亂：音樂的尾聲。

卦》、《文言》[98]。讀《易》，韋編三絕[99]。曰：「假[100]我數年，若是，我於《易》則彬彬[101]矣。」

孔子以《詩》、《書》、《禮》、《樂》教，弟子蓋三千焉，身通六藝者七十有二人。如顏濁鄒之徒，頗受業者甚眾。

孔子以四教：文，行，忠，信。絕四：毋意，毋必，毋固，毋我。所慎：齊[102]，戰，疾。子罕言利與命與仁。不憤不啟，舉一隅不以三隅反。則弗復也。其於鄉黨，恂恂[103]似不能言者。其於宗廟朝廷，辯辯言，唯謹[104]爾。朝，與上大夫言，誾誾[105]如也；與下大夫言，侃侃[106]如也。入公門[107]鞠躬[108]如也；趨進，

---

[98] 孔子晚而喜《易》……《文言》：《周易》中的卦辭和爻辭，文字簡略，但隱晦難懂。故後人對其進行了解說，這些解說的文字稱爲《易傳》，共十篇，故也稱《十翼》，這就是《上彖》、《下彖》、《上象》、《下象》、《上系》、《下系》、《文言》、《序卦》、《說卦》、《雜卦》。《彖》：即《彖辭》、《易傳》中說明各卦基本觀念的篇名。《繫》，即《繫辭》，《易傳》中總論全部《易》理的篇名。《象》，即《象辭》，《易傳》中解釋爻辭語句的篇名。《說卦》，是《易傳》中解釋八卦性質和象徵的篇名。《文言》，《易傳》中解釋乾、坤兩卦卦辭的篇名。

[99] 韋編三絕：意在說明孔子讀《易》勤而刻苦。韋，熟牛皮條。古代書籍是寫在竹木簡上，用熟牛皮條穿起來。三絕，多次斷開。三，並非確數，其言多也。

[100] 假：借。這裡是給予的意思。

[101] 彬彬：文質兼備，兼通文辭和義理。

[102] 齊：同「齋」，齋戒。

[103] 恂恂：音ㄒㄩㄣˊ ㄒㄩㄣˊ，謙恭的樣子。

[104] 唯謹爾：指態度謹慎小心。爾，罷了。

[105] 誾誾：音ㄧㄣˊ ㄧㄣˊ，和悅而能直言的樣子。

[106] 侃侃：和樂的樣子。

[107] 公門：國君的宮門。

[108] 鞠躬：恭敬的樣子。

翼如也 ¹⁰⁹。君召使儐 ¹¹⁰，色勃 ¹¹¹ 如也。君命召，不俟駕行矣。

【生活行誼】

　　魚餒，肉敗，割不正，不食。席不正，不坐。食於有喪者之側，未嘗飽也。是日哭，則不歌。見齊衰 ¹¹²、瞽者，雖童子必變。

　　「三人行，必得我師。」「德之不脩，學之不講，聞義不能徙，不善不能改，是吾憂也。」使人歌，善，則使復之，然后和之。

　　子不語：怪，力，亂，神。

　　子貢曰：「夫子文章 ¹¹³，可得聞也。夫子言天道與性命，弗可得聞也已。」顏淵喟然歎曰：「仰之彌高，鑽之彌 ¹¹⁴ 堅。瞻之在前，忽焉在後。夫子循循 ¹¹⁵ 然善誘人，博我以文，約我以禮，欲罷不能。既竭我才，如有所立，卓爾。雖欲從之，蔑 ¹¹⁶ 由也已。」達巷黨人 ¹¹⁷（童子）曰：「大哉孔子，博學而無所成名 ¹¹⁸。」子聞之曰：「我何執？執御乎？執射乎？我執御矣。」

---

¹⁰⁹ 趨進，翼如：趨，小步快走，表示恭敬；或釋為「快走」。翼，謹慎的樣子。
¹¹⁰ 儐：音ㄅㄧㄣ，迎接賓客。
¹¹¹ 色勃：臉色莊重認真。
¹¹² 齊衰：音ㄗ ㄘㄨㄟ，古代用粗麻布做成的一種喪服。服期以死了什麼人來決定，如齊衰三年、齊衰一年、齊衰五日、齊衰三日等。衰，通「縗」。
¹¹³ 文章：文獻知識淵博。
¹¹⁴ 彌：愈。
¹¹⁵ 循循：有條理有步驟地進行。
¹¹⁶ 蔑：不能。
¹¹⁷ 達巷黨人：黨，古時以五百家為一黨。達，為黨名。
¹¹⁸ 博學而無所成名：這句話的意思是，孔子博學多才卻不專一名家。

牢曰：「子云：『不試，故藝』。」

魯哀公十四年春，狩大野。叔孫氏車子鉏商[119]獲獸，以為不祥，仲尼視之，曰：「麟也。」取之。曰：「河不出圖[120]，雒不出書[121]，吾已矣夫！」顏淵死，孔子曰：「天喪予！」及西狩見麟，曰：「吾道窮矣！」喟然歎曰：「莫知我夫！」子貢曰：「何為莫知子？」子曰：「不怨天，不尤人，下學而上達，知我者其天乎！」

「不降其志，不辱其身，伯夷、叔齊乎！」謂「柳下惠、少連降志辱身矣。」謂「虞仲、夷逸隱居放言，行中清[122]，廢中權[123]。」「我則異於是，無可無不可[124]。」

子曰：「弗乎弗乎！君子病沒世而名不稱焉。吾道不行矣，吾何以自見於後世哉？」乃因史記[125]作《春秋》，上至隱公[126]，下訖哀公十四年，十二公。據魯[127]，親周[128]，故殷[129]，運之三代。約其文辭而指博[130]。故吳、楚之君自稱王，而《春秋》貶之

---

119 車子鉏商：車子，駕車的人，其人名鉏商。鉏，音ㄔㄨˊ。

120 河不出圖：《易·繫辭》說：「河出圖雒出書，聖人則之。」傳說有龍馬從黃河出，背負河圖。河，黃河。圖，傳說中的八卦圖。

121 雒不出書：傳說古代有靈龜背負雒書從雒水中浮出。雒，通「洛」，洛水。

122 行中清：行，行為。中清，合乎純潔清高。

123 廢中權：廢，自我廢棄，不追求功名利祿。中權，合乎權變之道。

124 無可無不可：意思是說，孔子既不降志辱身以求進取，也不隱居放言以避世。

125 乃因史記：因，依據。史記，指當時的史籍。

126 隱公：指隱，西元前722年。

127 據魯：以魯國為中心記述。

128 親周：指奉周王室為正統。

129 故殷：把殷朝的舊制作借鑒。故，古，引申有借鑒之意。

130 約其文辭而指博：約，簡約。指，通「旨」，宗旨、內容。

曰「子」[131]；踐土之會[132]實召周天子，而《春秋》諱之曰「天王狩[133]於河陽」：推此類以繩[134]當世。貶損之義，後有王者舉而開之。《春秋》之義行，則天下亂臣賊子懼焉。

孔子在位聽訟[135]，文辭有可與人共[136]者，弗獨[137]有也。至於為《春秋》，筆則筆[138]，削則削[139]，子夏之徒不能贊一辭[140]。弟子受《春秋》，孔子曰：「後世知丘者以《春秋》，而罪[141]丘者亦以《春秋》。」

【生榮死哀】

明歲，子路死於衛。孔子病，子貢請見。孔子方負杖逍遙於門[142]，曰：「賜，汝來何其晚也？」孔子因歎，歌曰：「太山[143]壞乎！樑柱摧乎！哲人萎乎[144]！」因以涕[145]下。謂子貢曰：「天

---

[131] 貶之曰「子」：吳、楚兩國受封時都是子爵，但兩國都自稱為王，與周天子平列。在《春秋》中，仍稱他們為「子」，以示對他們的貶削和對周王的尊崇。

[132] 踐土之會：魯僖公二十八年（西元前632年），晉文公召集周天子與諸侯在踐土會盟，確立了霸主地位。

[133] 狩：巡狩，即帝王巡察諸侯或地方官治理的地方。

[134] 繩：這裡是衡、糾正之意。

[135] 聽訟：審理訴訟案件。

[136] 可與人共：可以與人商量斟酌。

[137] 獨：獨自決斷。

[138] 筆則筆：應該寫的一定寫上去。

[139] 削則削：應該刪掉的一定刪掉。

[140] 贊一辭：指幫助潤改或增加一個詞。

[141] 罪：責備、怪罪。

[142] 方負杖逍遙於門：方，正。負杖，挂著拐杖。逍遙，悠閒自在。

[143] 太山：即泰山。太，同「泰」。

[144] 哲人萎乎：哲人，這裡指孔子自己。萎，枯槁，這裡指人的死亡。

[145] 涕：眼淚。

下無道久矣，莫能宗予[146]。夏人殯於東階，周人於西階，殷人兩柱閒。昨暮予夢坐奠[147]兩柱之閒，予始殷人也。」後七日卒。

孔子年七十三，以魯哀公十六年[148]四月己丑卒。

哀公誄[149]之曰：「旻天不弔[150]，不憖遺一老[151]，俾屏[152]余一人以在位，煢煢[153]余在疚。嗚呼哀哉！尼父[154]，毋自律[155]！」子貢：「君其不沒於魯乎！夫子之言曰：『禮失則昏，名失則愆[156]。失志為昏，失所為愆。』生不能用，死而之，非禮也。稱『余一人』[157]，非名也。」

孔子魯城北泗上，弟子皆服[158]三年。三年心喪[159]畢，相訣而去，則哭，各復盡哀；或復留。唯子贛廬於塚上，凡六年，然後去。弟子及魯人往從冢而家者百有餘室[160]，因命曰孔里。魯世

---

[146] 宗予：尊奉我的主張。

[147] 坐奠：坐著受人祭奠。

[148] 魯哀公十六年：西元前479年。

[149] 誄：一種用於哀的文體。

[150] 旻天不弔：旻天，天。弔，善。

[151] 不憖遺一老：憖，音一ㄣˋ，且。遺，留下。一老，一位老人，指孔子。

[152] 俾屏：俾，使。屏，扔下。

[153] 煢煢：音ㄑㄩㄥˊ ㄑㄩㄥˊ，狐獨無依的樣子。

[154] 尼父：對孔子的尊稱。

[155] 毋自律：《集解》引王肅曰：「律，法也。言毋以自為法也。」意思是說，沒有可以作為自己學習的楷模了。毋，通「無」。

[156] 愆：過失錯誤。

[157] 余一人：一人，即寡人，只有天子才能這樣自謂，諸侯不得用此，所以子貢謂魯哀公稱「余一人」，不合名分。

[158] 服：指服喪。

[159] 心喪：在心中悼念，不穿喪服。

[160] 百有餘室：一百多家。室，家。

世相傳以歲時奉祠孔子冢，而諸儒亦講禮鄉飲[161]大射於孔子冢。孔子冢大一頃。故所居堂弟子內[162]，後世因廟藏孔子衣冠琴車書，至于漢二百餘年不絕。高皇帝[163]過魯，以太牢[164]祠焉。諸侯卿相至，常先謁[165]然後從政。

【孔子的歷史地位】

太史公曰：「《詩》有之[166]：『高山仰止，景行行止[167]。』雖不能至，然心鄉[168]往之。余讀孔氏書，想見其為人。適魯，觀仲尼廟堂、車服、禮器，諸生以時[169]習禮其家，余祇[170]回留之不能去[171]云。天下君王至於賢人眾矣，當時則榮，沒則已焉。孔子布衣[172]，傳十餘世，學者宗之。自天子王侯，中國言六藝者折中[173]于夫子，可謂至聖矣！

---

[161] 講禮鄉飲：講禮，講習禮儀。鄉飲，鄉學結業的儀式。

[162] 故所居堂弟子內：孔子原來居住的堂屋，即故居。弟子內，弟子們所居住的房室。內，內室。

[163] 高皇帝：指漢高祖劉邦。

[164] 太牢：牛羊豬三牲俱備的祭祀。

[165] 謁：祭拜。

[166] 《詩》有之……行止：以下兩句詩，出自《詩經‧小雅‧甫田之什‧車轄》。全詩五章，皆以男子的口吻寫娶妻途中的喜樂及對佳偶的思慕之情。

[167] 高山仰止，景行行止：高山可以仰望，大道可供循行；用以比喻孔子的道德學問很偉大。仰止，敬仰。止，通「之」。景行，大道。

[168] 鄉：同「嚮」。心裡願望能達此境界。

[169] 以時：按時。

[170] 祇：敬。

[171] 回留之不能去：徘徊流連，不忍離去。

[172] 布衣：平民。

[173] 折中：取正，用以做為判斷事物的準則。意即凡過與不及，皆取斷於孔子的觀點而得其中，以孔子的話為標準或典範。

時代意義

　　孔子是一個怎樣的人？有人極力吹捧他，神化他，有人為了鞏固自己的政權正統性，僵化他，甚至為了找替代羔羊，詆毀、醜化他。孔子在歷史上的形象有多重，不同的時代，賦予他不同的樣貌，但不管是神化、或僵化、還是醜化者，都是用自己的主觀想法給孔子貼標籤，未必是孔子的真實面貌。當然，換個角度來說，孔子所以成為被質疑和批判的眾矢之的，實與儒家是文化主流思想有關。而誠如義大利史學家克羅齊（Benedette Croce）說：「一切歷史都是『當代史』。」「因為所述事件時間上不論其多麼遙遠，實際上它卻牽涉到眼前的需要和情況，在這裡那些事件也就有生命地跳動。」因此，你怎樣定義孔子，正反映你眼前的需要和情況。

　　西漢司馬遷讀孔子著作之際，湧現不容自己的景仰之情。在司馬遷看來，孔子是一座巍峨的高山，使人仰慕。來到孔子故居後，對孔子有更深的理解與嚮往之情。及至他見到孔子的廟堂、車服、禮器，見到與孔子密切相關的器物以後，孔子的形象如在眼前。尤其當他在孔子故居，見到許多儒生按時在他家中虔誠演習禮儀，更教他徘徊流連，不忍離去。這是司馬遷讀孔子著作，想見其為人的生命震動。這震動讓大史公用洋洋近萬言來描寫孔子七十三年的一生，重建了孔子的歷史形象。那我們這個時代需要怎樣的孔子？要如何來界定孔子？

　　如果我們界定孔子之前，先回歸歷史的文本——《史記·孔子世家》來認識孔子，就會發現在司馬遷的史筆下，孔子既不是神也不是罪人，他跟我們一樣就是個人，有歡喜憂悲，甚至家境貧窮，社會地位低下，從小就是個孤兒，與母親相依，做過很多低下階層的工作。所不同的是，孔子素位而行，用有限的生命積極活出自己、超凡入聖，不僅改造自己的命運也改變了世界，成為當時大家嘖嘖稱奇的聖哲，並以他的才學與德行折服三千弟子，栽培出七十二位賢哲。贏得至聖的美名，也樹立了儒家思想學

派，垂教後世，成爲中華文化思想的主流。

　　是的，孔子以其生命典型告訴我們，他不是神人、超人，他的偉大在於他就是一個人，以其身敎敎育學生如何成爲眞正的人，做一個不畏艱難，承擔現實，堅持理想，充分自我實現的人。而由此所開啓的敎育思想，是以人爲本，強調人格養成的敎育；是師生眞實生命相會、「以生命感召生命」的適性敎育。由此所樹立的文化精神，是尊重歷史、重視德性，開發盛德大業、日新富有的文化精神。這對受到實用功利思潮和資本主義市場經濟操縱，日益商品化、工具化與世俗化的現代敎育與文化困境，無疑是最有意義的「生命的跳動」。

編撰者：王季香

延伸閱讀

1. 胡玫，《孔子：決戰春秋》，2010 年。
2. 鮑鵬山，《孔子傳》，香港：中和出版社，2013 年。

參考資料

1.《論語》。

2.《孔子家語》。

3. 宋・尚齋、何平、譯注，《孔子世家》

　　http://www.gushiwen.org/GuShiWen_35f63586c9.aspx。

中國治生之祖——白圭

《史記・貨殖列傳》

導讀

　　此篇出自司馬遷（西元前 145–約前 86 年）《史記・貨殖列傳》。「貨殖」，意指經商有成而生財得利。司馬遷撰寫〈貨殖列傳〉的目的，旨在陳述中國社會自春秋末年至漢朝武帝年間，經濟環境日趨穩定。《史記・貨殖列傳》對漢代經濟興盛的現象作如此敘述：「漢興，海內爲一，開關梁，弛山澤之禁，是以富商大賈周流天下，交易之物莫不通，得其所欲。」平民經商有成的事蹟已屢見不鮮。尤其漢初社會有一類「素封」之人，他們雖無官爵封邑，但是個個資財豐厚，生活享樂可與有官爵者相比，最能反映當時充滿致富商機的現象。所以司馬遷在文中強調：「今治生不待危身取給，則賢人勉焉。是故本富爲上，末富次之，奸富最下。無巖處奇士之行，而長貧賤，好語仁義，亦足羞也。」他的意思是當社會建構出有利眾人財務自主的條件，每一位有識之士理當有實現自我的機會。反之，若還有士人長期受困於貧賤而無法施展抱負，司馬遷認爲除非是出於價值偏好，喜好隱居巖穴之地，不然這就是個人不識時務的下場。

　　在〈貨殖列傳〉一文中，司馬遷介紹三類貨殖有成的歷史人物。第一類是富國強兵的名臣，如春秋時代越國的計然。第二類是「治生」（自營生計）有成的官場人物，如戰國時代的白圭（約西元前 375 年–前 290 年）。第三類是「治生」有成的平民，如戰國時代的烏氏倮、巴寡婦清等

人。這三類人雖然都是貨殖之能人，但計然運用國家財務與資源，其事務遠超出一般百姓的經驗。第二、三類者則是靠個人非凡的營生本領，其經營之道與百姓息息相關。惟第三類者之生財訣竅未傳於世。所以當白圭肯將經商致富的心得與眾人分享，其經商之道也就成為一把開啟百姓富裕之門的金鑰匙。後世遂譽之為中國治生之祖。

本文及註釋

　　白圭，周人[1]也。當魏文侯[2]時，李克務盡地力[3]，而白圭樂觀時變[4]，故人棄我取，人取我與。夫歲孰取穀，予之絲漆[5]；繭

---

[1] 周人：周，戰國時周天子統治的地區只限王都成周（今河南洛陽市白馬寺以東）及其附近一小片地方。白圭是成周之人。據錢穆（西元 1894–1990 年）對白圭史料的考證，白圭為魏國大臣。見錢穆，《先秦諸子繫年》（臺北：東大圖書公司，1986 年），卷三，「白圭攷」。

[2] 魏文侯：戰國初魏國的國君。姬姓，名都，周貞定王二十三年（西元前 446 年）即大夫位，在位五十年（一說三十八年）。西元前 403 年與韓、趙兩家一起被周威烈王冊封為諸侯，又六年而卒（西元前 387 年）。他以好學尊賢著稱，開戰國養士之風。他曾尊子夏、段干木、田子方為師，並任用李悝、吳起、西門豹等人，銳意改革，使魏國成為當時最富強的國家。

[3] 李克務盡地力：意指李克善於使土地的效益提升至每畝多三升作物。李克（西元前 455 年–前 395 年），又名李悝（音ㄎㄨㄟ），戰國初魏國人。曾任魏文侯相，提倡勤奮耕作，以盡地力。編《法經》六篇，推行法治，這對日後的法家主張產生影響。關於李克「務盡地力」的作為，《漢書‧食貨志》稱他：「治田勤謹則晦益三升，不勤則損亦如之。」

[4] 白圭樂觀時變：白圭認為有識者樂於掌握市場的生財消息而使財富倍增，此謂「樂觀時變」。時變，指的是市場經濟與農作收成均呈現一種盛衰循環的週期現象。

[5] 歲孰取穀，予之絲漆：每年穀物成熟時，白圭買進糧作而賣出絲、漆。孰，通「熟」，穀物成熟。

出取帛絮，予之食6。太陰在卯，穰7；明歲衰惡8。至午，旱9；明歲美10。至酉，穰11；明歲衰惡。至子，大旱12；明歲美，有水。至卯，積著率歲倍13。欲長錢，取下穀14；長石斗，取上種15。能薄飲食16，忍嗜欲17，節衣服18，與用事僮僕同苦樂19，趨時20若猛獸摯鳥21之發22。故曰：「吾治生產，猶伊

---

6 繭出取帛絮，予之食：當蠶繭結成時，白圭買進絹帛、綿絮。

7 太陰在卯，穰：當歲星在卯位時，該年農作必定豐收。太陰，木星，又稱歲星。木星由西向東公轉，運行軌跡與日月及其他太陽系星球方向相反。由於木星公轉一圈須十二年，古人將其分成十二段，配合十二地支，用以紀年。此種紀年法是造一假星，稱之曰「歲星」。它運行軌道與日月星辰方向相同，又與木星公轉路徑相合。卯，地支的第四位。穰，音ㄖㄤˊ，農作豐收。

8 明歲衰惡：隔年農作收成大幅減少。明歲，隔年。

9 至午，旱：當歲星在午位時，該年必定面臨旱災。

10 明歲美：隔年因旱象解除，農作收成轉好。

11 至酉，穰：當歲星在酉位時，該年農作必定豐收。

12 至子，大旱：當歲星在子位時，該年必定大旱。

13 至卯，積著率歲倍：當歲星復行至卯位時，白圭囤積的貨物通常比往年增加一倍以應時變。率，大抵、大概。

14 欲長錢，取下穀：意指白圭為了節省生活開支，採買等級較差的穀物給自己吃。一說取下穀旨在薄利多銷。下穀以低廉的售價促銷給消費大眾，進而提高資金之周轉率。下，低劣之意。

15 長石斗，取上種：意指在種子的採買上，白圭寧可選擇品質較優者，以增加日後收成作物的質量。長，增加。石斗，古代計量容積的器具。上種，良種。

16 薄飲食：對吃喝不講究。此句與上文「欲長錢，取下穀」之文意相連。薄，輕忽。

17 忍嗜欲：能自我克制個人的嗜好與欲求。忍，抑制。

18 節衣服：節省穿戴衣物之花費。

19 與用事僮僕同苦樂：此句意指白圭可與雇用之僕人同甘共苦。僮僕，家僮與僕役，泛指僕人。

20 趨時：掌握難得的投資時機。

21 摯鳥：如鷹、鵰般的猛禽。摯，通「鷙」，又稱鵰（音ㄏㄨˊ）。

22 發：指猛禽捕捉獵物的速度快、準度高，且毫不留情的樣子。

尹、呂尚之謀[23]，孫吳用兵[24]，商鞅行法[25]是也。是故其智不足與權變，勇不足以決斷，仁不能以取予[26]，彊[27]不能有所守[28]，雖欲學吾術，終不告之矣。」蓋天下言治生祖白圭。白圭其有所試[29]矣，能試有所長[30]，非苟而已也。

時代意義

中國士人在孔子「罕言利」（《論語·子罕》）的價值觀念影響下，歷來是「恥言功利，故凡屬以財貨為主體之學問，不喜治之。」（見張品興主編：《梁啟超全集》第 5 冊，北京：北京出版社，1999 年），清末學者吳汝綸（西元 1840–1903 年）在《原富》（*An Inquiry into the Nature*

---

[23] 伊尹、呂尚之謀：此句意指經商者若要成功，其謀略必須有安國定邦的格局，亦即投資眼光須領先市場十年以上。伊尹，商初名相。成湯在他的輔佐下滅了夏朝。呂尚，又稱姜子牙，商朝末年人。周文王及周武王均拜他為師。在他的輔佐下，周武王滅了商朝。

[24] 孫吳用兵：此句意指投資策略必須如兵法般千變萬化，並時時關注風險值的變化。孫，孫武，春秋末年齊國人。他在吳國為將期間，大破楚軍，威震中原。《孫子兵法》是他的兵學著作，後世以兵聖尊稱之。吳，吳起，戰國初期衛國人。他在魯國及魏國為將，戰績彪炳，著有《吳子兵法》。後世將孫武、吳起並稱為「孫吳」。

[25] 商鞅行法：此句意指經商者必須嚴守既定的投資法則。商鞅，戰國法家的代表人物。秦孝公在他的輔佐下變法有成，奠定秦國在西方稱霸的地位。此句以「商鞅行法」譬喻商道，反映白圭既是魏文侯時代的人物，卻能聽聞商鞅相秦之事，他必是高壽之人。因為商鞅變法一事在魏文侯死後近四十年。

[26] 取予：意指當貨物的市場價格超跌，應有危機入市的作為；此謂之曰「取」。當貨物的市場價格超漲，應該毫不遲疑地賣出手中的貨物；此謂之曰「予」。「取予」二字與上文「人棄我取，人取我與」之文意相連。

[27] 彊：通「強」。

[28] 有所守：意指嚴守投資紀律。

[29] 有所試：意指白圭的投資心法符合經商的實務需要。

[30] 能試有所長：若有人能落實白圭的投資心法，必能獲得可觀利潤。

and Causes of the Wealth of Nations，今中譯為《國富論》）序言便批評中國的知識分子向來以言利為諱，卻普遍對中國積弊已深的經濟拿不出辦法。該序文稱：「中國士大夫以言利為諱。……危敗之形見而不思變計，則相與束手熟視而無如何。思變矣而不得所以變之之方，雖終日搶攘徬徨交走駭愕，而卒無分毫之益。」（見嚴復譯：《原富》，臺北：台灣商務印書館，1965 年）參與清末「百日維新」政務的譚嗣同（西元 1865–1898 年）則稱：「商務者，儒生不屑以為意，防士而兼商，有背謀道不謀食之明訓也。」（《譚嗣同全集》，臺北：華世出版社，1977 年）因此司馬遷〈貨殖列傳〉一文在中國傳統學界是一篇具爭議性的作品，東漢的史學家班固（西元 32–92 年）便對其提出「述貨殖則崇勢利而羞賤貧」（《漢書・司馬遷傳》）的負面評語。

時至今日，在全球化的市場資本主義經濟體系中，中國外匯儲備自民國 95 年起，已連續九年位居世界第一（民國 104 年尚未結算）。中國企業在美國上市的家數也突破兩百家。在重視工商經濟效益的背景下，中國近現代以來的學界對司馬遷〈貨殖列傳〉的評價甚高。尤其當世界先進國家無不緊盯各種經濟指標之變化，藉以調整政策走向之際，白圭經商心法：「智」、「勇」、「仁」、「彊」，點出經濟活動中最重要的運作單位其實是：人。白圭經商成功，除了來自他勤儉的工作態度，以及掌握經濟景氣循環的相關數據，更重要的是，人性在經濟活動的特性，成為白圭準確預測市場常態性變化的有效指標。所以商道中的龐大利益，主要來自參與者反人性的操作本領。無怪乎美國前聯邦理事會主席葛林斯潘（Alan Greenspan）曾言：「經濟學家無可避免地要成為人性的學生。」（見葛林斯潘（Alan Greenspan）著，林茂昌譯：《我們的新世界》，臺北：大塊文化出版社有限公司，2007 年）這也是白圭強調「欲學吾術，終不告之」的原因。倘若不認清人性是經商致富的最大障礙，為商者終究成不了箇中翹楚。是以現今參與全球化市場經濟的投資者以及主導各國政經策略的菁英人物，應再三省思白圭經商心法的時代意義，不可一味地受制於各

種冰冷的經濟數據，而是要從人性的觀摩中汲取無上的智慧。

編撰者：陸冠州

延伸閱讀

1. 白鷺，《貨殖列傳經濟學》，臺北：海鴿文化出版社，2009 年。
2. 黃紹筠，《商道流芳錄：中國商業文化百例》，杭州市：浙江工商大學出版社，2013 年。

參考資料

1. 錢穆，《先秦諸子繫年》，臺北：東大圖書公司，1986 年。
2. 楊棟、陳雨露，《中國金融史 3000 年（上）：從西周封建經濟到唐朝盛世眞相》，臺北：野人文化公司，2015 年。

中國兵學鼻祖——孫武

《史記‧孫子吳起列傳》

導讀

　　本文有兩個孫子，一是孫武，一是孫臏，司馬遷對兩者的筆法一簡一詳，且使用一虛一實的手法，共同演繹了兵法的兩個層面。

　　傳文中對於孫武只側重單一片段的描寫，是畫龍點睛的筆法，藉由一個事件便勾勒出孫武「兵法」的輪廓。由於傳文中並未介紹孫武詳細的生平事蹟，以致於原為傳主的孫武（「孫子」）變得抽象，反倒是「兵法」成了真正的主角，傳主被虛位化了。

　　而孫武為吳王演示的兵法，也別有趣味，究其實，它連紙上談兵也夠不上，只是預示了兵法的一個「可能性」。之所以如此說，是因為這一段演示出現了幾個對比。首先，兵法，有兵才講到用兵之法，但故事中無兵。用非兵之人而行兵法，對比一。戰爭突顯雄性陽剛，故事中卻擺出一群胭脂綺羅，以婦人而行男人之事，對比二。皇宮是宴樂之所，吳王也抱持愛色之心，但孫武卻硬將皇宮變為戰場，將紅顏當成死士，焚琴煮鶴，大煞風景，對比三。

　　但正因這樣的對比，這才讓兵法的可能性無限擴大了。如果兵法可以讓非戰鬥力變成最佳戰力、讓女人變成軍人（男人）、讓旖旎（繞指柔）變成肅殺（百鍊剛），那兵法簡直是點石成金的奇蹟了。孫武的這次演示的確可圈可點，從不可能之中反顯出兵法的無所不能，被譽為兵法始祖，果不虛傳。

孫臏的故事則頗多事蹟情節，與孫武相比，是詳敘的筆法。孫臏的生命裏不只孫臏，更創造了一個「敵人」的角色──龐涓。因爲有了敵人，所以故事裡發生的是實實在在的戰爭，從一開始龐涓的設計陷害，到最後孫臏終於致龐涓於死地，戰場上「不是你死就是我活」的規則赤裸裸地呈現。所以我們才說孫武只是一種演示，一種虛擬的演習。

　　作爲一個刑餘之人，孫臏展示了「武」的至高心法：眞正的屈人之兵不在於武力，而在於「法」，也就是胸中謀略。從他以下駟對上駟、以圍魏來救趙、以減竈來欺敵，每一次爭戰，他都不具優勢的武力，而一再以方法策略取勝。從這裏我們又得到這兩人之所以合傳的另一線索，原來孫臏便是孫武，其「臏」成其至「武」。

　　如果說孫武展示的是兵法的可能性，那麼孫臏演繹的是兵法的靈活度。正因可能性無限大，所以靈活度也無限大。這在他下駟對上駟的戰術運用上最可以看出。同樣的三匹馬，一般人只有一種運用方式：上駟對上駟、中駟對中駟、下駟對下駟。但交到孫臏手裏便有無窮的玩法。解趙國之圍也是，正面交鋒、挫敗敵軍是正統思維，又有誰會想到棄趙不救而直搗魏都呢？所以孫武展示了「兵」之精義，孫臏發揮了「法」之神奇，兩者合參，才得兵法之要領。

　　這一心法總訣在於孫臏所說的：「批亢搗虛，形格勢禁。」前句是不正面交鋒，後句是藉用形勢。不正面交鋒則已不受力，藉用形勢則讓敵受力，在不受力和受力之差距下，勝負於焉判定。

　　至於利用減竈法讓敵人輕兵深入的算計，運用的是一種「示弱」之道。孫臏心中瞭然，魏兵悍勇，齊兵怯，龐涓果然恃強而來，孫臏因而順勢示弱，而老子早把勝負講得清楚：「柔弱勝剛強。」人說孫子兵法充滿了道家（尤其老子）奧旨，半點不虛。

本文及註釋

孫子武[1]者，齊人[2]也。以兵法[3]見於吳王闔廬[4]。闔廬曰：「子之十三篇[5]，吾盡觀之矣，可以小試勒兵[6]乎？」對曰：「可。」闔廬曰：「可試以婦人乎？」曰：「可。」於是許之，出宮中美女，得百八十人。孫子分為二隊，以王之寵姬二人各為隊長，皆令持戟。令之曰：「汝知而[7]心與左右手背乎？」婦人曰：「知之。」孫子曰：「前，則視心[8]；左，視左手；右，視右手；後，即視背。」婦人曰：「諾。」約束既布[9]，乃設鈇鉞[10]，即三令五申[11]之。於是鼓之右[12]，婦人大笑。孫子曰：

---

1 孫子武：本篇為兩個「孫子」作傳，先敘孫武，故稱孫子武。孫是氏，子是尊稱，武是名。

2 齊人：孫武初為齊人，但後來入吳為將，食采於富春（今浙江富陽），子孫世居富春。

3 兵法：用兵之法。漢唐時期，人們往往把《孫子兵法》也簡稱為《兵法》。

4 闔廬：指吳王闔廬，亦作闔閭，壽夢之孫，初名光，見《吳太伯世家》。

5 十三篇：今本《孫子兵法》包括〈計〉、〈作戰〉、〈謀攻〉、〈形〉、〈勢〉、〈虛實〉、〈軍爭〉、〈九變〉、〈行軍〉、〈地形〉、〈九地〉、〈火攻〉、〈用間〉十三篇，故古人往往稱孫武的兵書為《十三篇》。

6 勒兵：勒兵，指操兵，操練軍隊之意。勒，控制、駕馭。

7 而：你，同「汝」。這裏是複數，所以是「你們」之意。

8 心：指心口，即胸前。

9 約束既布：約束，規定。布，宣達。

10 鈇鉞：古代將軍受命出軍，依禮要由國君親賜斧鉞，一來是征伐之權的象徵，再者也是執法的刑具。鈇，斧。鉞，大斧。

11 三令五申：三、五，指多次。申，是重複命令的意思，故五申是指反覆宣達或告誡。

12 鼓之右：用鼓指揮宮女向右。古代作戰是用金（鑼）、鼓、旌旗來指揮軍隊的動作。

「約束不明，申令不熟，將之罪也。」復三令五申而鼓之左，婦人復大笑。孫子曰：「約束不明，申令不熟，將之罪也；既已明而不如法者，吏士[13]之罪也。」乃欲斬左右隊長。吳王從臺上觀，見且[14]斬愛姬，大駭。趣[15]使使[16]下令曰：「寡人已知將軍能用兵矣。寡人非此二姬，食不甘味，願勿斬也。」孫子曰：「臣既已受命為將，將在軍，君命有所不受。」遂斬隊長二人以徇[17]，用其次為隊長。於是復鼓之，婦人左右、前後、跪起[18]皆中規矩繩墨[19]，無敢出聲。於是孫子使使報王曰：「兵既整齊，王可試下觀之，唯王所欲用之，雖赴水火猶可也。」吳王曰：「將軍罷休就舍，寡人不願下觀。」孫子曰：「王徒好其言，不能用其實。」於是闔廬知孫子能用兵，卒以為將。西破強楚，入郢[20]，北威[21]齊晉，顯名諸侯，孫子與有力[22]焉。

　　孫武既死，後百餘歲有孫臏[23]。臏生阿鄄之間[24]，臏亦孫武

---

[13] 吏士：指上文的隊長。

[14] 且：將。

[15] 趣：通「趨」，緊急、趕忙之意。

[16] 使使：派遣（使）使者（使）。

[17] 徇：巡行示眾。

[18] 左右、前後、跪起：古代隊形操練的基本動作有所謂「坐作進退」，坐是坐姿；作是由坐姿變為立姿，即本文的跪起；進退則是本文的前退。

[19] 規矩繩墨：匠人畫線、圖形以制器的工具，在此指符合規定和要求。規矩，圓規和矩尺。繩墨，準繩和用以畫線的墨。

[20] 郢：楚國都城。

[21] 威：威震。

[22] 與有力：出力不少。與，參與。有力，多力。

[23] 孫臏：因受臏刑而得名。《太史公自序》有「孫子臏腳，而論兵法」的說法。

[24] 阿鄄之間：阿，音ㄜ，在今山東陽谷東北。鄄，在今山東鄄城北，戰國時期均屬齊國領土，所以後文說孫臏是孫武的後裔，今可能是在吳滅國後回到齊國。

之後世子孫也。孫臏嘗與龐涓俱學兵法。龐涓既事魏,得為惠王將軍[25],而自以為能不及孫臏,乃陰[26]使召孫臏。臏至,龐涓恐其賢於己,疾[27]之,則以法刑斷其兩足[28]而黥[29]之,欲隱勿見[30]。

　　齊使者如[31]梁[32],孫臏以刑徒陰見,說齊使。齊使以為奇,竊載與之齊。齊將田忌善而客待之。忌數與齊諸公子馳逐重射[33]。孫子見其馬足[34]不甚相遠,馬有上、中、下輩[35]。於是孫子謂田忌曰:「君弟[36]重射,臣能令君勝。」田忌信然之,與王及諸公子逐射[37]千金。及臨質[38],孫子曰:「今以君之下駟與彼上駟,取君上駟與彼中駟,取君中駟與彼下駟。」既馳三輩畢,而田忌一不勝而再勝,卒得王千金。於是忌進孫子於威王。威王問兵法,遂以為師。

---

[25] 惠王將軍:指龐涓擔任梁惠王的將軍。惠王,指梁惠王(或稱魏惠王)。

[26] 陰:私下、暗中。

[27] 疾:通「嫉」,嫉妒。

[28] 斷其兩足:古代有刖刑,即是斷足之刑。

[29] 黥:又稱墨刑,面部刺青。

[30] 欲隱勿見:欲使孫臏不得見人。

[31] 如:往、至。

[32] 梁:大梁,在今河南開封西北。魏惠王在位期間將都城遷徙至此,從此魏國亦稱梁國,魏惠王亦稱為梁惠王。

[33] 馳逐重射:馳逐,駕車競馳。重射,重金賭注。

[34] 馬足:馬匹的腳程、速度。

[35] 輩:指類別、等級。

[36] 弟:通「第」,但、只要、只管。

[37] 逐射:即馳逐重射。

[38] 臨質:箭靶叫質,臨質本意是臨射,在此指即將比賽。

其後魏伐趙，趙急，請救於齊。齊威王欲將[39]孫臏，臏辭謝曰：「刑餘之人[40]，不可。」於是乃以田忌為將，而孫子為師，居輜車[41]中，坐為計謀。田忌欲引兵之趙，孫子曰：「夫解雜亂紛糾者不控卷[42]，救鬥者不搏撠[43]，批亢搗虛[44]，形格勢禁[45]，則自為解耳。今梁趙相攻，輕兵銳卒必竭於外，老弱罷[46]於內。君不若引兵疾走大梁，據其街路[47]，衝其方虛[48]，彼必釋趙而自救。是我一舉解趙之圍而收弊於魏也。」田忌從之，魏果去[49]邯鄲，與齊戰於桂陵，大破梁軍。

後十三歲，魏與趙攻韓，韓告急於齊[50]。齊使田忌將[51]而

---

[39] 將：以之為將。

[40] 刑餘之人：受過刑的人。

[41] 輜車：一種牛車。古代將領皆乘戰車（馬車）督戰，孫臏殘廢，不能乘戰車，只能於輜車中指揮。

[42] 解雜亂紛糾者不控卷：雜亂紛糾，指爭鬥的混亂場面。卷，通「拳」。控卷，握拳，指加入爭鬥。

[43] 搏撠：加入爭鬥。

[44] 批亢搗虛：批，排除、導引。亢，極、盛。批亢，避敵之盛。搗，攻擊。虛，弱、劣。搗虛，攻敵之虛。

[45] 形格勢禁：指利用形勢去牽制和扼阻敵人。格，牽制。禁，阻止。

[46] 罷：通「疲」。

[47] 街路：指四通八達的戰略要衝。

[48] 衝其方虛：衝，攻擊。方，正當、恰好。虛，弱點、鬆懈。

[49] 去：離開。

[50] 魏與趙攻韓，韓告急於齊：此處以魏、趙攻韓而引發戰爭，但據《史記·田敬仲完世家》，此役乃是起因於魏國伐趙，趙與韓共擊魏國，趙軍不利，韓國遂求救於齊。說法有異。

[51] 將：率領軍隊。

往，直走大梁。魏將龐涓聞之，去韓而歸，齊軍既已過而西[52]矣。孫子謂田忌曰：「彼三晉[53]之兵素悍勇而輕齊，齊號為怯[54]，善戰者因其勢而利導之。兵法，百里而趣利者蹶上將，五十里而趣利者軍半至[55]。」使齊軍入魏地為十萬竈，明日為五萬竈，又明日為三萬竈。龐涓行三日，大喜，曰：「我固知齊軍怯，入吾地三日，士卒亡者過半矣。」乃棄其步軍，與其輕銳倍日[56]並行逐之。孫子度[57]其行，暮當至馬陵。馬陵道狹，而旁多阻隘，可伏兵，乃斫[58]大樹白[59]而書之曰：「龐涓死於此樹之下。」於是令齊軍善射者萬弩，夾道而伏，期曰：「暮見火舉而俱發。」龐涓果夜至斫木下，見白書，乃鑽火[60]燭之。讀其書未畢，齊軍萬弩俱發，魏軍大亂相失[61]。龐涓自知智窮兵敗，乃自

---

[52] 過而西：過，越過魏國邊界。西，魏國在齊國之西，故齊國進兵方向乃是往西。

[53] 三晉：韓、趙、魏三國乃是自晉國分出，故稱三晉。

[54] 齊號為怯：《荀子‧議兵》曾比較齊、魏兩國軍隊，認為「齊之技擊，不可以遇魏氏之武卒」，魏軍的戰鬥力遠勝齊軍。可見孫臏的說法，在當時有所根據。

[55] 百里而趣利者蹶上將，五十里而蹶利者軍半至：意指兩軍爭利，距離愈長（百里與五十里之差別），則想要趕在敵方之前到達而取得戰利，所要付出的代價愈高（蹶上將、軍半至）。趣，同「趨」。利，指兩軍會戰時的先機之利，通常指先敵到達會戰地點，取得戰勢或地利之便。蹶，跌倒，引申為折損。軍半至，指軍隊行動有一半的士兵掉隊未至。

[56] 倍日：日夜兼程。

[57] 度：預測、估計。

[58] 斫：砍。

[59] 白：露出樹皮裏層的白色樹幹。

[60] 鑽火：鑽木取火。

[61] 相失：指失去隊形，即隊形被打亂。

剄，曰：「遂成豎子之名！」齊因乘勝盡破其軍，虜魏太子申以歸。孫臏以此名顯天下，世傳其兵法[62]。

時代意義

勝負，是人類很喜歡從事的活動，可以說人的生命中處處是論輸贏的戰場。喜歡贏既然是人性，那麼累積贏的策略便成了很有市場價值的商品了。兵法、秘訣、寶典、攻略……，在人類社會中肩負的是一種「不能輸」的使命，昭告的是人類文明那種以比較、爭鬥，甚至壓制、毀滅為意向的主流價值。也許當達爾文歸納出「物競天擇」的物種演化結論時，他其實在明示：這是個只能贏、不能輸的冷酷世界。

所以當我們再回過頭來看到孫子兵法的故事，孫武狠心殺了手無縛雞之力的女人，為的就是訓練出不能輸、一定贏的隊伍；龐涓為了不輸給孫臏，可以毫不手軟地陷害自己的同門；當然事後孫臏回敬的，是用龐涓的命來抵自己的一雙腿。在爭強鬥勝的過程中，孫武把眾侍女當成棋子，龐涓和孫臏則把對方視為障礙。棋下的好、局佈的深的是大師、達人，兵法可以傳世；迅速俐落把障礙排除的晉爵封侯，成為人生勝利組。達爾文說這是生命的常態、地球的法則，過去如此、現在如此，未來也必定如此，不能逃避、不可違逆，也不用質疑……。

這樣的信念到了工業革命、資本主義發達後，在上世紀達到了巔峰，尤以商界為甚，許多舉世聞名的企業家紛紛出版其商戰心得與成功秘訣，日本最喜此道，連德川家康等古人也有系列叢書，蔚為大觀。流風所及，華人世界也拱起管子、韓非、曹操、孔明、王永慶等，這些人或變身成為

---

[62] 世傳其兵法：《漢書·藝文志·兵書略》著錄有《孫臏兵法》，又稱《齊孫子》，但東漢便已佚失。1972 年山東臨沂銀雀山出土一批漢代的竹簡本，其中有《孫臏兵法》與《孫子兵法》，確認了兩書並非同一本。

管理學大師、或躍登經營的神格。這其間，孫子兵法必不可免地也成了寶典之一。

　　只是我們不可忘懷，孫子兵法中充滿道家的思維，以老子無欲不爭的基本態度，吾人當知：不爭，才是最高明至上的爭，這點在孫子兵法中仍然是保有的。如果人類講求環保、資源共享、物種共融的理念是有價值的，才能創造一個全是贏家而無輸家的世界，那麼孫子兵法中以「爭」為主的輸贏執念，是該被慢慢放下了；那「不爭之爭」的部分，不該一直還像無字天書般隱晦不顯。這也許是孫子兵法在現代的最後一役：用不爭，戰勝達爾文的爭。

編撰者：施忠賢

延伸閱讀

1. 楊書案，《孫子》，臺北：實學社出版股份有限公司。
2. 楊杰、李浴日，《孫子傳》，東方出版社。

參考資料

1.魏汝霖，《孫子今註今譯》，臺北：商務印書館。
2.管梅芬，《白話孫子兵法・三十六計》，臺南：文國書局。
3.周軒，《孫子兵法活學活用》，臺北：晶冠出版有限公司。

中國第一位平民皇帝──劉邦

《史記·高祖本紀》

導讀

　　本文出自司馬遷《史記》卷八〈高祖本紀〉。司馬遷（西元前145-前86年），字子長，西漢人。生於龍門，年輕時遊歷宇內，後以四十二歲之齡繼承父親司馬談爲太史令，並承遺命著述。後因李陵降匈奴事，遷爲之辯護，觸怒武帝下獄，受腐刑。後爲中書令，以刑後餘生完成《太史公書》（後稱《史記》）。

　　《史記》，共一百三十篇，五十二萬餘言，起自黃帝，訖漢武帝太初年間，爲紀傳體之祖，亦爲通史之祖。分爲〈本紀〉十二、〈表〉十、〈書〉八、〈世家〉三十、〈列傳〉七十。司馬遷因具良史之才，所作《史記》又爲正史之宗，故後世稱司馬遷爲「史遷」。南朝宋裴駰作《集解》，唐司馬貞作《索隱》，張守節作《正義》。

　　〈高祖本紀〉傳主是漢高祖劉邦（西元前247-前195年），字季，沛縣豐邑人，漢代開國之君，也是中國第一位平民皇帝。初爲泗上亭長，秦末群雄並起，劉亦起於沛縣，故時人稱之爲「沛公」。劉氏先項羽入關中，降秦王嬰，除秦苛法，與父老約法三章。項羽封劉爲漢王。後劉邦定三秦，俟時機成熟，滅羽而有天下，國號漢，定都於長安。在位十二年崩。廟號高祖。

　　本傳分述泗水亭長、沛公起兵、入關滅秦、建漢稱帝、高祖回鄉、病榻問相等故事，以說明劉邦的生平及平定天下的過程。有助於瞭解劉邦這

個人行事爲人，並掌握秦末、楚漢之際、漢初一些重要歷史事件的演變及發展。

在那個社會崩潰、戰火連天的黑暗時代，劉邦成了時代的弄潮兒，最後登上人間權勢的巔峰。他原是一個種田人家的子弟，卻「不事家人生產作業」，在大家的眼中不是一個老實本分的年輕人，整天遊手好閒，「好酒及色」，有時候甚至粗魯無禮。他「仁而愛人，喜施」，會講所謂的江湖義氣，身邊也跟了一群小弟。而在人前，他有時兇殘，有時仁厚，似乎是一隻政治場上的變色龍。

以布衣之身而能得天下，這是「古今之變」的「天下苦秦久矣」的時勢所趨，更是關於「天人之際」的一個課題。古人有君權天授的觀念及尊君的思想，影響極爲深遠。司馬遷在思索「天人之際」時，或許曾有不可思議的喟嘆：爲什麼得天下的是劉邦，不是項羽，不是韓信，不是另外一個人？

司馬遷記載了許多有關劉邦的匪夷所思的靈異故事，如本傳言劉媼：「夢與神遇。是時雷電晦冥，太公往視，則見蛟龍於其上。已而有身，遂產高祖。」「隆準而龍顏，美須髯，左股有七十二黑子」。「醉臥，武負、王媼見其上常有龍，怪之。」「呂公者，好相人，見高祖狀貌，因重敬之。」田間神秘老人看相，說呂后及兩子女「皆大貴」，說劉邦「君相貴不可言」。還有赤帝子斬白帝子的故事，說明了以漢代秦的正當性。呂后說：「季所居上常有雲氣」。父老說：「平生所聞劉季諸珍怪，當貴。」這難道不是劉邦起兵時或即位後宣傳造勢的手段，但人們似乎也順服地接受了。

本傳中記載了一段有趣的對話。高祖曰：「吾所以有天下者何？項氏之所以失天下者何？」高起、王陵對曰：「陛下慢而侮人，項羽仁而愛人。然陛下使人攻城略地，所降下者因以予之，與天下同利也。項羽妒賢嫉能，有功者害之，賢者疑之，戰勝而不予人功，得地而不予人利，此所以失天下也。」高祖曰：「公知其一，未知其二。夫運籌策帷帳之中，決

勝於千里之外，吾不如子房。鎮國家，撫百姓，給饋餉，不絕糧道，吾不如蕭何。連百萬之軍，戰必勝，攻必取，吾不如韓信。此三者，皆人傑也，吾能用之，此吾所以取天下也。項羽有一范增而不能用，此其所以為我擒也。」臣子們說劉邦能讓跟隨者得好處；他自誇自己善用人才。然而，在劉邦重病拒醫時，他又說「吾以布衣提三尺劍取天下，此非天命乎？」到底是什麼原因讓他能坐擁天下？是天命所賜，還是人為之功？我們讀劉邦本傳，可以與司馬遷一起思考這個問題。

本文及註釋

　　高祖[1]，沛豐邑中陽里人[2]，姓劉氏，字季[3]。父曰太公[4]，母曰劉媼[5]。其先劉媼嘗息[6]大澤之陂[7]，夢與神遇。是時雷電晦冥，太公往視，則見蛟龍於其上。已而有身[8]，遂產高祖。

---

[1] 高祖：封建社會皇帝死後在祖廟立室奉祀，並專立名號，稱為廟號。高祖即為劉邦的廟號，取意於功勞最高，為漢代帝王之祖。

[2] 沛豐邑中陽里人：沛，秦縣名，故地在今江蘇沛縣。豐邑，沛縣所屬的鄉，其下又轄中陽里。漢時豐邑改置為縣，故地在今江蘇豐縣。

[3] 字季：唐司馬貞《索隱》認為「漢高祖長兄名伯，次名仲，不見別名，則季亦是名」。梁玉繩《史記志疑》卷六云：「季乃是行，高祖長兄伯，次兄仲，亦行也。《史》以季為字，與《索隱》以季為名，并非。」古人兄弟以伯、仲、叔、季排行，劉邦在兄弟中最小，排行為季。

[4] 太公：對男性老年人的尊稱。可能劉邦的父親無名，或名失傳。這說明劉邦的父親地位低下。唐司馬貞《索隱》引皇甫謐說太公名執嘉，又引王符說名煓，均不可信。

[5] 媼：音ㄠˇ，老年婦人的通稱，猶老婆婆。

[6] 息：休憩。

[7] 陂：音ㄆㄧˊ，岸邊。

[8] 有身：婦女懷孕。亦作「有娠」。

高祖為人，隆準而龍顏 [9]，美須髯 [10]，左股有七十二黑子 [11]。仁而愛人，喜施，意豁如 [12] 也。常有大度 [13]，不事家人生產作業 [14]。及壯 [15]，試為吏 [16]，為泗水亭長 [17]，廷中吏無所不狎侮 [18]。好酒及色。常從王媼、武負貰酒 [19]，醉臥，武負、王媼見其上常有龍，怪之。高祖每酤 [20] 留飲，酒讎 [21] 數倍。及見怪，歲竟，此兩家常折券棄責 [22]。

---

9 隆準而龍顏：比喻帝王的容貌。隆準，高鼻，亦稱為「隆鼻」。龍顏，眉骨突起似龍。

10 須髯：須，生在下巴的鬍子，後泛指鬍鬚，同「鬚」。髯，音ㄖㄢˊ，兩頰上的鬍鬚。

11 黑子：痣。

12 豁如：開闊、曠達。

13 大度：胸懷開闊，氣量寬宏。

14 不事家人生產作業：《左傳》哀公四年云：「蔡昭公將如吳，諸大夫恐其又遷也，承公孫翩逐而射之，入於家人而卒。」「家人」即民家，平民百姓。作業，指所從事的工作、業務。

15 壯：古人三十歲稱壯。這裏並非確指。

16 吏：職位低下的官員。

17 泗水亭長：泗水亭，《漢書‧高帝紀》作「泗上亭」，亭名，故地在今江蘇沛縣東。秦、漢時，十里設一亭，築有樓屋，內置兵器。亭有亭長一人，主管地方治安警衛，緝捕盜賊，調處民間爭訟，止宿來往官吏，有時也宿留一般行人。

18 狎侮：惡作劇、戲弄。

19 常從王媼、武負貰酒：負，舊說認為假借為「婦」，謂老年婦女。劉向《列女傳》云：「魏曲沃負者，魏大夫如耳之母也。」此「負」則指老母。貰，音ㄕˋ，賒欠。

20 酤：買酒。

21 讎：償付。

22 折券棄責：秦時以竹簡或木札作書寫材料，劉邦欠的酒帳，記在簡札上。券，雙方作為憑證的契約，此指劉邦欠的酒帳。折券，即謂銷毀記在簡札上的酒帳。責，同「債」。

高祖常繇咸陽 23，縱觀 24，觀秦皇帝，喟然太息 25 曰：「嗟乎 26，大丈夫當如此也！」

單父人呂公善沛令 27，避仇從之客，因家沛焉。沛中豪桀 28 吏聞令有重客，皆往賀。蕭何為主吏 29，主進 30，令諸大夫 31 曰：「進不滿千錢，坐之堂下。」高祖為亭長，素易諸吏，乃紿為謁 32 曰「賀錢萬」，實不持一錢。謁入，呂公大驚，起，迎之門。呂公者，好相人，見高祖狀貌，因重敬之，引入坐。蕭何曰：「劉季固多大言，少成事。」高祖因狎侮諸客，遂坐上坐，

---

23 高祖常繇咸陽：常，通「嘗」。繇，通「徭」，用作動詞，服徭役。咸陽，秦都，故地在今陝西咸陽市東北。

24 縱觀：恣意觀看。

25 喟然太息：大聲嘆氣的樣子。

26 嗟乎：感嘆聲，猶今日的「啊呀」。

27 單父人呂公善沛令：單父，音ㄕㄢˋㄈㄨˋ，縣名，故地在今山東單縣。令，縣的最高行政長官。在萬戶以上的大縣稱「令」，少於萬戶的小縣則稱「長」。

28 桀：通「傑」。

29 蕭何為主吏：蕭何，沛縣豐邑人，佐劉邦統一天下，位至丞相，封酇侯（酇故地今河南永城縣西北酇城鎮）。事詳《蕭相國世家》、《漢書·蕭何傳》。主吏，縣令下主管一個方面的官吏。南朝宋裴駰《集解》引孟康說和《蕭相國世家》，以及唐司馬貞《索隱》，都認為主吏即功曹。功曹掌管人事，負責考核官吏的政績，根據優劣進行升黜。

30 主進：管收賀禮。進，字本作「賮」，會見之禮所用的財物。

31 大夫：秦制爵二十級，由下而上，一公士，二上造，三簪裊，四不更，五大夫，六官大夫，七公大夫，八公乘，九五大夫，十左庶長，十一右庶長，十二左更，十三中更，十四右更，十五少上造，十六大上造，十七駟車庶長，十八大庶長，十九關內侯，二十徹侯。大夫為第五級。據《漢書·高帝紀》記載，公大夫與縣令、丞抗禮，大夫爵級接近公大夫，其資格也可與縣令、丞交接。這裏大夫用以泛指尊貴的客人。

32 乃紿為謁：紿，音ㄉㄞˋ，欺騙。謁，名帖、名刺，此借為禮帖。

無所詘 33。酒闌 34，呂公因目固留高祖。高祖竟酒，後。呂公
曰：「臣 35 少好相人，相人多矣，無如季相，願季自愛。臣有息
女 36，願為季箕帚妾 37。」酒罷，呂媼怒呂公曰：「公始常欲奇
此女 38，與貴人。沛令善公，求之不與，何自妄許與劉季？」呂
公曰：「此非兒女子 39 所知也。」卒與劉季。呂公女乃呂后 40
也，生孝惠帝、魯元公主 41。

　　高祖為亭長時，常告歸之田 42。呂后與兩子居田中耨 43，有
一老父過請飲 44，呂后因餔 45 之。老父相呂后曰：「夫人天下貴
人。」令相兩子，見孝惠，曰：「夫人所以貴者，乃此男也。」
相魯元，亦皆貴。老父已去，高祖適從旁舍 46 來，呂后具言客有

---

33 詘：音くㄩ，折屈。這裏有謙讓的意思。

34 酒闌：喝酒殆盡，人漸稀少。闌，稀少。

35 臣：當時習用的謙稱。

36 息女：親生的女兒。

37 箕帚妾：管灑掃的女僕。此為把女兒嫁為人妻的謙虛之辭。

38 常欲奇此女：以此女為奇貨可居。

39 兒女子：猶言婦孺之輩。

40 呂后：漢高祖的皇后呂雉。生惠帝，惠帝崩，立少帝，臨朝稱制八年，大封
　　外戚諸呂為侯。呂后崩，諸呂欲為亂，周勃、陳平等誅平。

41 生孝惠帝、魯元公主：孝惠帝，即劉盈，漢高祖死後，劉盈嗣立，西元前
　　195 年至前 188 年在位。在位期間，實權掌握在其母呂太后手中。魯元公
　　主，魯為所食邑。元，長。漢代制度，皇帝女兒稱公主，姊妹稱長公主。魯
　　元公主是惠帝之姊，故以元公主稱之。

42 常告歸之田：曾經請假回家種田。常，通「嘗」，《漢書・高帝紀》作
　　「嘗」。告，古時官吏休假曰「告」。

43 耨：音ㄋㄡˋ，除草。

44 老父過請飲：老父，對老人的尊稱。請飲，要水喝。

45 餔：音ㄅㄨˋ，以食與人。

46 旁舍：鄰舍、鄰居。

過，相我子母皆大貴。高祖問，曰：「未遠。」乃追及，問老父。老父曰：「鄉者[47]夫人嬰兒皆似君，君相貴不可言。」高祖乃謝曰：「誠如父言，不敢忘德。」及高祖貴，遂[48]不知老父處。

高祖為亭長，乃以竹皮為冠，令求盜之薛治之[49]，時時冠之，及貴常冠，所謂劉氏冠乃是也。

高祖以亭長為縣送徒酈山[50]，徒多道亡，自度[51]比至皆亡之。到豐西澤中，止飲[52]，夜乃解縱所送徒。曰：「公等皆去，吾亦從此逝矣！」徒中壯士願從者十餘人。高祖被酒[53]，夜徑[54]澤中，令一人行前。行前者還報曰：「前有大蛇當徑，願還。」高祖醉，曰：「壯士行，何畏！」乃前，拔劍擊斬蛇。蛇遂分為兩，徑開。行數里，醉，因臥。後人來至蛇所，有一老嫗[55]夜哭。人問何哭，嫗曰：「人殺吾子，故哭之。」人曰：「嫗子何

---

[47] 鄉者：一般應解為從前，這裏是剛才的意思。鄉，通「向」。

[48] 遂：王先謙《漢書補注》云：「遂猶竟也。《史》、《漢》如此用者皆訓竟。」

[49] 令求盜之薛治之：求盜，亭長下面有兩卒，一名叫亭父，掌管門戶開閉和清掃；一名叫求盜，負責追捕盜賊。之薛，到薛地。薛，秦縣，故地在今山東滕縣南。治之，定制。

[50] 酈山：酈山，在今陝西臨潼縣東南。秦始皇徵發百姓為自己在這裏修建陵墓，死後即葬此。酈，音ㄌㄧˋ，或作「驪」。

[51] 度：音ㄉㄨㄛˋ，揣測、估計。

[52] 止飲：休息喝酒。

[53] 被酒：喝了酒，帶有幾分酒意或醉意。

[54] 徑：小路。這裏用作動詞，意謂抄小路走。

[55] 嫗：音ㄩˋ，年老的女人。

為見殺？」嫗曰：「吾子，白帝[56]子也，化為蛇，當道，今為赤帝子斬之[57]，故哭。」人乃以嫗為不誠，欲告[58]之。嫗因忽不見。後人至，高祖覺。後人告高祖，高祖乃心獨喜，自員。諸從者日益畏之。

秦始皇帝常曰：「東南有天子氣[59]」，於是因東游以厭[60]之。高祖即自疑，亡匿，隱於芒、碭[61]山澤巖石之間。呂后與人俱求，常得之。高祖怪問之。呂后曰：「季所居上常有雲氣，故從往常得季。」高祖心喜。沛中子弟或聞之，多欲附者矣。

秦二世元年秋，陳勝等起蘄[62]，至陳而王[63]，號為「張楚[64]」。諸郡縣皆多殺其長吏以應陳涉。沛令恐，欲以沛應涉。掾、主吏蕭何、曹參[65]乃曰：「君為秦吏，今欲背之，率沛子

---

[56] 白帝：古代傳說中的五天帝之一，位於西方，在五行中為金德。秦襄公認為是白帝子孫，祀白帝。

[57] 赤帝子斬之：赤帝的子孫要代替白帝的子孫，也就是漢要滅秦。赤帝，古代傳說中的五天帝之一，位於南方，在五行中為火德。按照五德循環的理論，火克金，火德要代替金德。

[58] 告：告發。其義似有不當。一本作「苦」，《漢書·高帝紀》亦作「苦」，意謂困辱。一本或作「笞」。

[59] 天子氣：古人迷信，認為得到天命的皇帝出現時，會有某種祥瑞伴隨。天子氣，即皇帝所在上空的特殊雲氣，即為祥瑞之一。《漢書·宣帝紀》載宣帝在襁褓時，遭巫蠱事，收繫郡邸獄，武帝後元二年，望氣者說長安獄中有天子氣，所現祥瑞與劉邦相同。

[60] 厭：通「壓」，鎮壓。

[61] 芒、碭：兩山名。碭，音ㄉㄤˋ。碭山在今河南永城縣東北，芒山在碭山北，兩山相距八里。

[62] 蘄：音ㄑㄧˊ，秦縣，故地在今安徽宿縣南。

[63] 至陳而王：陳，秦縣，故地在今河南淮陽縣。王，音ㄨㄤˋ，稱王。

[64] 張楚：陳勝政權稱號，義為張大楚國。

[65] 掾、主吏蕭何、曹參：據《漢書·曹參傳》載，曹參，秦時為沛縣獄掾，是掌管刑獄的下級官吏。蕭何為沛縣主吏。掾，音ㄩㄢˋ，古代官府屬員的通稱。

弟，恐不聽。願君召諸亡在外者，可得數百人，因劫眾，眾不敢不聽。」乃令樊噲[66]召劉季。劉季之眾已數十百人矣。

於是樊噲從劉季來。沛令后悔，恐其有變，乃閉城城守，欲誅蕭、曹。蕭、曹恐，逾城保[67]劉季。劉季乃書帛射城上，謂沛父老曰：「天下苦秦久矣。今父老雖為沛令守，諸侯并起，今屠沛。沛今共誅令，擇子弟可立者立之，以應諸侯，則家室完。不然，父子俱屠，無為也[68]。」父老乃率子弟共殺沛令，開城門迎劉季，欲以為沛令。劉季曰：「天下方擾，諸侯并起，今置將不善，壹敗塗地[69]。吾非敢自愛[70]，恐能薄，不能完父兄子弟。此大事，願更相推擇可者。」蕭、曹等皆文吏，自愛，恐事不就，後秦種族[71]其家，盡讓劉季。諸父老皆曰：「平生所聞劉季諸珍怪，當貴，且卜筮[72]之，莫如劉季最吉。」於是劉季數讓。眾莫敢為，乃立季為沛公[73]。祠黃帝[74]，祭蚩尤於沛庭[75]，而釁鼓

---

[66] 樊噲：沛縣人，以屠狗為業，終生追隨劉邦，勇猛善戰，曾任左丞相，以功封舞陽侯（舞陽，在今河南舞陽縣西北）。事詳《史記》和《漢書》本傳。

[67] 保：以為保障。

[68] 無為也：不值得。

[69] 壹敗塗地：一旦戰敗身死，則肝腦散落滿地。

[70] 自愛：愛惜自己的生命。

[71] 種族：滅族。秦有夷三族之法，一人犯罪，誅及三族。

[72] 卜筮：占卜以定吉凶。用火灼龜甲，根據灼開的裂縫預測吉凶叫卜。用蓍草莖預測吉凶叫筮。

[73] 沛公：楚國舊制，縣令稱公。眾人推劉邦為沛令，所以稱他為沛公。

[74] 黃帝：傳說時代姬姓部族神化的始祖，被奉為中國古史傳說時期最早一位祖宗。華夏族形成後，公認為全族的始祖。五帝說出現後，被尊為五帝之一。

[75] 祭蚩尤於沛庭：蚩尤，神話傳說中的東方九黎族首領，首先發明金屬兵器，威震天下。《史記·五帝本紀》記載，黃帝時，蚩尤作亂，被黃帝擒殺。而張守節《正義》引《龍魚河圖》說，蚩尤好殺，被黃帝制服，派他主管兵事。蚩尤死後，天下擾亂，黃帝畫蚩尤形像鎮服天下。因為蚩尤在傳說中的地位類似戰神，所以劉邦祭以求福。沛庭，指漢初沛縣的官舍。

旗[76]。幟皆赤，由所殺蛇白帝子，殺者赤帝子，故上[77]赤。於是少年豪吏如蕭、曹、樊噲等皆為收沛子弟二三千人，攻胡陵、方與[78]，還守豐。

秦二世二年，陳涉之將周章軍西至戲而還[79]。燕、趙、齊、魏[80]皆自立為王。項氏起吳[81]。秦泗川監平[82]將兵圍豐，二日，出與戰，破之。命雍齒[83]守豐，引兵之薛。泗川守壯敗於薛，走至戚[84]，沛公左司馬[85]得泗川守壯，殺之。沛公還軍亢父[86]，至

---

[76] 釁鼓旗：殺牲畜把血塗在鼓的縫隙中和旗子上。釁，音ㄒㄧㄣˋ，古代祭祀時，把牲畜的血塗在器皿上，用來祭祀神靈。

[77] 上：同「尚」，崇尚。

[78] 攻胡陵、方與：胡陵，秦縣，故地在今山東魚臺縣東南。方與，秦縣，故地在今山東魚臺縣西北。

[79] 周章軍西至戲而還：周章，即周文，陳人，戰國末年曾在楚國項燕軍隊裏看時辰，定吉凶。後為陳勝將領，率兵攻入關中，戰敗自殺。其事主要見於《陳涉世家》。戲，水名，源出驪山，流入渭水，在今陝西臨潼縣東。

[80] 燕、趙、齊、魏：指戰國時燕、趙、齊、魏四國故地。燕，疆域在今河北北部和遼寧西部。趙，疆域在今山西中部、陝西東北角和河北西南部。齊，疆域在今山東泰山以北黃河流域和膠東半島地區。魏，疆域在今河南北部和山西西南部。

[81] 項氏起吳：項氏，項梁、項羽。起吳，起兵於吳。項氏世代為楚國將領。項梁殺人，與其侄項羽避仇於吳。陳勝起義後，二人在吳起兵。吳，又稱吳中，春秋時吳國都城，秦置縣，為會稽郡郡治，故地在今江蘇蘇州市。

[82] 秦泗川監平：泗川，秦郡。據《漢書·地理志》，秦設泗水郡，「川」是「水」字之誤。泗水郡治所在相縣（在今安徽淮北市西北，因境內有相山得名），轄有今安徽北部和河南夏邑縣、永城縣，以及江蘇西北部地區，漢改郡名為沛。監，秦朝一般於郡設守、尉、監，守是行政長官，尉掌兵事，輔佐郡守。監即監郡御史，負責監察官吏，直屬中央的御史大夫。平，泗水監的名字，姓氏已佚。下文「壯」是泗水守的名字，姓氏也不可考。

[83] 雍齒：與劉邦同鄉，漢封什方侯。

[84] 戚：秦縣，故地在今山東滕縣南。

[85] 左司馬：司馬是掌軍政之官。有時分置左右。

[86] 亢父：秦縣，故地在今山東濟寧市南。

方與[87]，未戰。陳王使魏人周市略地[88]。周市使人謂雍齒曰：「豐，故梁徙也[89]。今魏地已定者數十城。齒今下魏，魏以齒為侯守豐。不下，且屠豐。」雍齒雅[90]不欲屬沛公，及魏招之，即反為魏守豐。沛公引兵攻豐，不能取。沛公病，還之沛。沛公怨雍齒與豐子弟叛之，聞東陽甯君、秦嘉立景駒為假王[91]，在留[92]，乃往從之，欲請兵以攻豐。是時秦將章邯從陳，別將司馬尼將兵北定楚地[93]，屠相，至碭[94]。東陽甯君、沛公引兵西，與戰蕭[95]西，不利。還收兵聚留[96]，引兵攻碭，三日乃取碭。因收碭兵，得五六千人。攻下邑[97]，拔之。還軍豐。聞項梁在薛，從

---

[87] 至方與：此句下有「周市來攻方與」一句，與下文「陳王使魏人周市略地」文意扞格，當是衍文。《漢書‧高帝紀》無此句。

[88] 陳王使魏人周市略地：陳王，陳勝。周市，陳勝將領，曾奉命略取魏地，下魏後，迎魏咎為王，自任魏相。後被秦將章邯擊殺。市，音ㄈㄨˊ，音義與「市」異，時人常以此為名。

[89] 梁徙：梁王遷都的地方。戰國時，魏惠王從安邑（今山西夏縣西北）遷都大梁（今河南開封市），所以魏又稱梁。至魏王假，大梁被秦占領，又遷到豐。

[90] 雅：極、甚。

[91] 東陽甯君、秦嘉立景駒為假王：東陽，秦縣，故地在今安徽天長縣西北。甯，音ㄋㄧㄥˋ。甯君，姓甯，名字已不可考。秦嘉，凌（今江蘇泗陽縣西北）人，陳勝起義後，也起兵反秦，自立為大司馬。景駒，景氏原為楚國的王族，因為景駒為景氏之後，所以秦嘉立他為假王，以便號召群眾。假王，暫時代理之王。

[92] 留：秦縣，故地在今江蘇沛縣東南。

[93] 別將司馬尼將兵北定楚地：別將，主將部下另外率領一支軍隊的將領。尼，是司馬之名，姓佚，為章邯司馬。清王先謙《漢書補注》引周壽昌說，認為司馬是姓，不是官稱。

[94] 碭：秦縣，故地在今河南永城縣東北。

[95] 蕭：秦縣，故地在今安徽蕭縣西北。

[96] 留：秦縣，故地在今江蘇沛縣東南。

[97] 下邑：秦縣，故地在今安徽碭山縣。

騎百餘往見之。項梁益沛公卒五千人，五大夫將 [98] 十人。沛公還，引兵攻豐。

　　從項梁月餘，項羽已拔襄城 [99] 還。項梁盡召別將居薛。聞陳王定 [100] 死，因立楚後懷王 [101] 孫心為楚王，治盱臺 [102]。項梁號武信君。居數月 [103]，北攻亢父，救東阿 [104]，破秦軍。齊軍歸，楚獨追北 [105]，使沛公、項羽別攻城陽 [106]，屠之。軍濮陽之東 [107]，與秦軍戰，破之。

　　秦軍復振，守濮陽，環水 [108]。楚軍去而攻定陶 [109]，定陶未下。沛公與項羽西略地至雍丘 [110] 之下，與秦軍戰，大破之，斬李由 [111]。還攻外黃 [112]，外黃未下。

---

[98] 五大夫將：有五大夫爵位的將領。五大夫在秦爵二十級中為第九級。

[99] 襄城：秦縣，故地在今河南襄城縣。

[100] 定：確實。

[101] 懷王：楚懷王，楚威王之子，名槐，西元前 328 年繼位，西元前 299 年，應秦昭王的邀請入秦被扣，死在秦國。楚人思念，項梁在民間找到了他的孫子心，立為楚王，仍舊稱楚懷王，以順從民望，號召反秦。

[102] 盱臺：音ㄒㄩ 一ˊ，即盱眙，故地在今江蘇盱眙縣東北。

[103] 居數月：據《秦楚之際月表》和《資治通鑑》，秦二世二年六月立心為楚王，七月即救東阿。「月」或為「日」之誤。

[104] 東阿：秦縣，故地在今山東陽谷縣東北阿城鎮，東與今東阿縣接壤。阿，音ㄜ。當時齊將田榮被秦將章邯圍困在東阿。

[105] 北：敗軍。

[106] 城陽：即成陽，秦縣，故地在今山東鄄城縣東南。

[107] 軍濮陽之東：軍，用為動詞，駐軍。濮陽，秦縣，故地在今河南濮陽縣西南。

[108] 環水：引黃河水環城以自衛。

[109] 定陶：秦縣，故地在今山東定陶縣西北。

[110] 雍丘：秦縣，故地在今河南杞縣。

[111] 李由：秦三川郡郡守，丞相李斯之子。

[112] 外黃：秦縣，故地在今河南民權縣西北。

項梁再破秦軍，有驕色。宋義[113]諫，不聽。秦益章邯兵，夜銜枚[114]擊項梁，大破之定陶，項梁死。沛公與項羽方攻陳留[115]，聞項梁死，引兵與呂將軍[116]俱東。呂臣軍彭城[117]東，項羽軍彭城西，沛公軍碭。

章邯已破項梁軍，則以為楚地兵不足憂，乃渡河，北擊趙，大破之。當是之時，趙歇[118]為王，秦將王離[119]圍之巨鹿城[120]，此所謂河北之軍也。

秦二世三年，楚懷王見項梁軍破，恐，徙盱臺，都彭城，并呂臣、項羽軍自將之。以沛公為碭郡長[121]，封為武安侯，將碭郡兵。封項羽為長安侯，號為魯公。呂臣為司徒[122]，其父呂青為令尹。

---

[113] 宋義：原為楚國令尹，後參加項梁軍。項梁死後，楚懷王心拜為上將軍，號卿子冠軍，被項羽殺死。其事主要見於《項羽本紀》。

[114] 銜枚：枚，狀如筷子，橫銜於口中，兩頭有繩，可繫在脖子上。秘密行軍時，銜枚防止喧嘩，以便突然襲擊敵人。

[115] 陳留：秦縣，故地在今河南開封市東南陳留城。

[116] 呂將軍：即呂臣，陳勝部將。陳勝死後，歸於項梁。與項羽、劉邦聯合抗秦，曾為楚懷王心的司徒。

[117] 彭城：秦縣，故地在今江蘇徐州市。

[118] 趙歇：趙國後裔。陳勝起義以後，派武臣招撫趙國故地，武臣至邯鄲（今河北邯鄲市），自立為趙王，旋被殺害。武臣的校尉陳餘、張耳立趙歇為趙王。

[119] 王離：秦名將王翦之孫，封武城侯。

[120] 巨鹿城：秦縣，故地在今河北平鄉縣西南。

[121] 長：猶如秦郡守。

[122] 司徒：非通常所說的六卿之一的司徒。楚懷王心為楚國後人，所置官因襲楚國舊制，如呂青為令尹，令尹就是楚官，為執政首相。此司徒與令尹同屬楚官，負責後勤軍需之類。

趙數請救，懷王乃以宋義為上將軍[123]，項羽為次將[124]，范增為末將[125]，北救趙。令沛公西略地入關。與諸將約，先入定關中者王之[126]。

　　當是時，秦兵強，常乘勝逐北[127]，諸將莫利先入關。獨項羽怨秦破項梁軍，奮[128]，願與沛公西入關。懷王諸老將皆曰：「項羽為人僄悍猾賊[129]。項羽嘗攻襄城，襄城無遺類[130]，皆阬[131]之，諸所過無不殘滅[132]。且楚[133]數進取，前陳王、項梁皆敗。不如更遣長者扶義[134]而西，告諭[135]秦父兄。秦父兄苦其主久矣，今誠得長者往，毋侵暴[136]，宜可下。今項羽僄悍，今不可遣。獨沛公素[137]寬大長者，可遣。」卒不許項羽，而遣沛公西略地，收陳

---

[123] 上將軍：諸將之首。

[124] 次將：地位次於上將軍，猶如後世的副帥。

[125] 范增為末將：范增，居鄛（今安徽桐城南）人，善出奇計，為項梁、項羽謀士，事詳《項羽本紀》。末將，地位低於次將，高於統領一個方面軍的別將。與後世偏裨將校自我謙稱的末將義有不同。

[126] 先入定關中者王之：關中，所指範圍大小不一，一般指函谷關以西，散關以東。秦統一六國以前，長期占據關中一帶，因此通稱故秦地為關中。王，用作動詞。之，代詞，指關中。王之，為王於關中。

[127] 逐北：追擊敗兵。

[128] 奮：憤激不平。

[129] 僄悍猾賊：僄，音ㄆㄧㄠˋ，輕捷。僄悍，敏捷勇猛。猾，亂。猾賊，奸詐狡猾。

[130] 遺類：指殘存者。

[131] 阬：音ㄎㄥ，通「坑」。

[132] 殘滅：殘殺毀滅。

[133] 楚：楚軍，包括陳勝軍和項梁軍。

[134] 扶義：猶仗義。

[135] 告諭：明白告訴（用於上級對下級或長輩對晚輩），使公眾明白。

[136] 侵暴：侵犯暴掠。

[137] 素：向來。

王、項梁散卒。乃道[138]碭至成陽，與杠里[139]秦軍夾壁[140]，破秦二軍[141]。楚軍出兵擊王離，大破之[142]。

沛公引兵西，遇彭越昌邑[143]，因與俱攻秦軍，戰不利。還至栗[144]，遇剛武侯[145]，奪其軍，可四千餘人，并之。與魏將皇欣、魏申徒[146]武蒲之軍并攻昌邑，昌邑未拔。西過高陽[147]。酈食其為監門[148]，曰：「諸將過此者多，吾視沛公大人長者。」乃求見

---

138 道：取道。

139 杠里：在成陽西。杠，音ㄍㄤ。

140 夾壁：謂對壘。壁，壁壘。

141 破秦二軍：原作「破魏二軍」，「魏」是「秦」字之誤。《漢書・高帝紀》云「攻秦軍壁，破其二軍」，可證。

142 楚軍出兵擊王離，大破之：秦二世三年十一月，項羽殺死上將軍宋義，自爲上將軍，破釜沉舟，與秦軍展開巨鹿之戰。經多次激戰，大敗秦軍，殺死秦將蘇角，生擒王離，涉間自殺。不久，章邯率秦軍二十餘萬投降，秦軍土崩瓦解。這裏所說楚軍擊王離，大破之，即指巨鹿之戰。事詳《史記・項羽本紀》和《漢書・高帝紀》、《項籍傳》。

143 遇彭越昌邑：彭越，字仲，昌邑人，秦末在巨野澤（即大野澤，在今山東巨野縣北）聚衆千餘人，響應陳勝、項梁起義，轉戰於梁地。因助劉邦消滅項羽，封梁王，後被族滅。事詳《彭越列傳》。昌邑，秦縣，故地在今山東金鄉縣西北。

144 栗：秦縣，故地在今河南夏邑縣。

145 剛武侯：姓名不詳，一說懷王將，一說魏將，不知孰是，殆反秦友軍之一。

146 申徒：即司徒。

147 高陽：聚邑名，故地在今河南杞縣西南。縣東南，與鞏縣、登封縣接界。山路險阻，周回盤曲，是有名的險道。

148 酈食其爲監門：酈食其，音ㄌㄧˋ　ㄧˋ　ㄐㄧ，高陽人，家貧，好讀書，六十餘見劉邦，爲劉邦說客，常奉命出使諸侯，事詳《酈生列傳》。爲，原誤作「謂」，《酈生列傳》、《漢書・高帝紀》皆作「爲」，今據改。監門，《酈生列傳》云「爲里監門吏」，《漢書・高帝紀》云「爲里監門」，此乃主管開閉里門的小吏。

說¹⁴⁹沛公。沛公方踞¹⁵⁰床，使兩女子洗足。酈生不拜，長揖¹⁵¹，曰：「足下¹⁵²必欲誅無道¹⁵³秦，不宜踞見長者。」於是沛公起，攝衣謝之¹⁵⁴，延¹⁵⁵上坐。食其說沛公襲陳留，得秦積粟。乃以酈食其為廣野君，酈商¹⁵⁶為將，將陳留兵，與偕攻開封¹⁵⁷，開封未拔。西與秦將楊熊戰白馬¹⁵⁸，又戰曲遇¹⁵⁹東，大破之。楊熊走¹⁶⁰之滎陽¹⁶¹，二世使使者斬以徇¹⁶²。南攻潁陽¹⁶³，屠之。因張良遂略韓地轘轅¹⁶⁴。

當是時，趙別將司馬卬¹⁶⁵方欲渡河入關，沛公乃北攻平

---

149 說：勸說。

150 踞：古人席地而坐，兩膝著地；踞則臀部著地，兩腳向前岔開，是不禮貌的傲慢姿態。

151 長揖：拱手高舉，自上而下的相見禮。

152 足下：古代下對上或同輩相稱的敬辭。

153 無道：暴虐，沒有德政。

154 攝衣謝之：攝衣，整飭衣裝。謝，謝罪。

155 延：引進，請。

156 酈商：食其弟，陳勝起義時，商也聚眾起事，歸附劉邦為將，封信成君。入漢為右丞相，封涿侯，卒謚景侯。事詳《酈商列傳》。

157 開封：故地在今河南開封縣西南。

158 白馬：秦縣，故地在今河南滑縣東。

159 曲遇：聚邑名，故地在今河南中牟縣東。

160 走：逃跑。

161 滎陽：音ㄒㄧㄥˊ ㄧㄤˊ，故地在今河南滎陽縣。

162 徇：音ㄒㄩㄣˋ，巡行時示眾並宣布號令。

163 潁陽：秦縣，故地在今河南許昌市西南。

164 張良遂略韓地轘轅：張良，字子房，韓國貴族後裔。秦朝末年，聚眾歸劉邦，游說項羽立韓貴族成為韓王，張良任韓國司徒。韓王成被項羽殺害，又歸劉邦，成為劉邦的重要謀士，以功封留侯，食邑於留。事詳《留侯世家》。轘轅，音ㄏㄨㄢˋ ㄩㄢˊ，山名，在今河南偃師縣東南，接鞏縣、登封二縣界，山路彎曲險奇，古稱為轘轅道。

165 司馬卬：為趙將，後來項羽分封諸侯，卬為殷王，都朝歌（今河南淇縣東北）。卬，昂的本字。

陰 166，絕河津，南，戰雒陽 167 東，軍不利，還至陽城 168，收軍中馬騎，與南陽守齮戰犫東 169，破之。略南陽郡，南陽守齮走，保城守宛。沛公引兵過而西。張良諫曰：「沛公雖欲急入關，秦兵尚眾，距險 170。今不下宛，宛從後擊，強秦在前，此危道也。」於是沛公乃夜引兵 171 從他道還，更旗幟，黎明，圍宛城三匝 172。南陽守欲自剄 173。其舍人 174 陳恢曰：「死未晚也。」乃逾城見沛公，曰：「臣聞足下約，先入咸陽者王之。今足下留守宛。宛，大郡之都也，連城數十，人民眾，積蓄多，吏人自以為降必死，故皆堅守乘城 175。今足下盡日止攻 176，士死傷者必多，引兵去宛，宛必隨足下后，足下前則失咸陽之約，後又有強宛之患。為足下計，莫若約降，封其守，因使止守 177，引其甲卒與之西。諸城未下者，聞聲爭開門而待，足下通行無所累 178。」沛公

---

166 平陰：秦縣，故地在今河南孟津縣東北。縣境有平陰津，為黃河渡口。

167 雒陽：即洛陽，故地在今河南洛陽市東北。

168 陽城：故地在今河南登封縣東南告成鎮。

169 南陽守齮戰犫東：南陽，秦郡，轄境在今河南西南部和湖北北部，在秦為大郡。治宛縣，即今河南南陽市。齮，音ㄧˇ，《史記》未載姓，據荀悅《漢記》姓呂。犫，音ㄔㄡ，秦縣，故地在今河南魯山縣東南。

170 距險：據守險要之地。距，通「拒」。

171 引兵：率領軍隊。

172 匝：音ㄗㄚ，通「匝」，環繞一周。

173 自剄：割頸自殺。剄，音ㄐㄧㄥˇ。

174 舍人：戰國、秦和漢初王公貴官都有舍人，為左右親近的人，後來為私屬官稱。

175 乘城：登而守城。

176 止攻：留此猛攻。

177 因使止守：只要他留守。

178 通行無所累：通過順暢，沒有受到任何的阻礙。

曰：「善。」乃以宛守為殷侯，封陳恢千戶，引兵西，無不下者。至丹水[179]，高武侯鰓、襄侯王陵降西陵[180]。還攻胡陽[181]，遇番君別將梅鋗[182]，與皆，降析、酈[183]。遣魏人甯昌使秦，使者未來。是時章邯已以軍降項羽於趙矣。

初，項羽與宋義北救趙，及項羽殺宋義，代為上將軍，諸將黥布[184]皆屬，破秦將王離軍，降章邯，諸侯皆附。及趙高[185]已殺二世，使人來，欲約分王關中。沛公以為詐，乃用張良計，使酈生、陸賈[186]往說秦將，啗[187]以利，因襲攻武關[188]，破之。又

---

179 丹水：秦縣，故地在今河南淅川縣西南，南有丹水流過。

180 高武侯鰓、襄侯王陵降西陵：鰓，音ㄒ一ˇ，姓氏不詳，人們認為鰓姓戚。據《高祖功臣侯者年表》，戚鰓初期隨從劉邦為郎，後為都尉守蘄城，以中尉封臨轅侯，與劉邦至丹水投降的高武侯鰓不是一人。王陵，劉邦同鄉，早期聚眾數千人，起兵南陽，後歸附劉邦，入漢封安國侯，曾為右丞相。事詳《漢書》本傳。西陵，漢有此縣，屬江夏郡，在今湖北新洲縣西。

181 胡陽：即湖陽，故地在今河南唐河縣西南湖陽鎮。

182 番君別將梅鋗：番君，又作「鄱君」，即吳芮，曾為秦番陽（今江西波陽縣）令，故稱番君，後起義反秦，入漢封長沙王，事詳《漢書》本傳。番，音ㄆㄢ。梅鋗，吳芮部將，曾跟劉邦入武關，因配合項羽作戰有功，項羽分封諸侯王時，被封為十萬戶侯。鋗，音ㄒㄩㄢ。

183 析、酈：析，聚邑名，故地在今河南西峽縣。酈，秦縣，故地在今河南南陽市西北。

184 黥布：黥布，即英布，六縣（今安徽六安縣北）人，因受過黥刑，故又稱黥布。秦末率刑徒起兵，曾依附項羽，封九江王，後來歸漢，封淮南王。高祖十二年，舉兵反漢，戰敗被殺。事詳《史記》、《漢書》本傳。黥，音ㄑㄧㄥˊ。

185 趙高：秦宦者，始皇時為車府令。始皇死於沙丘，趙高與丞相李斯謀立胡亥為二世皇帝。後又殺害李斯，自任丞相，專擅朝政，迫二世自殺，立子嬰為秦王。子嬰又殺死趙高。

186 陸賈：楚人，劉邦的說客，常銜命出使諸侯，著有《新語》十二篇。事詳《史記》、《漢書》本傳。

187 啗：音ㄉㄢˋ，引誘。

188 武關：在今陝西丹鳳縣東南。

與秦軍戰於藍田[189]南，益張疑兵旗幟[190]，諸所過毋得掠鹵[191]，秦人憙[192]，秦軍解[193]，因大破之。又戰其北，大破之。乘勝[194]，遂破之。

漢元年十月[195]，沛公兵遂先諸侯至霸上[196]。秦王子嬰[197]素車白馬[198]，繫頸以組[199]，封皇帝璽符節[200]，降軹道[201]旁。諸將或言誅秦王。沛公曰：「始懷王遣我，固以能寬容；且人已服降，又殺之，不祥。」乃以秦王屬[202]吏，遂西入咸陽[203]。欲止宮休

---

[189] 藍田：秦縣，故地在今陝西藍田縣西。

[190] 益張疑兵旗幟：多設疑兵和旗幟，目的在於造成虛假的聲勢，用以迷惑敵人。疑兵，虛設的兵陣。

[191] 鹵：通「擄」。

[192] 憙：通「喜」。

[193] 解：瓦解。

[194] 乘勝：勝利之後不停歇地繼續攻打。

[195] 漢元年十月：漢元年，即西元前206年。此年項羽分封諸侯，劉邦爲漢王。十月，漢初沿用秦曆，以十月爲歲首。至漢武帝太初元年改革曆法，始以正月爲歲首。

[196] 霸上：亦作「灞上」，因地處霸水西高原上而得名，在今陝西西安市東，接藍田縣界，爲古代軍事要地。

[197] 子嬰：《李斯列傳》說是秦始皇之弟，《秦始皇本紀》說是二世之兄子。據《秦始皇本紀》記載，子嬰爲秦王後，和他的兩個兒子謀殺趙高，可見子嬰之子已是成年人。按年輩推算，秦始皇死後三年不可能有已成年的孫輩。《李斯列傳》所說較爲可信。子嬰投降劉邦後，過了一個多月即被項羽殺死。

[198] 素車白馬：舊時辦喪事用的車馬，後用作送葬的語詞。

[199] 繫頸以組：子嬰素車白馬，以組繫頸，表示聽命處死。組，絲帶。

[200] 帝璽符節：璽，音ㄒㄧˇ，秦以前，爲印的統稱。自秦始，皇帝之印稱璽。漢代皇帝、皇后、諸侯王之印皆稱璽。符，以竹、木、銅等製成，上刻有文字，分成兩半，雙方各執一半，上面傳達命令或調兵遣將時，雙方合符以檢驗眞假。節，古代使者所持，以作憑證，用竹木或金屬製成，上有旄飾。

[201] 軹道：亭名，在今陝西西安市東北。軹，音ㄓˇ。

[202] 屬：音ㄓㄨˇ，交給、託付。

[203] 咸陽：秦都，故地在今陝西咸陽市東北。

舍[204]，樊噲、張良諫，乃封秦重寶財物府庫，還軍霸上，召諸縣父老豪桀曰：「父老苦秦苛法久矣，誹謗者族，偶語[205]者棄市[206]。吾與諸侯約，先入關者王之，吾當王關中。與父老約，法三章耳：殺人者死，傷人及盜抵罪[207]。餘悉除去秦法。諸吏人皆案堵[208]如故。凡吾所以來，為父老除害，非有所侵暴，無恐！且吾所以還軍霸上，待諸侯至而定約束耳。」乃使人與秦吏行[209]縣鄉邑，告諭之。秦人大喜，爭持牛羊酒食獻饗[210]軍士。沛公又讓不受，曰：「倉粟多，非乏，不欲費人[211]。」人又益喜，唯恐沛公不為秦王。

　　或說沛公曰[212]：「秦富十倍天下，地形強。今聞章邯降項羽，項羽乃號為雍王，王關中。今則來，沛公恐不得有此。可急使兵守函谷關[213]，無內[214]諸侯軍，稍徵關中兵以自益，距之。」沛公然其計，從之。十一月中，項羽果率諸侯兵西，欲入關，關門閉。聞沛公已定關中，大怒，使黥布等攻破函谷關。十二月

---

[204] 止宮休舍：言欲居止宮殿而息。

[205] 偶語：相聚議論或竊竊私語。

[206] 棄市：一種刑法。秦代律令對棄市之刑有明文規定。棄市，即在市場中當眾處死，暴屍於市，表示被眾人所棄。

[207] 抵罪：因犯罪而受到適當的懲罰。

[208] 案堵：安居，安定有序。案，通「安」。

[209] 行：巡行。

[210] 饗：音ㄒㄧㄤˇ，用酒食款待人。

[211] 費人：讓大家破費。

[212] 或說沛公曰：據《楚漢春秋》，勸說沛公者為解先生。

[213] 函谷關：在今河南靈寶縣東北，是通往關中的門戶。漢武帝元鼎三年移至今新安縣東，與故關相距三百里。關在谷中，深險如函，故名。

[214] 內：通「納」。

中，遂至戲。沛公左司馬曹無傷聞項王怒，欲攻沛公，使人言項羽曰：「沛公欲王關中，令子嬰為相，珍寶盡有之。」欲以求封。亞父[215]勸項羽擊沛公。方饗士，旦日合戰[216]。是時項羽兵四十萬，號百萬。沛公兵十萬，號二十萬，力不敵。會項伯欲活張良[217]，夜往見良，因以文諭項羽[218]，項羽乃止。沛公從百餘騎，驅之鴻門[219]，見謝項羽。項羽曰：「此沛公左司馬曹無傷言之。不然，籍何以生此[220]！」沛公以樊噲、張良故，得解[221]歸。歸，立誅曹無傷。

項羽遂西，屠燒咸陽秦宮室，所過無不殘破。秦人大失望，然恐，不敢不服耳。

項羽使人還報懷王。懷王曰：「如約。」項羽怨懷王不肯令與沛公俱西入關，而北救趙，後[222]天下約。乃曰：「懷王者，吾家項梁所立耳，非有功伐[223]，何以得主約[224]！本定天下，諸將及

---

[215] 亞父：即范增。項羽尊稱范增為亞父，意謂對他的尊敬僅次於父，猶如管仲被齊桓公尊為仲父。

[216] 旦日合戰：第二天交戰。

[217] 會項伯欲活張良：項伯，項羽的叔父，在項羽軍中任左尹，入漢封為射陽侯，賜姓劉。活張良，使張良活下來。項伯與張良素有交誼，項伯秦時殺人，張良曾加營救，所以項伯要從劉邦宮中救出張良。

[218] 因以文諭項羽：《項羽本紀》記載，項伯勸項羽說：「沛公不先破關中，公豈敢入乎？今人有大功而擊之，不義也，不如因善遇之。」這裏所說「文諭項羽」即指此。

[219] 鴻門：在今陝西臨潼縣東北，現在當地人稱項王營。

[220] 生此：如此做。生，《項羽本紀》作「至」。

[221] 解：脫身得救。

[222] 後：落後一步。

[223] 功伐：功勞、功勳。

[224] 主約：主持定約。

籍也。」乃詳尊懷王為義帝[225]，實不用其命。

正月，項羽自立為西楚霸王[226]，王梁、楚地九郡[227]，都彭城。負約[228]，更立沛公為漢王，王巴、蜀、漢中[229]，都南鄭。三分關中，立秦三將：章邯為雍王[230]，都廢丘[231]；司馬欣為塞王[232]，都櫟陽[233]；董翳[234]為翟王[235]，都高奴[236]。楚將瑕丘申陽

---

[225] 詳尊懷王為義帝：詳，通「佯」，假意、虛假。義，名義上的。義帝，意謂名義上的皇帝。

[226] 西楚霸王：西楚，《貨殖列傳》云：「夫自淮北沛、陳、汝南、南郡，此西楚也。……彭城以東，東海、吳、廣陵，此東楚也。……衡山、九江、江南、豫章、長沙，是南楚也。」西楚包舉今河南東部、安徽北部、江蘇西北部一帶。實際上，當時項羽所占不限於這一地區。項羽建都彭城，屬西楚，故以西楚為號。又《項羽本紀》張守節《正義》引孟康云：「舊名江陵為南楚，吳為東楚，彭城為西楚。」可備一說。霸王，諸侯王的盟主，相當於春秋時期的霸王。

[227] 王梁、楚地九郡：王，稱王以統治。九郡，歷來說法不一，清梁玉繩《史記志疑》卷六認為九郡是泗水、東陽、東海、碭、薛、郯、吳、會稽、東郡。

[228] 負約：違背諾言，失約。

[229] 巴、蜀、漢中：都是秦郡。巴在今四川東部，治所在江州（故地在今四川重慶市北嘉陵江北岸）。蜀在今四川中部，治所在成都（即今四川成都市）。漢中在今陝西秦嶺以南及湖北西北部，治所在南鄭（即今陝西南鄭縣）。

[230] 雍王：唐張守節《正義》認為「以岐州雍縣為名」。雍縣故地在今陝西鳳翔縣南。

[231] 廢丘：秦縣，故地在今陝西興平縣東南。

[232] 司馬欣為塞王：司馬欣，秦末任櫟陽獄掾，幫助過項梁。曾為秦二世長史，率軍從屬章邯攻陳勝、項梁，後降項羽，為上將軍。漢王四年，被漢軍打敗自殺。塞王，司馬欣封地有大河、華山為阨塞，故名。

[233] 櫟陽：秦縣，故地在今陝西臨潼縣東北。櫟，音ㄌㄧˋ。

[234] 董翳：章邯的部將，曾為都尉，投降項羽。在楚、漢之爭中，兵敗自殺。翳，音ㄧˋ。

[235] 翟王：董翳所封，春秋時為白翟之地，故取以為號。翟，音ㄉㄧˊ。

[236] 高奴：秦縣，故地在今陝西延安市東北。

為河南王[237]，都洛陽。趙將司馬卬為殷王[238]，都朝歌[239]。趙王歇徙王代[240]。趙相張耳為常山王[241]，都襄國[242]。當陽君黥布為九江王[243]，都六[244]。懷王柱國共敖為臨江王[245]，都江陵[246]。番君吳芮為衡山王[247]，都邾[248]。燕將臧荼為燕王[249]，都薊[250]。故燕王韓廣

[237] 瑕丘申陽為河南王：瑕丘，秦縣，故地在今山東兗州市東北。申陽，原為項羽將領，漢二年投降劉邦。瑕丘申陽的封地在黃河之南，故名河南王。

[238] 殷王：司馬卬封於殷商舊地，故名。

[239] 朝歌：為殷舊都，故地在今河南淇縣。

[240] 趙王歇徙王代：代，秦郡，戰國時為趙地，地域在今山西北部、河北西北部一帶。項羽徙封趙王歇於代，而把趙的主要地區封給了張耳。趙王歇徙代後，都代縣，即今河北蔚縣東北。

[241] 趙相張耳為常山王：張耳，大梁（即今河南開封市）人，陳勝起兵至陳，與陳餘請兵北略趙地，先後擁立武臣、趙歇為趙王，自任丞相。項羽封他為常山王，後歸附劉邦，封為趙王，漢五年卒。事詳《史記》、《漢書》本傳。常山，轄境在今河北中部、山西東部和中部。

[242] 襄國：即秦信都縣，項羽改稱襄國，故地在今河北邢臺市。

[243] 當陽君黥布為九江王：當陽君，項梁擁立楚懷王心後，項梁號武信君，黥布號當陽君。當陽在今湖北當陽縣東北。九江，秦郡，轄境在今江西和江蘇、安徽兩省長江以北、淮水以南一帶。封黥布為九江王時，江蘇一帶已劃歸西楚。

[244] 六：故地在安徽六安縣。

[245] 懷王柱國共敖為臨江王：柱國，即上柱國，戰國楚國設置的官稱，地位尊寵，相當於後世的相國。楚地義軍沿襲楚制，仍設置此官。共，音ㄍㄨㄥ，姓。臨江，地域相當於當時的南郡，即今襄樊市以南的湖北地區和四川巫山以東地區。

[246] 江陵：故地在今湖北江陵縣。

[247] 番君吳芮為衡山王：芮，音ㄖㄨㄟˋ。衡山，吳芮封國衡山轄境在今湖北東部、湖南全部和安徽西部。境內有衡山，國名即由此而來。

[248] 邾：故地在今湖北黃岡縣西北。

[249] 燕將臧荼為燕王：臧荼，初為燕王韓廣部將，曾率軍援趙，隨項羽入關。項羽把燕地一分為二，徙故燕王韓廣稱王遼東，而以燕、薊（今河北北部）封臧荼。後來臧荼背楚歸漢，漢五年反叛被俘。荼，音ㄊㄨˊ。

[250] 薊：音ㄐㄧˋ，秦縣，故地在今北京市西南。

徒王遼東 251。廣不聽，臧荼攻殺之無終 252。封成安君陳餘河間三
縣 253，居南皮 254。封梅鋗十萬戶。

　　四月，兵罷戲下 255，諸侯各就國。漢王之國，項王使卒三萬
人從，楚與諸侯之慕從者數萬人，從杜南入蝕中 256。去輒燒絕棧
道 257，以備諸侯盜兵 258 襲之，亦示項羽無東意。至南鄭，諸將及
士卒多道亡歸，士卒皆歌思東歸。韓信 259 說漢王曰：「項羽王諸
將之有功者，而王獨居南鄭，是遷 260 也。軍吏士卒皆山東 261 之

---

251 故燕王韓廣徙王遼東：韓廣原為秦上谷郡卒史，陳勝部將武臣到邯鄲自立為
　　趙王，遣韓廣帶兵攻取燕地，韓廣便自立為燕王，見《陳涉世家》。遼東，
　　本秦郡，在今大凌河以東的遼寧地區。韓廣所封包有今遼寧和河北東北一
　　帶。

252 無終：韓廣遼東國國都，故地在今天津市薊縣。

253 封成安君陳餘河間三縣：成安君，陳餘封號。成安，秦縣，張守節《正義》
　　云：「成安縣在潁川郡，屬豫州。」故地在今河南臨汝縣東南。陳餘，大梁
　　人，陳勝義軍到陳，與張耳請兵北略趙地，立武臣為趙王，自為大將軍。後
　　又擁立趙王歇為趙王。項羽分封諸侯王，由於陳餘在南皮，未隨項羽入關，
　　便僅以南皮旁三縣封陳餘。漢三年，陳餘被韓信、張耳攻殺。事詳《史
　　記》、《漢書》本傳。河間，漢高祖時為郡，郡治在樂成，即今河北獻縣東
　　南。

254 南皮：故地在今河北南皮縣。

255 戲下：在主帥的旌麾之下。也有人認為戲即戲水。戲下即戲水之下，與洛下
　　同例。戲，音ㄏㄨㄟ，通「麾」，用以指揮軍隊的大旗。

256 從杜南入蝕中：杜，秦縣，故地在今陝西西安市東南。蝕中，杜縣南通往漢
　　中的谷道。有人認為就是子午谷，在今西安市南。

257 棧道：在懸崖絕壁上，鑿石架木修成的通道，也叫閣道。

258 盜兵：盜賊之兵。

259 韓信：淮陰（今江蘇淮陰市西南）人，先從項羽，後歸劉邦，拜為大將軍。
　　曾自立為齊王，劉邦徙封他為楚王，後降封淮陰侯。高祖十一年，反漢被
　　殺。事詳《史記》、《漢書》本傳。

260 遷：有罪被徙。秦時多把犯罪人遷處僻遠的巴、蜀地，劉邦被封在巴、蜀，
　　都南鄭，所以韓信有「是遷也」之言。

261 山東：秦、漢時指崤山或華山以東，與關東所指地域略同。

人也，日夜跂 ²⁶² 而望歸，及其鋒而用之，可以有大功。天下已定，人皆自寧，不可復用。不如決策東鄉 ²⁶³，爭權天下。」

項羽出關，使人徙義帝。曰：「古之帝者地方千里，必居上游。」乃使使徙義帝長沙郴縣 ²⁶⁴，趣 ²⁶⁵ 義帝行，群臣稍倍 ²⁶⁶ 叛之，乃陰令衡山王、臨江王擊之，殺義帝江南 ²⁶⁷。項羽怨田榮 ²⁶⁸，立齊將田都為齊王 ²⁶⁹。田榮怒，因自立為齊王，殺田都而反楚 ²⁷⁰；予彭越將軍印，令反梁地 ²⁷¹。楚令蕭公角 ²⁷² 擊彭越，彭

---

262 跂：音ㄑㄧ丶，通「企」，《漢書·高帝紀》作「企」。跂起腳跟，形容盼望殷切。

263 鄉：通「向」。

264 長沙郴縣：長沙，秦郡，轄境在今資水以東的湖南地區、廣東西北和廣西東北部分地區。郴縣，長沙郡屬縣，故地在今湖南郴縣。郴，音ㄔㄣ。

265 趣：音ㄘㄨ丶，催促。

266 倍：通「背」。

267 殺義帝江南：《項羽本紀》云殺義帝江中。又《黥布列傳》記載，高祖元年四月，項羽把義帝遷至長沙郡，暗中派九江王黥布等攻擊義帝。八月，黥布派部將追殺義帝於郴縣。接受項羽命令殺害義帝的有衡山王、臨江王、九江王三人，直接殺死義帝的是九江王部將，與此皆略有不同。

268 項羽怨田榮：田榮，齊國貴族後裔。陳勝起義後，田儋自立為齊王，被秦章邯所殺。田假繼立，田榮逐假，另立儋子市。假逃歸楚，榮怨項梁保護田假，不肯發兵助楚。因此，項羽怨田榮。《項羽本紀》也說，項羽分封諸侯王時，由於田榮「數負項梁，又不肯將兵從楚擊秦，以故不封」。

269 立齊將田都為齊王：田都，田假部將，因隨從項羽救趙，入關，所以被封為齊王。事詳《項羽本紀》、《田儋列傳》。

270 殺田都而反楚：據《田儋列傳》，項羽分封諸侯，以田市為膠東王，田安為濟北王，田都為齊王，三分齊地。田榮未得為王，遂發兵擊田都，田都逃歸於楚。田榮所殺乃田市、田安。

271 予彭越將軍印，令反梁地：據《漢書·彭越傳》，漢派人賜彭越將軍印。項羽入關時，彭越率眾居巨野澤（即大野澤，在今山東巨野縣北）中，未隨項羽入關。項羽分封諸侯，彭越不得封。因此，賜予彭越將軍印，在梁地反楚。

272 蕭公角：角是名，曾為蕭縣（即今安徽蕭縣西北）令，當時令稱公。

越大破之。陳餘怨項羽之弗王己也，令夏說[273]說田榮，請兵擊張
耳。齊予陳餘兵，擊破常山王張耳，張耳亡歸漢。迎趙王歇於
代，復立為趙王。趙王因立陳餘為代王。項羽大怒，北擊齊。

八月，漢王用韓信之計，從故道[274]還，襲雍王章邯。邯迎擊
漢陳倉，雍兵敗，還走；止戰好畤[275]，又復敗，走廢丘。漢王遂
定雍地。東至咸陽，引兵圍雍王廢丘，而遣諸將略定隴西、北
地、上郡[276]。令將軍薛歐、王吸[277]出武關，因王陵兵南陽，以迎
太公、呂后於沛。楚聞之，發兵距之陽夏[278]，不得前。令故吳令
鄭昌[279]為韓王，距漢兵。

二年，漢王東略地，塞王欣、翟王翳、河南王申陽皆降。韓
王昌不聽，使韓信[280]擊破之。於是置隴西、北地、上郡、渭南、

---

[273] 夏說：陳餘為代王時，夏說為代相。漢高祖二年後九月，被韓信所擒殺。
說，音ㄩㄝˋ。

[274] 故道：道路名，又稱陳倉道。此道從陳倉（今陝西寶雞市東）始，西南經散
關，沿故道水（嘉陵江上游）谷道至鳳縣折向東南進入褒谷，出抵漢中。

[275] 好畤：故地在今陝西乾縣東。畤，音ㄓˋ。

[276] 隴西、北地、上郡：隴西，秦郡，轄境在今甘肅東南部。北地，秦郡，轄有
今甘肅東北部、寧夏回族自治區東南部和內蒙古自治區、陝西的部分地區。
上郡，秦郡，轄境在今陝西北部和內蒙古自治區黃河河套以南一帶。

[277] 薛歐、王吸：薛歐，以舍人身分隨從劉邦在豐邑起兵，後為郎中。升任將
軍，由於擊項羽、鐘離眛有功，封為廣平侯。王吸，以中涓隨從劉邦起兵豐
邑，後為騎郎將、將軍，因為擊項羽有功，封清陽侯。均見《高祖功臣侯者
年表》。

[278] 陽夏：秦縣，故地在今河南太康縣。

[279] 鄭昌：項羽早年在吳縣時，鄭昌為縣令，見《韓王信列傳》。

[280] 韓信：此為韓王信，與淮陰侯韓信不是一人。韓王信是戰國韓襄王後裔，將
兵隨劉邦入武關。劉邦封漢王，又從入漢中。劉邦還定三秦，先拜信為韓太
尉，擊降韓王鄭昌後，信被立為韓王。事詳《史記》、《漢書》本傳。

河上、中地郡[281]；關外置河南郡[282]。更立韓太尉[283]信為韓王。諸將以萬人若以一郡降者，封萬戶。繕治河上塞[284]。諸故秦苑囿[285]園池，皆令人得田之。正月，虜雍王弟章平。大赦罪人。

漢王之出關至陝[286]，撫關外父老，還，張耳來見[287]，漢王厚遇之。

二月，令除秦社稷[288]，更立漢社稷。

三月，漢王從臨晉[289]渡，魏王豹[290]將兵從。下河內[291]，虜殷王，置河內郡[292]。南渡平陰津，至雒陽。新城三老董公遮說漢

---

[281] 渭南、河上、中地郡：即後來的京兆、左馮翊、右扶風三郡，位處西漢京畿地區，轄境在今陝西中部。

[282] 河南郡：轄地在今河南西北部，治所在雒陽。

[283] 太尉：掌管王國中的軍事。

[284] 河上塞：指河上郡北部與匈奴接壤處修築的防禦工事，用來防備匈奴。

[285] 苑囿：畜養鳥獸，種植林木的地方，多用來供上層統治者游獵。囿，音一ㄡˋ。

[286] 陝：秦縣，故地在今河南三門峽市西。

[287] 張耳來見：據《張耳陳餘列傳》，張耳被陳餘擊敗後，投奔劉邦，在廢丘謁見劉邦。《資治通鑒》載此事於漢王二年十月。

[288] 社稷：土神和穀神，古以為國家的象徵。古代新政權代替異姓舊政權時，都要更易社稷。

[289] 臨晉：關名，又名蒲關、蒲津關、河關，在今陝西大荔縣黃河西岸，關下有黃河渡口，自古以來為秦晉間山河要隘。

[290] 魏王豹：魏公子寧陵君咎之弟。陳勝攻占魏地，立咎為魏王，後咎被秦章邯打敗自殺。豹又再起，收復魏地，繼立為魏王。項羽分封諸侯，自己想占有魏地，便徙封豹為西魏王，建都平陽，引起魏豹的不滿，終背楚降漢，漢王從臨晉渡黃河，魏豹帶兵跟隨。事詳《史記》、《漢書》本傳。

[291] 河內：黃河以北地區的統稱，這裏指今河南黃河以北的地域。

[292] 河內郡：轄有今河南北部，治懷縣，即今河南武陟縣西南。

王以義帝死故[293]。漢王聞之，袒[294]而大哭。遂為義帝發喪，臨[295]
三日。發使者告諸侯曰：「天下共立義帝，北面[296]事之。今項羽
放殺義帝於江南，大逆無道。寡人親為發喪，諸侯皆縞素[297]。悉
發關內兵，收三河[298]士，南浮江漢[299]以下，願從諸侯王擊楚之
殺義帝者。」

是時項王北擊齊，田榮與戰城陽。田榮敗，走平原[300]，平原
民殺之。齊皆降楚。楚因焚燒其城郭，係虜[301]其子女。齊人叛
之。田榮弟橫立榮子廣為齊王，齊王反楚城陽。項羽雖聞漢東，
既已連[302]齊兵，欲遂破之而擊漢。漢王以故得劫五諸侯[303]兵，
遂入彭城。項羽聞之，乃引兵去齊，從魯[304]出胡陵，至蕭，與漢
大戰彭城靈壁東睢水[305]上，大破漢軍，多殺士卒，睢水為之不

---

[293] 新城三老董公遮說漢王以義帝死故：新城，漢初所置縣，故地在今河南伊川
縣西南。三老，掌管一鄉教化的地方官吏。遮說，攔住游說。董公的游說之
辭見《漢書‧高帝紀》。

[294] 袒：音ㄊㄢˇ，裸露。這裏指脫去衣袖，裸露左臂，為古代喪禮中的一種儀
節。

[295] 臨：眾人哭吊。

[296] 北面：古代人君南向而坐，臣子朝見則面向北。

[297] 縞素：服喪時穿的白色衣服。縞，音ㄍㄠˇ，未經染色的絹。

[298] 三河：河南、河東、河內。

[299] 江漢：長江、漢水。

[300] 平原：縣名，故地在今山東平原縣西南。

[301] 係虜：執縛擄掠。係，通「繫」，繫縛。

[302] 連：交戰。

[303] 五諸侯：歷來說法紛紜，《漢書‧高帝紀》顏師古注認為是常山王張耳、河
南王申陽、韓王鄭昌、魏王豹、殷王司馬卬，後人多有異議。

[304] 魯：秦縣，故地在今山東曲阜縣。

[305] 靈壁東睢水：靈壁，位於彭城西南，故地在今安徽淮北市西南，不是現在的
靈壁縣。睢水，即濉河，古鴻溝支脈之一，故道自今河南開封縣東從鴻溝分
出，流經河南東部、安徽西北部，到江蘇宿遷縣西，注入泗水，今多淤斷。
睢，音ㄙㄨㄟ。

流。乃取漢王父母妻子於沛，置之軍中以為質。當是時，諸侯見楚強漢敗，還皆去漢復為楚。塞王欣亡入楚。

　　呂后兄周呂侯[306]為漢將兵，居下邑。漢王從之，稍收士卒，軍碭。漢王乃西過梁地，至虞[307]。使謁者隨何[308]之九江王布所，曰：「公能令布舉兵叛楚，項羽必留擊之。得留數月，吾取天下必矣。」隨何往說九江王布，布果背楚。楚使龍且[309]往擊之。

　　漢王之敗彭城而西，行[310]使人求家室，家室亦亡，不相得。敗後乃獨得孝惠，六月，立為太子，大赦罪人。令太子守櫟陽，諸侯子[311]在關中者皆集櫟陽為衛。引水灌廢丘，廢丘降，章邯自殺。更名廢丘為槐里。於是令祠官祀天地四方上帝山川，以時祀之。興關內卒乘塞。

　　是時九江王布與龍且戰，不勝，與隨何間行[312]歸漢。漢王稍收士卒，與諸將及關中卒[313]益出，是以兵大振滎陽，破楚京、索[314]間。

---

[306] 周呂侯：即呂澤，「周呂」是他的封號。漢高祖六年，呂澤始封周呂侯，立三年卒。當時呂澤尚未封周呂侯，這是修史者追書之辭。

[307] 虞：縣名，故地在今河南虞城縣北。

[308] 謁者隨何：謁者，為國君掌管傳達事務的官員，始設於春秋、戰國時，秦、漢沿置。漢代郎中令下的屬官謁者職掌賓贊禮儀。隨何，劉邦手下的儒者，漢統一天下後，以游說黥布有功，任護軍中尉。

[309] 龍且：項羽的驍將，被韓信所殺。且，音ㄐㄩ。

[310] 行：行進中。

[311] 諸侯子：謂諸侯子弟。

[312] 間行：從小路走，秘密前往。間，音ㄐㄧㄢˋ，小路。

[313] 關中卒：《漢書·高帝紀》記載，五月，漢王屯滎陽，蕭何把關中不符合服兵役年齡的老弱全部加以征調去滎陽作戰。關中卒即蕭何這次徵調的服役人員。

[314] 京、索：京，秦縣，故地在今河南滎陽縣東南。索，即索亭，在京縣境內，故地在今河南滎陽縣。

三年，魏王豹謁歸視親疾，至即絕河津，反為楚。漢王使酈
生說豹，豹不聽。漢王遣將軍韓信擊，大破之，虜豹。遂定魏
地，置三郡，曰河東、太原、上黨[315]。漢王乃令張耳與韓信遂東
下井陘[316]擊趙，斬陳餘、趙王歇。其明年，立張耳為趙王。

　　漢王軍榮陽南，築甬道屬之河[317]，以取敖倉[318]。與項羽相距
歲餘。項羽數侵奪漢甬道，漢軍乏食，遂圍漢王。漢王請和，割
榮陽以西者為漢。項王不聽。漢王患之，乃用陳平[319]之計，予陳
平金四萬斤[320]，以間[321]疏楚君臣。於是項羽乃疑亞父。亞父是時
勸項羽遂下榮陽，及其見疑，乃怒，辭老，願賜骸骨[322]歸卒伍，
未至彭城而死。

　　漢軍絕食，乃夜出女子東門二千餘人，被[323]甲，楚因四面擊

---

[315] 河東、太原、上黨：河東，轄境在今山西沁水以西，霍山以南。太原，轄境
　　在今山西霍山以北，句注山以南。上黨，轄境在今山西和順縣、榆社縣以
　　南，沁水流域以東。

[316] 井陘：秦縣，故地在今河北井陘縣西北，境內井陘山上有井陘關，為軍事要
　　地。

[317] 築甬道屬之河：甬道，兩邊築有墻壁的通道，以防敵人劫奪。屬，音ㄓㄨˇ
　　，連接、連綴。

[318] 敖倉：秦在榮陽西北敖山上修建的糧倉，儲積數量龐大的粟米，地當河水、
　　濟水分流處，故址在今河南鄭州市西北邙山上。

[319] 陳平：陽武（今河南原陽縣東南）人，先從項羽，後歸附劉邦，佐漢滅楚，
　　以功封戶牖侯、曲逆侯，惠帝、呂后、文帝時為丞相。其事詳見《陳丞相世
　　家》、《漢書·陳平傳》。

[320] 斤：漢代一斤約等於今二百五十八公克。

[321] 間：離間。

[322] 願賜骸骨：猶言乞身。臣子事君，即以身許人，所以自己辭官等於要求人君
　　賜予軀體。

[323] 被：「披」的假借字。

之。將軍紀信乃乘王駕，詐為漢王，誑[324]楚，楚皆呼萬歲[325]，之城東觀，以故漢王得與數十騎出西門遁。令御史大夫周苛、魏豹、樅公[326]守滎陽。諸將卒不能從者，盡在城中。周苛、樅公相謂曰：「反國之王，難與守城。」因殺魏豹。

漢王之出滎陽入關，收兵欲復東。袁生[327]說漢王曰：「漢與楚相距滎陽數歲，漢常困。願君王出武關，項羽必引兵南走，王深壁[328]，令滎陽成皋[329]間且得休。使韓信等輯[330]河北趙地，連燕齊，君王乃復走滎陽，未晚也。如此，則楚所備者多，力分，漢得休，復與之戰，破楚必矣。」漢王從其計，出軍宛葉[331]間，與黥布行[332]收兵。

項羽聞漢王在宛，果引兵南。漢王堅壁不與戰。是時彭越渡睢水，與項聲、薛公戰下邳[333]，彭越大破楚軍。項羽乃引兵東擊

---

[324] 誑：欺騙。

[325] 萬歲：永遠存在之意。君王有嘉慶之事，臣下或民衆呼「萬歲」以示慶賀。

[326] 御史大夫周苛、魏豹、樅公：御史大夫，本為秦官，地位僅次於丞相，主要負責監察、執法。當時周苛在漢任此職。周苛，周昌從兄，秦時為泗水（秦郡，治所在沛縣，漢初改為沛郡）卒史，後歸隨劉邦。事跡主要見《張丞相列傳》所附《周昌列傳》、《漢書·周昌傳》。樅，音ちㄨㄥ，樅為姓。樅公，史書未載其名字。

[327] 袁生：袁姓，《漢書·高帝紀》作「轅」，名字不見史書。

[328] 王深壁：壁，營壘。袁生勸漢王深溝高壘，不與楚戰，爭取時間休整部隊。

[329] 成皋：即春秋鄭國的虎牢，漢代置為縣，其地形勢險要，故地在今河南滎陽縣汜水鎮。

[330] 輯：安撫。

[331] 葉：秦縣，故地在今河南葉縣南。

[332] 行：沿途。

[333] 項聲、薛公戰下邳：項聲，項羽部將。薛公，楚漢相爭時有兩薛公。這裏的薛公為項羽將領，被灌嬰殺死。另一薛公曾為楚令尹，入漢後為夏侯嬰門客。黥布反漢時，曾向漢高祖獻策，封食千戶，事見《黥布列傳》、《漢書·黥布傳》。下邳，秦縣，故地在今江蘇睢寧縣西北。邳，音ㄆㄟˊ。

彭越。漢王亦引兵北軍成皋。項羽已破走彭越，聞漢王復軍成皋，乃復引兵西，拔滎陽，誅周苛、樅公，而虜韓王信，遂圍成皋。

漢王跳[334]，獨與滕公[335]共車出成皋玉門[336]，北渡河，馳宿修武[337]。自稱使者，晨馳入張耳、韓信壁，而奪之軍。乃使張耳北益收兵趙地，使韓信東擊齊。漢王得韓信軍，則復振。引兵臨河，南饗軍小修武南，欲復戰。郎中[338]鄭忠乃說止漢王，使高壘深塹，勿與戰。漢王聽其計，使盧綰、劉賈[339]將卒二萬人，騎數百，渡白馬津[340]，入楚地，與彭越復擊破楚軍燕郭[341]西，遂復下梁地十餘城。

淮陰已受命東，未渡平原[342]。漢王使酈生往說齊王田廣，廣

---

334 跳：通「逃」。《項羽本紀》作「逃」。或認為跳是跳躍之跳，義為快走。

335 滕公：即夏侯嬰。沛縣人，與劉邦一起起兵，以功封汝陰侯，高祖至文帝時，長期任太僕。早年曾為滕令，故稱滕公。《史記》、《漢書》有傳。

336 玉門：成皋北門。

337 修武：縣名，故地在今河南獲嘉縣西南。縣內有大、小修武，此為小修武，《漢書‧高帝紀》云：「北渡河，宿小修武。」可為確證。大修武在小修武西，位於今河南修武縣界。

338 郎中：侍衛官。

339 盧綰、劉賈：盧綰，沛縣人，隨從劉邦起兵，漢高祖五年封燕王，後投降匈奴，為東胡盧王，死在匈奴。《史記》、《漢書》有傳。綰，音ㄨㄢˇ。劉賈，劉邦堂兄，漢高祖元年為將軍，六年封荊王，十一年擊黥布被殺。事詳《荊燕世家》、《漢書‧荊燕吳傳》。

340 白馬津：渡口名，為黃河分流處，在今河南滑縣北，由於水道的變遷，現已淤塞。

341 燕郭：燕，秦時南燕國故地，秦於此設置燕縣，西漢改稱南燕，故地在今河南延津縣東北。郭，外城。

342 平原：黃河津渡名，通常稱平原津，在今山東平原縣境內。

叛楚，與漢和，共擊項羽。韓信用蒯通計[343]，遂襲破齊。齊王烹酈生，東走高密[344]。項羽聞韓信已舉河北兵破齊、趙，且欲擊楚，則使龍且、周蘭往擊之。韓信與戰，騎將灌嬰[345]擊，大破楚軍，殺龍且。齊王廣犇[346]彭越。當此時，彭越將兵居梁地，往來苦[347]楚兵，絕其糧食。

　　四年，項羽乃謂海春侯大司馬曹咎[348]曰：「謹守成皋。若漢挑戰，慎勿與戰，無令得東而已。我十五日必定梁地，復從[349]將軍。」乃行擊陳留、外黃、睢陽，下之。漢果數挑楚軍，楚軍不出，使人辱之五六日，大司馬怒，度兵汜水[350]。士卒半渡，漢擊之，大破楚軍，盡得楚國金玉貨賂。大司馬咎、長史欣皆自剄汜水上。項羽至睢陽，聞海春侯破，乃引兵還。漢軍方圍鐘離眛[351]

---

[343] 蒯通計：即勸韓信不要對齊停止進兵，乘齊與漢講和無備，進兵襲擊，意見被韓信采納，詳見《淮陰侯列傳》。蒯通，即蒯徹，《史記》作者為避漢武帝劉徹諱，改「徹」作「通」。蒯，音ㄎㄨㄞˇ。范陽（今河北定興縣南）人，是當時有名的謀士，曾為武信君武臣劃策降服趙地三十餘城，事見《張耳列傳》。

[344] 高密：縣名，故地在今山東高密縣西南。

[345] 灌嬰：睢陽（今河南商丘縣南）人，一直追隨劉邦轉戰各地，以功封潁陰侯，文帝時曾為丞相，《史記》、《漢書》有傳。

[346] 犇：與「奔」字同。

[347] 苦：騷擾。

[348] 海春侯大司馬曹咎：曹咎，早年為蘄縣獄掾，項梁因事受到櫟陽縣的逮捕，曹咎寫信給櫟陽獄掾司馬欣，獄事得免，見《項羽本紀》。這時他在項羽部下為大司馬，封海春侯，與司馬欣駐軍成皋。

[349] 從：會合。

[350] 度兵汜水：度，通「渡」。汜水，發源於今河南鞏縣東南，流經滎陽縣界，北經成皋注入黃河。汜，音ㄙˋ。

[351] 鐘離眛：姓鐘離，名眛。為項羽部將，項羽敗死後，逃歸故友韓信，劉邦下令捕眛，被迫自殺，見《淮陰侯列傳》。眛，音ㄇㄟˋ。

於滎陽東，項羽至，盡走險阻[352]。

韓信已破齊，使人言曰：「齊邊[353]楚，權輕，不為假王，恐不能安齊。」漢王欲攻之。留侯曰：「不如因[354]而立之，使自為守。」乃遣張良操印綬[355]立韓信為齊王。

項羽聞龍且軍破，則恐，使盱臺人武涉往說韓信[356]。韓信不聽。

楚漢久相持未決，丁壯苦軍旅，老弱罷轉餉[357]。漢王項羽相與臨廣武之間[358]而語。項羽欲與漢王獨身挑戰。漢王數[359]項羽曰：「始與項羽俱受命懷王，曰先入定關中者王之，項羽負約，王我於蜀漢，罪一。項羽矯殺卿子冠軍[360]而自尊，罪二。項羽已救趙，當還報，而擅劫諸侯兵入關，罪三。懷王約入秦無暴掠，項羽燒秦宮室，掘始皇帝家，私收其財物，罪四。又強殺秦降王子嬰，罪五。詐阬秦子弟新安[361]二十萬，王其將[362]，罪六。項羽

---

[352] 盡走險阻：漢軍避走險要之地。

[353] 邊：靠近。

[354] 因：趁勢。

[355] 印綬：印信和繫在印信上的絲帶。

[356] 武涉往說韓信：武涉游說之辭見《淮陰侯列傳》，大意是勸韓信叛漢聯楚，與劉邦三分天下而王。

[357] 老弱罷轉餉：老弱疲於轉運軍餉。罷，通「疲」。

[358] 廣武之間：廣武，城名，故址在今河南滎陽縣東北廣武山上。山上有東西廣武二城，相去二百步左右，中隔廣武澗。間，「澗」的假借字。

[359] 數：音ㄕㄨˇ，責備。

[360] 卿子冠軍：即宋義。卿子，是當時人互相尊敬之辭。楚懷王派宋義率兵救趙，為上將軍，是全軍中最高的將領，號為「卿子冠軍」。

[361] 新安：秦縣，故地在今河南澠池縣東。

[362] 王其將：章邯率軍投降項羽後，項羽在新安城南坑殺秦兵二十多萬。分封諸侯王時，降將章邯、司馬欣、董翳都被裂土稱王。事詳《項羽本紀》。

皆王諸將善地，而徙逐故主³⁶³，令臣下爭叛逆，罪七。項羽出逐義帝彭城，自都之，奪韓王地，并王梁楚，多自予，罪八。項羽使人陰弒³⁶⁴義帝江南，罪九。夫為人臣而弒其主，殺已降，為政不平，主約不信，天下所不容，大逆無道，罪十也。吾以義兵從³⁶⁵諸侯誅殘賊，使刑餘³⁶⁶罪人擊殺項羽，何苦乃與公挑戰！」項羽大怒，伏弩³⁶⁷射中漢王。漢王傷匈³⁶⁸，乃捫足³⁶⁹曰：「虜中吾指！」漢王病創³⁷⁰臥，張良強請漢王起行勞軍，以安士卒，毋令楚乘勝於漢。漢王出行軍，病甚，因馳入成皋。

病愈，西入關，至櫟陽，存問父老，置酒，梟故塞王欣頭櫟陽市³⁷¹。留四日，復如軍，軍廣武。關中兵益出。

當此時，彭越將兵居梁地，往來苦楚兵，絕其糧食。田橫往從之。項羽數擊彭越等，齊王信又進擊楚。項羽恐，乃與漢王約，中分天下，割鴻溝³⁷²而西者為漢，鴻溝而東者為楚。項王歸

---

363 王諸將善地，而徙逐故主：指遷徙燕王韓廣為遼東王，而封燕將臧荼為燕王；遷徙齊王田市為膠東王，而封齊將田都為齊王；遷徙趙王歇為代王，而封張耳為常山王，稱王趙地。

364 陰弒：暗殺。

365 從：率領。

366 刑餘：受過刑罰而致身體不全的人。

367 弩：裝有機關的弓。

368 匈：通「胸」。

369 捫足：漢王傷胸而捫足，意在穩定軍心。捫，撫摸、按著。

370 病創：因創傷而病。

371 梟故塞王欣頭櫟陽市：塞王欣和大司馬咎被漢軍擊敗後，皆自剄汜水上。因為欣封塞王時，都城在櫟陽，所以劉邦在櫟陽市將塞王欣梟首示眾。梟，音ㄒㄧㄠ，砍頭懸掛示眾。

372 鴻溝：戰國魏惠王時開鑿的運河，故道從現在的河南滎陽縣北引黃河水，東經中牟縣北，至開封市南流，經通許縣東、太康縣西，由淮陽縣東南注入潁水。

漢王父母妻子，軍中皆呼萬歲，乃歸而別去。

　　項羽解[373]而東歸。漢王欲引[374]而西歸，用留侯、陳平計[375]，乃進兵追項羽，至陽夏南止軍，與齊王信、建成侯彭越期會而擊楚軍。至固陵[376]，不會。楚擊漢軍，大破之。漢王復入壁，深塹而守之。用張良計[377]，於是韓信、彭越皆往。及[378]劉賈入楚地，圍壽春[379]。漢王敗固陵，乃使使者召大司馬周殷舉九江兵而迎武王[380]，行屠城父[381]，隨劉賈、齊梁諸侯皆大會垓下[382]。立武王布為淮南王。

　　五年，高祖與諸侯兵共擊楚軍，與項羽決勝垓下。淮陰侯將

---

373 解：撤兵。

374 引：帶兵。

375 留侯、陳平計：即勸漢王乘楚兵疲糧盡，消滅楚軍，不要養虎遺患。詳見《項羽本紀》、《漢書·高帝紀》。

376 固陵：聚落名，屬陽夏縣，故地在今河南太康縣南。

377 張良計：即張良勸漢王答應破楚後，從陳縣以東至海邊分給韓信，睢陽以北至穀城分給彭越，使他們為自己的利益而作戰。詳見《項羽本紀》、《漢書·高帝紀》。

378 及：又。見吳昌瑩《經詞衍釋》。

379 壽春：縣名，故地在今安徽壽縣。

380 大司馬周殷舉九江兵而迎武王：周殷，原為楚大司馬。漢高祖五年十一月，劉賈南渡淮水，圍壽春，漢派人誘降周殷。見《項羽本紀》、《漢書·高帝紀》和《資治通鑑》。武王，即黥布。武王上原有「之」字，《漢書·高帝紀》無，從文義看，當是衍文。

381 城父：聚落名，漢置縣，故地在今安徽亳縣東南。

382 隨劉賈、齊梁諸侯皆大會垓下：隨字下原有「何」字，《漢書·高帝紀》無，根據文義，當是衍文，故刪。垓下，聚落名，故地在今安徽靈璧縣東南沱河北岸。垓，音ㄍㄞ。

三十萬自當之，孔將軍[383]居左，費將軍[384]居右，皇帝在後，絳侯、柴將軍[385]在皇帝後。項羽之卒可[386]十萬。淮陰先合[387]，不利，卻。孔將軍、費將軍縱[388]，楚兵不利，淮陰侯復乘之，大敗垓下。項羽卒聞漢軍之楚歌，以為漢盡得楚地，項羽乃敗而走，是以兵大敗。使騎將灌嬰追殺項羽東城[389]，斬首八萬，遂略定楚地，魯為楚堅守，不下。漢王引諸侯兵北，示魯父老項羽頭，魯乃降。遂以魯公號葬項羽穀城[390]。還至定陶，馳入齊王壁，奪其軍。

正月，諸侯及將相相與[391]共請尊漢王為皇帝。漢王曰：「吾聞帝[392]賢者有也，空言虛語[393]，非所守[394]也，吾不敢當帝位。」群臣皆曰：「大王起微細[395]，誅暴逆，平定四海，有功者

---

[383] 孔將軍：即孔藂，韓信部將，以功封蓼侯。見《高祖功臣侯者年表》。《漢書·高惠高后文功臣表》作「孔聚」。張守節《正義》云：「孔將軍，蓼侯孔熙。」不知所據。

[384] 費將軍：即陳賀，韓信部將，以功封費侯。見《高祖功臣侯者年表》、《漢書·高惠高后文功臣表》。

[385] 絳侯、柴將軍：絳侯，即周勃，沛縣人，早年隨從劉邦起兵，轉戰四方，屢立軍功，封為絳侯，食封絳縣（今山西侯馬市東北）八千餘戶。漢高祖、惠帝時曾為太尉，文帝時為丞相。其事詳《絳侯周勃世家》、《漢書·周勃傳》。柴將軍，即柴武，以功封棘蒲侯。

[386] 可：大約。

[387] 合：交戰。

[388] 縱：縱兵攻擊。

[389] 東城：秦縣，故地在今安徽定遠縣東南。

[390] 穀城：聚邑名，故地在今山東平陰縣西南。

[391] 相與：一起。

[392] 帝：帝位。

[393] 空言虛語：不切實際的話語。

[394] 守：保住帝位。

[395] 微細：卑賤。

輒裂地 396 而封為王侯。大王不尊號，皆疑不信。臣等以死守之 397。」漢王三讓，不得已，曰：「諸君必以為便 398，便國家 399。」甲午 400，乃即皇帝位氾水之陽 401。

皇帝曰：「義帝無後，齊王韓信習楚風俗，徙為楚王，都下邳。立建成侯彭越為梁王，都定陶。故韓王信為韓王，都陽翟 402。徙衡山王吳芮為長沙王，都臨湘 403。番君之將梅鋗有功，從入武關，故德 404 番君。淮南王布、燕王臧荼、趙王敖皆如故。」

天下大定。高祖都雒陽，諸侯皆臣屬。故臨江王驩為項羽叛漢 405，令盧綰、劉賈圍之，不下。數月而降，殺之雒陽。

五月，兵皆罷 406 歸家。諸侯子在關中者復 407 之十二歲，其

---

396 裂地：分割土地。

397 守之：堅持這個提議。

398 以為便：以為適宜。

399 便國家：有利於國家。

400 甲午：二月甲午，即二月初三日。

401 氾水之陽：氾水，故道在今山東曹縣北，從古濟水分流，東北經定陶縣注入古菏澤，現已淤塞。陽，水北和山南皆稱陽。日本瀧川資言《史記會注考證》云：「今定陶西北有漢祖壇，高帝即位處。」這只是一種傳說。

402 陽翟：戰國時曾為韓國都城，秦置縣，故地在今河南禹縣。

403 臨湘：秦縣，因臨湘水得名，故地在今湖南長沙市。

404 德：感激。

405 臨江王驩為項羽叛漢：驩，《史記》或作「尉」，《漢書》皆作「尉」。臨江王共敖之子。據《秦楚之際月表》和《漢書・高帝紀》記載，共尉於漢高祖五年十二月叛漢被俘。這裏記為二月，不可信。驩，通「歡」。

406 罷：解甲。

407 復：免除徭役賦稅。

歸者 [408] 復之六歲，食 [409] 之一歲。

高祖置酒雒陽南宮。高祖曰：「列侯諸將無敢隱朕 [410]，皆言其情。吾所以有天下者何？項氏之所以失天下者何？」高起 [411]、王陵對曰：「陛下慢 [412] 而侮人，項羽仁而愛人。然陛下使人攻城略地，所降下者因以予之，與天下同利也。項羽妒賢嫉能，有功者害之，賢者疑之，戰勝而不予人功，得地而不予人利，此所以失天下也。」高祖曰：「公知其一，未知其二。夫運籌策帷帳之中，決勝於千里之外 [413]，吾不如子房 [414]。鎮國家，撫百姓，給饋饟 [415]，不絕糧道，吾不如蕭何。連 [416] 百萬之軍，戰必勝，攻必取，吾不如韓信。此三者，皆人傑也，吾能用之，此吾所以取天下也。項羽有一范增而不能用，此其所以為我擒也。」

高祖欲長都雒陽，齊人劉敬 [417] 說，及留侯勸上入都關中，高

---

[408] 歸者：回封國的。

[409] 食：供給飲食。

[410] 朕：我。秦以前上下都可以自稱朕，從秦始皇始規定專用作天子自稱。

[411] 高起：《史記》只此一見，《漢書》也僅見於《高帝紀》，事跡已不可考。有人懷疑「高起」二字是衍文。

[412] 慢：輕視。

[413] 運籌策帷帳之中，決勝於千里之外：在帳幕中謀劃策略，掌控千里之外的作戰形勢，並取得勝利戰果。

[414] 子房：張良的字。

[415] 饋饟：軍糧。

[416] 連：協同帶領。

[417] 劉敬：本姓婁，漢高祖五年，以戍卒身分求見高祖，建議西都關中，意見被高祖采納，賜姓劉，拜為郎中，封奉春君，後又以謀議之功封為建信侯。曾主張與匈奴和親，出使匈奴。又勸高祖徙山東六國強宗大族以充實關中。下文記載，九年徙楚昭氏、屈氏、景氏、懷氏和齊田氏於關中，即根據劉敬的建議。《史記》、《漢書》皆有傳。

祖是日駕⁴¹⁸，入都關中。六月，大赦天下。

十月⁴¹⁹，燕王臧荼反，攻下代地。高祖自將擊之，得燕王臧荼。即立太尉盧綰為燕王。使丞相噲將兵攻代。

其秋，利幾⁴²⁰反，高祖自將兵擊之，利幾走。利幾者，項氏之將。項氏敗，利幾為陳公，不隨項羽，亡降高祖，高祖侯之潁川⁴²¹。高祖至雒陽，舉通侯籍召之⁴²²，而利幾恐，故反。

六年，高祖五日一朝太公，如家人父子禮。太公家令⁴²³說太公曰：「天無二日，土無二王⁴²⁴。今高祖雖子，人主也；太公雖父，人臣也。奈何令人主拜人臣！如此，則威重不行。」後高祖朝，太公擁篲⁴²⁵，迎門卻行⁴²⁶。高祖大驚，下扶太公。太公曰：「帝，人主也，奈何以我亂天下法！」於是高祖乃尊太公為太上皇。心善家令言，賜金五百斤。

十二月，人有上變事⁴²⁷告楚王信謀反，上問左右，左右爭欲

---

⁴¹⁸ 駕：起駕。

⁴¹⁹ 十月：當作七月。《漢書·高帝紀》云：「秋七月，燕王臧荼反。上自將征之。九月，虜荼。」《秦楚之際月表》也記載：八月，「帝自將誅燕」。九月「虜荼」。《資治通鑑》與《漢書》相合。

⁴²⁰ 利幾：姓利，名幾，為陳縣（在今河南淮陽縣）令。楚國縣令稱公，所以下文云「利幾為陳公」。

⁴²¹ 侯之潁川：潁川郡名，治陽翟，轄地在今河南中部，封他為潁川侯。

⁴²² 舉通侯籍召之：召集所有在名冊上的列侯。舉，所有，全部。通侯，秦、漢封爵中最高的一級。本名徹侯，避漢武帝劉徹諱改稱通侯，又稱列侯。

⁴²³ 太公家令：負責服侍太公並為其掌管家事的官員。

⁴²⁴ 天無二日，土無二王：孔子語，《禮記·曾子問》、《坊記》都有記載。《孟子·萬章上》引孔子語作「天無二日，民無二王」，意思相同。

⁴²⁵ 太公擁篲：太公手裏拿著掃帚，表示親自為高祖清掃執役，這是一種恭敬卑下的姿態。篲，音ㄏㄨㄟˋ，掃帚。

⁴²⁶ 卻行：倒退行走。

⁴²⁷ 變事：叛變之事。

擊之。用陳平計，乃偽游雲夢[428]，會諸侯於陳，楚王信迎，即因執之。是日，大赦天下。田肯[429]賀，因說高祖曰：「陛下得韓信，又治秦中[430]。秦，形勝[431]之國，帶[432]河山之險，縣隔千里[433]，持戟百萬，秦得百二[434]焉。地執[435]便利，其以下兵於諸侯，譬猶居高屋之上建瓴水[436]也。夫齊，東有瑯邪、即墨之饒[437]，南有泰山之固，西有濁河之限[438]，北有勃海之利[439]。地方二千里，持戟百萬，縣隔千里之外，齊得十二焉。故此東西秦也。非親子弟，莫可使王齊矣。」高祖曰：「善。」賜黃金五百斤。

後十餘日，封韓信為淮陰侯，分其地為二國。高祖曰將軍劉

---

[428] 雲夢：澤藪名，在南郡華容縣（今湖北潛江縣西南）南。

[429] 田肯：《史記》只此一見，《漢書》也僅見於《高帝紀》，事跡不詳。

[430] 治秦中：建都秦朝故地關中。

[431] 形勝：地理形勢優越。

[432] 帶：圍繞、環繞。

[433] 縣隔千里：是說秦地與諸侯國隔越千里。縣，通「懸」。

[434] 百二：百倍。古人謂倍為二，《墨子・經上》云：「倍為二也。」意謂秦地比其他地方好一百倍。下文十二，義與此同，只不過為了避免行文重復，使用了不同的說法。前人對百二還有各種不同的解釋，如有人解為百中之二，謂秦兵二萬足當諸侯百萬；有人解為百分之二十，謂天下兵百萬，秦有二十萬；有人解為一百的二倍，謂秦一百萬可抵二百萬。

[435] 執：與「勢」字同。

[436] 居高屋之上建瓴水：高屋之上建瓴水，從高大的屋頂上用瓶子往下倒水。另有一說，瓴水指瓦溝。高屋之上建瓴水，高大的屋頂上建有流水的瓦溝，水極易往下流。不論怎樣解釋，高屋建瓴都是用以形容居高臨下的有利形勢。建，傾倒。瓴，音ㄌㄧㄥˊ，盛水用的瓶子。

[437] 瑯邪、即墨之饒：瑯邪、即墨近海，物產豐富。瑯邪，音ㄌㄤˊ ㄧㄝˊ，縣名，故地在今山東膠南縣瑯邪臺西北，秦時為瑯邪郡郡治，漢把郡治移至東武，即今山東諸城縣。即墨，縣名，故地在今山東平度縣東南。

[438] 濁河之限：濁河，即黃河。黃河水流渾濁，故稱濁河。限，險阻。

[439] 勃海之利：指魚鹽之利。勃，通「渤」。

賈數有功，以為荆王[440]，王淮東。弟交為楚王[441]，王淮西。子肥
為齊王[442]，王七十餘城，民能齊言者皆屬齊。乃論功，與諸列侯
剖符行封[443]。徙韓王信太原[444]。

七年，匈奴攻韓王信馬邑[445]，信因與謀反太原。白土曼丘
臣、王黃立故趙將趙利為王以反[446]，高祖自往擊之。會天寒，士
卒墮指[447]者什二三，遂至平城[448]。匈奴圍我平城，七日而後罷

---

[440] 荆王：據《漢書·高帝紀》，漢高祖六年正月，把楚漢之際設置的東陽郡、
鄣郡、吳郡五十三縣封給劉賈，地域包括今安徽東部、浙江西北部、江蘇大
部。吳郡即秦會稽郡的一部分，屬縣陽羨（今江蘇宜興縣南）境內有荆山，
劉賈被封在吳地而稱荆王，即取義於此。

[441] 弟交為楚王：據《漢書·高帝紀》，高祖把原來的碭郡、薛縣、郯郡三十六
縣封給劉交，地域包括今山東西南和南部、江蘇東北部、安徽北部、河南東
部，建都彭城。事見《楚元王世家》、《漢書·荆王劉賈傳》。交，高祖同
母弟，字游。

[442] 子肥為齊王：肥，高祖的長子，庶出，母為曹氏。事見《齊悼惠王世家》、
《漢書·齊悼惠王肥傳》。據《漢書·高帝紀》，高祖把原來的膠東郡、膠
西郡、臨淄郡、濟北郡、博陽郡、城陽郡七十三縣封給劉肥，地域包括今山
東大部。

[443] 與諸列侯剖符行封：漢朝封功臣時，將作為信物的符節，剖分為二，一分交
給受封者保存。列侯，徹侯。剖符，剖分信符。

[444] 徙韓王信太原：漢高祖五年，封韓王信於穎川為王，建都陽翟。因他年壯雄
武，又封在擁有勁兵的地方，高祖不放心。六年以太原郡三十一縣為韓國，
把韓王信遷徙於此，建都晉陽，即今山西太原市西南，由於韓王信的請求，
改都馬邑。見《史記》、《漢書》本傳。太原，郡名，轄境在今山西中部。

[445] 馬邑：縣名，為韓王信封國的都城，故地在今山西朔縣。

[446] 白土曼丘臣、王黃立故趙將趙利為王以反：韓王信以馬邑降匈奴，起兵反
漢，高祖率軍擊破韓王信，信逃入匈奴。曼丘臣、王黃立趙利為王，收集韓
王信散兵，與漢為敵。事詳《韓王信列傳》。白土，縣名，屬上郡，故地在
今陝西神木縣西。曼丘臣，姓曼丘，名臣，與王黃都是韓王信將領。趙將趙
利，《韓王信列傳》云：「趙苗裔趙利」，《漢書·高帝紀》云：「趙後趙
利」，都沒有說趙利為趙將。

[447] 墮指：謂凍掉手指。

[448] 平城：漢縣，故地在今山西大同市東北。縣東北有白登山，是高祖破圍之
處。

去。令樊噲止定代地。立兄劉仲為代王[449]。

二月，高祖自平城過趙、雒陽，至長安[450]。長樂宮[451]成，丞相已[452]下徙治長安。

八年，高祖東擊韓王信餘反寇於東垣[453]。

蕭丞相營作未央宮[454]，立東闕、北闕、前殿、武庫、太倉[455]。高祖還，見宮闕壯甚[456]，怒，謂蕭何曰：「天下匈匈[457]，苦戰數歲，成敗未可知，是何治宮室過度[458]也？」蕭何曰：「天下方未定，故可因遂就宮室[459]。且夫天子以四海為家，非壯麗無

---

[449] 立兄劉仲為代王：劉仲，高祖兄弟四人，長兄伯，早卒，次兄仲，弟交。劉仲，《漢書·高帝紀》稱代王喜，《史記·楚元王世家》、《吳王濞列傳》、《集解》並引徐廣說，云名喜，字仲。此以劉仲為代王繫於七年，《高祖功臣侯者年表》云：「六年正月立仲為代王」。

[450] 長安：漢高祖五年所置縣，七年遷都於此，故地在今陝西西安市西北郊渭河南岸。

[451] 長樂宮：在漢長安城內東南隅，為高祖經常視朝之處，惠帝後朝會移至未央宮，長樂宮改為太后居地。據近年考古測定，宮垣東西長約二千九百公尺，南北寬約二千三百公尺，是當時規模最宏偉的宮殿建築。

[452] 已：通「以」。

[453] 餘反寇於東垣：餘反寇，叛軍殘部。東垣，秦縣，漢高祖十一年改名真定，故地在今河北石家莊市東。

[454] 未央宮：在漢長安城內西南隅。《三輔黃圖》卷二云：「未央宮周回二十八里。」

[455] 東闕、北闕、前殿、武庫、太倉：闕，又稱象魏，宮殿、祠廟、陵墓前的建築物，通常左右各一，築成高臺，臺上建造樓觀。因兩闕之間有空缺做為通道，故名闕。前殿，據《三輔黃圖》卷二記載，東西五十丈，深十五丈，高三十五丈，召見諸侯和群臣之處。武庫，主要用於儲藏兵器的倉庫。太倉，儲積粟穀的糧倉。

[456] 壯甚：非常壯觀。

[457] 匈匈：通「恟恟」，擾攘不安。

[458] 度：法制、規定。

[459] 因遂就宮室：因遂，猶今言就乘此機會。《漢書·高帝紀》作「因以」，辭義相同。就，成。

以重威，且無令後世有以加也。」高祖乃說[460]。

高祖之東垣，過柏人[461]，趙相貫高等謀弒高祖[462]，高祖心動，因不留[463]。代王劉仲棄國亡[464]，自歸雒陽，廢以為合陽[465]侯。

九年，趙相貫高等事發覺，夷三族[466]。廢趙王敖為宣平侯。是歲，徙貴族楚昭、屈、景、懷、齊田氏關中。

未央宮成。高祖大朝諸侯群臣，置酒未央前殿。高祖奉玉巵[467]，起為太上皇壽[468]，曰：「始大人常以臣無賴[469]，不能治[470]產業，不如仲力[471]。今某之業所就孰與仲多？」殿上群臣皆呼萬歲，大笑為樂。

---

460 說：通「悅」。
461 柏人：漢縣，屬趙國，故地在今河北隆堯縣西。
462 趙相貫高等謀弒高祖：貫高，張耳門客，後為趙王張敖丞相。漢高祖七年，高祖從平城過趙，無禮於張敖，貫高怒，密謀殺害高祖。八年，高祖率軍出擊韓王信餘部於東垣，回軍時路過趙國，貫高策劃在柏人刺殺高祖未遂。事詳《張耳列傳》、《漢書·張耳傳》。
463 高祖心動，因不留：據《張耳列傳》記載，高祖想在柏人留宿，心臟跳動異常，問縣名是什麼，有人回答說是柏人。高祖說：「柏人者，迫於人也。」沒有留宿就離開了柏人。這純屬附會。
464 代王劉仲棄國亡：當時匈奴攻代，劉仲不能堅守，棄國逃亡。見《吳王濞列傳》。
465 合陽：《吳王濞列傳》作「郃陽」，縣名，故地在今陝西合陽縣東南。
466 夷三族：三族，歷來解釋不一，或以父族、母族、妻族為三族；或以父、子、孫為三族；或以父母、兄弟、妻子為三族。前一說較為通行。
467 巵：音ㄓ，盛酒的器具。
468 壽：以金、帛贈人或對尊長敬酒祝賀。
469 大人常以臣無賴：大人，對父母或尊長的稱呼。賴，依恃。無賴，沒有持以謀生的手段。
470 治：管理，處理。
471 不如仲力：不如劉仲能幹。

十年十月，淮南王黥布、梁王彭越、燕王盧綰、荊王劉賈、楚王劉交、齊王劉肥、長沙王吳芮皆來朝長樂宮。春夏無事。

　　七月，太上皇崩櫟陽宮[472]。楚王、梁王皆來送葬。赦櫟陽囚。更命酈邑曰新豐[473]。

　　八月，趙相國陳豨反代地[474]。上曰：「豨嘗為吾使[475]，甚有信。代地吾所急也，故封豨為列侯，以相國守代，今乃與王黃等劫掠代地！代地吏民非有罪也，其赦代吏民。」九月，上自東往擊之。至邯鄲，上喜曰：「豨不南據邯鄲而阻漳水[476]，吾知其無能為也。」聞豨將皆故賈[477]人也，上曰：「吾知所以與[478]之。」乃多以金啗[479]豨將，豨將多降者。

　　十一年，高祖在邯鄲誅[480]豨等未畢，豨將侯敞將萬餘人游

----

[472] 太上皇崩櫟陽宮：崩，按照封建等級制，皇帝死稱崩，諸侯死稱薨，大夫死稱卒。櫟陽宮，高祖為漢王時，建都櫟陽，此地有秦獻公修建的宮室。

[473] 更命酈邑曰新豐：新豐，漢高祖入都關中後，太上皇思念故鄉，高祖就在故秦酈邑仿照豐邑營築街巷，並遷故舊於此，求得太上皇的歡心。至此又改換了縣名。故地在今陝西臨潼縣東北。

[474] 趙相國陳豨反代地：陳豨，宛朐（今山東菏澤縣西南）人，漢高祖七年，韓王信叛入匈奴，高祖封陳豨為列侯，以趙相國身分監領趙、代邊兵。趙相周昌向高祖告發陳豨招致賓客，多年擁兵在外，恐有不測。高祖召見陳豨，陳豨稱病不至，自立為代王，起兵反漢。事詳《盧綰列傳》所附《陳豨列傳》，又見《漢書·盧綰傳》所附《陳豨傳》。豨，音ㄒㄧ。

[475] 使：使喚之部下。

[476] 豨不南據邯鄲而阻漳水：邯鄲，戰國時為趙都城，漢初又為趙封國都城，故地在今河北邯鄲市。漳水，今名漳河，源出今山西東南，流經今河北與河南交界處。

[477] 賈：音ㄍㄨˇ，商人。商與賈古代略有區別，居肆售貨的叫賈，流動售貨的叫商。

[478] 與：對付。

[479] 啗：音ㄉㄢˋ，以利誘人。

[480] 誅：誅伐。

行[481]，王黃軍曲逆[482]，張春渡河擊聊城[483]。漢使將軍郭蒙[484]與齊將擊，大破之。太尉周勃道太原入[485]，定代地。至馬邑，馬邑不下[486]，即攻殘之。

豨將趙利守東垣，高祖攻之，不下。月餘，卒罵高祖，高祖怒。城降，令出罵者斬之，不罵者原之。於是乃分趙山北[487]，立子恒以為代王，都晉陽[488]。

春，淮陰侯韓信謀反關中，夷三族。

夏，梁王彭越謀反，廢遷蜀；復欲反，遂夷三族。立子恢為梁王[489]，子友為淮陽王[490]。

秋七月，淮南王黥布反，東并荊王劉賈地，北渡淮，楚王交

---

[481] 游行：游動作戰。

[482] 曲逆：漢縣，故地在今河北完縣東南。

[483] 張春渡河擊聊城：張春，陳豨部將。聊城，漢縣，故地在今山東聊城市西北。

[484] 郭蒙：初為呂澤部下，入漢為將軍，以功封東武侯。見《高祖功臣侯者年表》、《漢書·高惠高后文功臣表》。

[485] 道太原入：從太原攻入。

[486] 下：投降。

[487] 分趙山北：高祖廢代王劉仲為合陽侯後，封子劉如意為代王。趙王張敖因為貫高謀殺高祖事受到牽連，被廢為宣平侯，徙劉如意為趙王，兼有代地。陳豨叛漢，根據當時的形勢，下詔說：代地在常山北面，與夷狄接境，趙卻從山南兼有代地，相隔很遠，屢遭匈奴侵犯，難以兼顧。現在劃割山南太原郡的一部分土地歸代國，代國雲中縣以西的地方為雲中郡，那麼代國受到匈奴的侵擾就減少了。於是，又把趙、代分為二國，以劉恒，即後來的文帝為代王。事詳《漢書·高帝紀》。

[488] 晉陽：故地在今山西太原市西南的晉源鎮。

[489] 立子恢為梁王：恢，高祖第五子，初封梁王，呂后時徙封趙王，自殺。事見《漢書·高五王傳》。

[490] 子友為淮陽王：友，高祖第六子，初封淮陽王，呂后時，趙王劉恢自殺後，徙為趙王，被呂后幽禁而死。事見《漢書·高五王傳》。劉友所封淮陽國界域主要在今河南東部茨河上游南北一帶。

走入薛。高祖自往擊之。立子長為淮南王[491]。

十二年，十月，高祖已擊布軍會甀[492]，布走，令別將追之。

高祖還歸，過沛，留。置酒沛宮，悉召故人父老子弟縱酒[493]，發沛中兒得百二十人，教之歌。酒酣，高祖擊筑[494]，自為歌詩曰：「大風起兮雲飛揚，威加海內兮歸故鄉，安得猛士兮守四方！」令兒皆和習之。高祖乃起舞，慷慨傷懷，泣數行下。謂沛父兄曰：「游子悲故鄉。吾雖都關中，萬歲[495]後吾魂魄猶樂思沛。且朕自沛公以誅暴逆，遂有天下，其以沛為朕湯沐邑[496]，復其民，世世無有所與[497]。」沛父兄諸母[498]故人日樂飲極驩，道舊故為笑樂。十餘日，高祖欲去，沛父兄固請留高祖。高祖曰：「吾人眾多，父兄不能給[499]。」乃去。沛中空縣[500]皆之邑西獻。高祖復留止，張[501]飲三日，沛父兄皆頓首[502]曰：「沛幸得復，豐未復，唯陛下哀憐之。」高祖曰：「豐吾所生長，極不忘耳，

---

[491] 立子長為淮南王：長，高祖第七子，漢文帝六年謀反，被廢為庶人，遷徙蜀地，途中絕食身死。《史記》、《漢書》皆有傳。

[492] 會甀：鄉名，在當時蘄縣西。甀，音ㄓㄨㄟˋ。

[493] 縱酒：盡情飲酒。

[494] 筑：樂器。形似箏，頸細肩圓，十三弦，用竹尺擊打演奏。今已失傳。

[495] 萬歲：君王死亡的諱稱。

[496] 湯沐邑：據《禮記・王制》，周諸侯朝見天子，天子在王畿內賜給供住宿和齋戒沐浴的封邑叫湯沐邑。後來皇帝、皇后、公主等收取賦稅的私邑也都叫湯沐邑，意謂所收賦稅用湯沐之資的封邑。漢朝常賜皇后、公主湯沐邑。

[497] 與：通「預」，參預。這裏指參加服徭役。

[498] 諸母：稱與父親同輩或年齡相近的婦女，老婦。

[499] 給：供應。

[500] 空縣：全體出動。

[501] 張：通「帳」。

[502] 頓首：以頭叩地而拜。

吾特為其以雍齒故反我為魏[503]。」沛父兄固請，乃并復豐，比
沛。於是拜沛侯劉濞為吳王[504]。

漢將別擊布軍洮水[505]南北，皆大破之，追得斬布鄱陽[506]。

樊噲別將兵定代[507]，斬陳豨當城[508]。

十一月，高祖自布軍至長安。十二月，高祖曰：「秦始皇
帝、楚隱王陳涉[509]、魏安釐王[510]、齊緡王[511]、趙悼襄王[512]皆絕無
后，予守冢各十家，秦皇帝二十家，魏公子無忌[513]五家。」赦代

---

[503] 為魏：投靠魏王。

[504] 拜沛侯劉濞為吳王：劉濞，劉仲之子，二十歲為騎將，隨從高祖擊破黥布，
封為吳王。景帝時，反對漢朝的削藩政策，發動吳、楚七國之亂，失敗後逃
入東越，被東越人所殺。事詳《史記》、《漢書》本傳。濞，音ㄆㄧˋ。

[505] 洮水：洮水，《水經注》卷三八載，洮水源出洮陽縣西南大山，東北流經縣
南，又東流注入湘水。洮陽在今廣西全州西北。洮，音ㄊㄠˊ。

[506] 追得斬布鄱陽：據《黥布列傳》，黥布與漢軍交戰，失敗後，渡過淮水，與
百餘人逃至江南。黥布原與番君吳芮聯姻。吳芮之子長沙哀王（哀王為吳芮
之孫，哀王誤，當是成王臣，成王臣是吳芮之子。《資治通鑑》卷一二尚不
誤）使人騙布，誘走越地。布信以為真，來到鄱陽，鄱陽人殺布。鄱陽，或
作番陽。

[507] 樊噲別將兵定代：此記事有誤。《漢書·高帝紀》云：「周勃定代。」《絳
侯周勃世家》云：「以將軍從高帝擊反韓王信於代。」《韓信盧綰列傳》後
附《陳豨列傳》云：「太尉勃入定太原、代地。」《資治通鑑》卷一二云：
「周勃悉定代郡、雁門、云中地。」是將兵定代者為周勃，而非樊噲。

[508] 斬陳豨當城：斬陳豨者為周勃。《資治通鑑》卷一二司馬光《考異》云：
「《盧綰傳》云：『漢使樊噲擊斬豨。』按斬豨者周勃，非樊噲也。」當
城，漢縣，故地在今河北蔚縣東北。

[509] 楚隱王陳涉：隱是陳涉的諡號。在高祖這一詔令中，諸王皆不稱名，「陳
涉」二字疑是後人注文竄入正文。《漢書·高帝紀》無此二字。

[510] 魏安釐王：名圉，魏昭王之子，事詳《魏世家》。

[511] 齊緡王：名地，齊宣王之子，事詳《田敬仲完世家》。潛，或作「緡」。

[512] 趙悼襄王：名偃，趙孝成王之子，事詳《趙世家》。

[513] 魏公子無忌：魏昭王之子，魏安釐王異母弟，封信陵君，禮賢下士，門下食
客三千，是戰國著名的四公子之一。事詳《魏公子列傳》。

地吏民為陳豨、趙利所劫掠者，皆赦之。陳豨降將言豨反時，燕
王盧綰使人之豨所，與陰謀。上使辟陽侯[514]迎綰，綰稱病。辟陽
侯歸，具言綰反有端[515]矣。二月，使樊噲、周勃將兵擊燕王綰。
赦燕吏民與反者。立皇子建[516]為燕王。

　　高祖擊布時，為流矢所中，行道病。病甚，呂后迎良醫。醫
入見，高祖問醫。醫曰：「病可治」。於是高祖嫚罵[517]之曰：
「吾以布衣提三尺劍[518]取天下，此非天命乎？命乃在天，雖扁鵲
[519]何益！」遂不使治病，賜金五十斤罷之。已而呂后問：「陛下
百歲[520]后，蕭相國即[521]死，令誰代之？」上曰：「曹參可。」
問其次，上曰：「王陵可。然陵少戇[522]，陳平可以助之。陳平智
有餘，然難以獨任。周勃重厚少文[523]，然安劉氏者必勃也，可令
為太尉。」呂后復問其次，上曰：「此後亦非而[524]所知也。」

　　盧綰與數千騎居塞下候伺，幸上病愈自入謝。

　　四月甲辰[525]，高祖崩長樂宮。四日不發喪[526]。呂后與審食其

514 辟陽侯：即審食其，沛縣人，楚漢相爭時，一直隨侍呂后，由此封為辟陽
　　侯。呂后執政，官至左丞相。文帝即位後免相，被淮南王劉長擊殺。
515 端：端兆、徵兆。
516 建：高祖第八子，事見《漢書‧高五王傳》。
517 嫚罵：謾罵。
518 三尺劍：古劍長三尺，故稱劍為三尺劍。
519 扁鵲：春秋戰國時名醫，姓秦，名越人。唯史記所載扁鵲故事，則非一人，
　　而以扁鵲為良醫的代稱。因居於盧國，故亦稱為「盧醫」。
520 百歲：古人認為人壽命長不過百歲，因此用「百歲」做為死的諱稱。
521 即：如果。
522 戇：音ㄓㄨㄤˋ，憨厚而剛直。
523 重厚少文：持重淳厚而少文飾。
524 而：你。
525 四月甲辰：四月二十五日。此年為西元前 195 年。
526 發喪：死者的家屬把人死的消息訃告親友。

謀曰：「諸將與帝為編戶民[527]，今北面為臣，此常怏怏[528]，今乃事少主，非盡族是，天下不安。」人或聞之，語酈將軍[529]。酈將軍往見審食其，曰：「吾聞帝已崩，四日不發喪，欲誅諸將。誠如此，天下危矣。陳平、灌嬰將十萬守滎陽；樊噲、周勃將二十萬定燕、代，此聞帝崩，諸將皆誅，必連兵還鄉[530]以攻關中。大臣內叛，諸侯外反，亡可翹足[531]而待也。」審食其入言之，乃以丁未[532]發喪，大赦天下。

盧綰聞高祖崩，遂亡入匈奴。

丙寅[533]，葬。己巳[534]，立太子[535]，至太上皇廟。群臣皆曰：「高祖[536]起微細，撥亂世反之正[537]，平定天下，為漢太祖，功最高。」上尊號為高皇帝。太子襲號為皇帝，孝惠帝也。令郡國諸侯各立高祖廟，以歲時祠。

---

[527] 編戶民：編入戶口簿籍的平民百姓。

[528] 怏怏：音一尢ˋ一尢ˋ，不滿意、不快樂的樣子。

[529] 酈將軍：即酈商，酈食其之弟。

[530] 鄉：通「向」。

[531] 翹足：舉足，抬起腳來，用以形容時間短暫。

[532] 丁未：四月二十八日。

[533] 丙寅：五月十七日。

[534] 己巳：五月二十日。

[535] 立太子：漢王二年六月已立劉盈為太子，此文有誤。疑「立」字當作「皇」。皇字殘去上半部，下半部王字與立形近易誤。《漢書·高帝紀》云：「五月丙寅，葬長陵。已下（謂已下棺），皇太子群臣皆反至太上皇廟。」可為佐證。

[536] 高祖：《漢書·高帝紀》作「帝」。梁玉繩《史記志疑》卷六云：「此時群臣方議尊號，何得先稱高祖，《漢書》作帝是也。」

[537] 撥亂世反之正：語本《公羊傳》哀公十四年：「撥亂世，反諸正，莫近諸春秋。」除去禍亂，歸於正道。反，通「返」。

及孝惠五年，思高祖之悲樂沛，以沛宮為高祖原廟[538]。高祖所教歌兒百二十人，皆令為吹樂，後有缺，輒補之。

　　高帝八男：長庶[539]齊悼惠王肥；次孝惠，呂后子；次戚夫人[540]子趙隱王如意；次代王恒，已立為孝文帝，薄太后[541]子；次梁王恢，呂太后時徙為趙共王；次淮陽王友，呂太后時徙為趙幽王；次淮南屬王長；次燕王建。

　　太史公曰：夏之政忠[542]。忠之敝，小人以野[543]，故殷人承之以敬。敬之敝，小人以鬼[544]，故周人承之以文[545]。文之敝，小人以僿[546]，故救僿莫若以忠。三王之道若循環，終而復始。周秦之間，可謂文敝矣。秦政不改，反酷刑法，豈不繆[547]乎？故漢興，承敝易變[548]，使人不倦，得天統[549]矣。朝[550]以十月。車服黃屋

---

[538] 原廟：再立的宗廟。已在長安立廟，現又在沛立廟，故稱為原廟。

[539] 長庶：劉邦微賤時與外婦曹氏相通生劉肥，為庶出長子。長庶，庶孽，即姬妾之子。

[540] 戚夫人：即戚姬，為高祖所寵幸。高祖死後，被呂后摧殘，置於廁中，叫做「人彘」。事詳《呂太后本紀》。

[541] 薄太后：即薄姬，文帝即位後，改稱薄皇太后。《史記》、《漢書》皆有傳。

[542] 忠：質樸厚道。夏處於國家制度的草創時期，所以為政質樸。

[543] 野：缺少禮節。

[544] 鬼：迷信鬼神。

[545] 文：禮文，講究尊卑等級。

[546] 僿：音ㄙㄞˋ，不誠懇。

[547] 繆：通「謬」。

[548] 承敝易變：承受弊端而加以改變。此指漢初廢除秦朝苛刻的法律，與民約法三章，注重恢復農業生產等措施。

[549] 天統：上天的規律。

[550] 朝：諸侯來朝見。

左纛[551]。葬長陵[552]。

首先，政治人物當以實際政績代替虛幻的口號或神祕的「天命」。論贊云：「周秦之間，可謂文敝矣。秦政不改，反酷刑法，豈不繆乎？故漢興，承敝易變，使人不倦，得天統矣。」司馬遷提到漢興以來使百姓不倦，是合乎上天規律的看法。原來，天命雖縹緲茫不可測，但古語云：「天視自我民視，天聽自我民聽。」一位君王要證明自己是不是有天命，不是靠自己或他人的塗脂抹粉，而是在行動上為民造福。當一位統治者真正帶給老百姓幸福，則他是否是天命的君王，似乎也不必到處宣傳了。

其次，有時候成功的代價，太過沉重了。當劉邦看見秦始皇出巡時，想的是「大丈夫當如此」的心願；後來他建立了自己的王朝，但他在群臣的面前卻任意地嘲弄自己的父親。本傳記載：未央宮成。高祖大朝諸侯群臣，置酒未央前殿。高祖奉玉卮，起為太上皇壽，曰：「始大人常以臣無賴，不能治產業，不如仲力。今某之業所就孰與仲多？」殿上群臣皆呼萬歲，大笑為樂。或許這時候劉邦才真正不為人子，不是肉體凡胎。

本傳還有一則記載，令人驚悚不已。「太公擁篲，迎門卻行」，「高祖乃尊太公為太上皇。心善家令言，賜金五百斤」。一個人人如果為了自己的權位，為了個人的欲望，可以無所不用其極，那真是太可怕了。劉邦即使賺得了全世界，成為「人主」，又有什麼意思呢？

因此，我們可以觀察傳中人物面對權力誘惑或威脅的反應，從而提醒

[551] 黃屋左纛：黃屋，皇帝乘坐的用黃繒作車蓋裏子的車。左纛，豎在車衡左方的用犛牛尾或雉尾製成的裝飾物。纛，音ㄉㄠˋ，又音ㄉㄨˊ。

[552] 葬長陵：梁玉繩《史記志疑》卷六云：「此是錯簡，當在『丙寅』句下。」長陵，為高祖的陵墓，在今陝西咸陽市秦都區窯店鄉三義村。當時就陵墓所在設置新縣，也以長陵為名。

我們保有反省批判的精神。例如蕭何對待劉邦的態度，前後截然不同。在呂公的接待宴上，蕭何說：「劉季固多大言，少成事。」而在未央宮這件事上，蕭何說的話，令劉邦非常開心，他說：「夫天子以四海爲家，非壯麗無以重威，且無令後世有以加也。」

　　希望，人們在權力面前，能多一些謙虛、謹慎，多保有一些可貴的眞誠與善意。

編撰者：陳文豪

延伸閱讀

1. 史進，《圖解史記》，新北市：華威國際事業有限公司，2012 年。
2. 牟宗三，《歷史哲學》，臺北市：學生書局，2003 年。
3. 吳佐夫，《漢高祖劉邦全傳》，北京市：企業管理出版社，2012 年。

參考資料

1. 編輯委員會，《白話史記》，臺北：聯經出版事業公司，1999 年。
2. 韓兆琦，《新譯史記》，臺北：三民書局，2008 年。
3. 瀧川龜太郎，《史記會注考證》，臺北：文史哲出版社，2007 年。

開創紀傳體之史家 ── 司馬遷

《漢書‧司馬遷傳》

導讀

本文節錄自《漢書‧卷六十二‧司馬遷傳第三十二》。

《漢書》作者班固（西元 32 – 92 年），字孟堅，扶風安陵（今陝西咸陽）人。九歲能屬文誦詩賦，十六歲入洛陽太學，博覽群書，九流百家之言，無不窮究。其父班彪，好著述，專心史籍，集前史遺事，著「後傳」六十五篇。建武三十年（西元 54 年），班彪卒，班固自太學返鄉服喪。班固以其父所撰未盡一家之言，為繼承父業，乃潛研精思，編寫《漢書》。

班固編寫《漢書》時，有人向漢明帝告發其「私修國史」，因而被捕入獄。後經其弟班超陳明，以班固修《漢書》的目的是頌揚漢德，以史為借鑑，並無詆毀朝廷之意，因而無罪開釋。漢明帝頗賞識班固的才能，召為蘭台令史（中央檔案典籍管理員），並敕詔完成其父所著書。

漢章帝時，班固任玄武司馬。建初四年（西元 79 年）章帝效法西漢宣帝石渠閣故事，詔諸王、諸儒等集合於白虎觀講論五經異同，由班固纂成《白虎通義》。此時《漢書》亦大致草成。

漢和帝永元三年（西元 91 年），班固從竇憲出征匈奴，任中護軍，大破匈奴後，於燕然山勒石頌功銘文，即出自班固手筆。永元四年（西元 92 年）竇憲失勢，被迫自殺，班固亦受牽連，卒於洛陽獄中。

《漢書》，又名《前漢書》，是中國第一部紀傳體斷代史。沿用《史

記》體例而略有變更，改「書」爲「志」，改「列傳」爲「傳」，改「本紀」爲「紀」，無「世家」。全書包括〈紀〉十二，〈表〉八，〈志〉十，〈傳〉七十，共一百篇，記載了上自西漢高祖元年（西元前202年），下至新莽地皇四年（西元23年），共二百三十年的歷史。

　　班固卒時，《漢書》〈表〉八及〈天文志〉尚未完成，漢和帝命其妹班昭就東觀藏書閣（東漢皇家圖書館）所存資料，續寫固之遺作，並選高才馬融等十人從班昭受讀。然班昭尚未續畢亦卒，後又詔馬融之兄馬續補成〈表〉七及〈天文志〉。綜計《漢書》前後經歷數人之手，費時三、四十年，可謂考定密時間久矣。

　　《漢書・司馬遷傳》作者雖然是班固，但是班固除了加上司馬遷《報任少卿書》與《贊》之外，其餘文字皆本之《史記・太史公自序》，所以基本上全篇文字都是班固忠實移錄司馬遷的自傳，讓主人翁自己說話，作者僅在最後論贊時批評，點加意見，這種傳記方式，最能夠忠實反映司馬遷的一生，可說是本文的一大特點。

本文及註釋

　　遷生龍門[1]，耕牧河山之陽[2]。年十歲，則誦古文[3]。二十而南游江淮[4]，上會稽[5]，探禹穴[6]，闚九疑[7]，浮沅、湘[8]。北涉

---

[1] 龍門：今之山西河津與陝西韓城之間。
[2] 河山之陽：山之南、水之北曰陽，此指黃河之北、龍門山之南。
[3] 古文：以先秦古字所寫之書籍。
[4] 江淮：廣義上指江南、淮南地區。狹義上指長江、淮河一帶。
[5] 會稽：在浙江，相傳禹在此大會諸侯，計算貢賦，故名會稽（計）。
[6] 探禹穴：探，探索、觀察。禹穴，地名。相傳會稽山上有孔，名曰禹穴，爲安葬夏禹之墳墓。
[7] 闚九疑：闚，通「窺」，探索、觀察。九疑，在湖南，相傳舜葬於此處。
[8] 浮沅、湘：沅湘，沅水、湘水，此指順江而下直至長沙。

汶、泗⁹，講業齊、魯¹⁰之都，觀夫子¹¹遺風，鄉射¹²鄒、嶧¹³；阸困鄱、薛、彭城¹⁴，過梁、楚¹⁵以歸。於是遷仕為郎中¹⁶，奉使西征巴蜀以南，略邛、笮、昆明¹⁷，還報命。

是歲¹⁸，天子始建漢家之封¹⁹，而太史公²⁰留滯周南²¹，不得與從事，發憤且²²卒。而子遷適反²³，見父於河雒之間²⁴。太史公執遷手而泣曰：「予先，周室之太史也。自上世嘗顯功名虞、夏，典天官事。後世中衰，絕於予乎？汝復為太史，則續吾祖

---

⁹ 汶、泗：汶水、泗水，在山東。

¹⁰ 講業齊、魯：講業，研究學問。齊、魯，齊都臨淄，在今山東臨淄北。魯都曲阜，在今山東曲阜。

¹¹ 夫子：孔子。

¹² 鄉射：古代射禮之一。古時州、郡長於春秋兩季以禮會民於州，而習射曰鄉射。

¹³ 鄒、嶧：鄒，地名。嶧，山名，在今山東鄒縣東南。

¹⁴ 阸困鄱薛、彭、城：阸困，艱難窘迫。阸，音さˋ。鄱、薛，皆為漢前之古城，在今山東南部。彭城，今江蘇徐州。

¹⁵ 梁、楚：皆漢之諸侯國。梁都睢陽，在今河南商丘南。楚都彭城，在今江蘇徐州市。

¹⁶ 郎中：官名，侍從皇帝，屬郎中令（光祿勳）。

¹⁷ 邛、笮、昆明：邛，音ㄐㄩㄥˊ，古部族名，秦漢時，分布於今四川峨嵋山西北方一帶。笮，音ㄗㄜˊ，古部族名，秦漢時，分布於今四川峨嵋山以南一帶。昆明，古部族名，分布於今雲南下關一帶。

¹⁸ 是歲：漢武帝元封元年（西元前110年）。

¹⁹ 封：封禪。古時天子在泰山上築壇祭祀天地，報答天地之功，稱為封禪。封是祭天，禪指祭地。

²⁰ 太史公：漢有太史令，秩六百石，太常的屬官。漢稱太史令其人為太史公。文中多見，有指司馬遷者，有指司馬遷之父司馬談者，此指司馬談。

²¹ 周南：指今洛陽一帶。西周成王時，周公與召公分陝（今河南三門峽市）而治，陝以西稱「召南」，陝以東稱「周南」。

²² 且：將。

²³ 適反：正好返回。

²⁴ 河雒之間：黃河、洛水交會之處。

矣。今天子接千歲之統[25]，封泰山，而予不得從行，是命也夫！命也夫！予死，爾[26]必為太史；為太史，毋忘吾所欲論著矣。且夫孝，始於事親，中於事君，終於立身；揚名於後世，以顯父母，此孝之大也。夫天下稱周公[27]，言其能論歌文武[28]之德，宣周召[29]之風，達大王[30]王季[31]思慮，爰及公劉[32]，以尊后稷[33]也。幽、屬之後，王道缺，禮樂衰，孔子脩舊起廢[34]，論詩書，作春秋，則學者至今則之。自獲麟[35]以來四百有餘歲，而諸侯相兼[36]，史記[37]放絕[38]。今漢興，海內壹統，明主賢君，忠臣義士，予為太史而不論載[39]，廢天下之文，予甚懼焉，爾其念

---

[25] 千歲之統：西周成王曾行封禪，距漢武帝時約九百餘年。此指漢武帝繼周成王緒業而封禪之事。

[26] 爾：你。

[27] 周公：周文王第四子，姬姓，名旦，謚文，又稱周公旦、周文公。

[28] 文武：周文王、周武王。

[29] 周召：姬姓，名奭，周武王之弟，後封於燕，為燕國之祖。周成王時，出任太保，並支持周公旦攝政與平亂。

[30] 大王：太王，即周太王，又作周大王，姬姓，名亶父，又稱古公亶父、或古公亶甫。

[31] 王季：姬姓，名季歷，又稱周公季，是周太王的第三子，周文王昌的生父。

[32] 公劉：姬姓，名劉，為周國第一位稱「公」的領袖。

[33] 后稷：名棄，周族姬姓的始祖。因他對農業有傑出貢獻，獲尊為「百穀之神」，故稱「后稷」。

[34] 脩舊起廢：原指修詩書，興禮樂，後引申為把舊有的修理好，把廢置的利用起來。

[35] 獲麟：指春秋魯哀公十四年（西元前 496 年）獵獲麒麟事。相傳孔子作春秋至此輟筆，因麒麟出非時。麒麟是吉祥之物，祂的出現代表著太平盛世。孔子認為此時並非盛世，並哀嘆當今人們不認得祥物，居然殺了祂，因而停止著作春秋。

[36] 相兼：互相兼併。

[37] 史記：史書。

[38] 放絕：放失廢棄。

[39] 論載：敘述記載。

哉！」遷俯首流涕曰：「小子不敏[40]，請悉論先人所次[41]舊聞，不敢闕。」卒三歲，而遷為太史令，紬[42]史記石室金匱[43]之書。五年而當太初[44]元年，十一月甲子朔旦冬至，天曆始改[45]，建於明堂[46]，諸神受記[47]。

太史公曰：「先人[48]有言：『自周公卒五百歲而有孔子，孔子至於今五百歲，有能紹而明之[49]，正易傳，繼春秋，本詩書禮樂之際。』意在斯乎[50]！意在斯乎！小子何敢攘[51]焉！」……於是論次[52]其文。

十年而遭李陵之禍[53]，幽[54]於累紲[55]。乃喟然而歎曰：「是

---

[40] 小子不敏：小子，自謙辭，司馬遷自稱。不敏，不聰敏。

[41] 次：編輯。

[42] 紬：綴集，此作整理研究。

[43] 石室金匱：國家藏書的地方。

[44] 太初：太初：漢武帝的第七個年號，期間四年。太初元年（西元前 104 年）五月漢武帝改以寅月（即農曆正月）為歲首，古代曆算史稱此次所改之曆為「太初曆」，其後沿用至今。

[45] 天曆始改：天曆，記載天時的曆法。此指太初元年曆法改用夏正。

[46] 明堂：古時帝王會見諸侯、進行祭祀活動的場所。

[47] 諸神受記：指曆法之作用，除直接指導百姓農時外，還明確規定一系列的祭祀時間，因此所有的神道都受到天下的祭祀。

[48] 先人：如稱先父，指司馬談。

[49] 紹而明之：繼承並昌明當代教化。紹，接續、繼承。

[50] 意在斯乎：用意在此。指有明道義，顯揚志業的使命。

[51] 攘：辭讓。

[52] 論次：論定編次。

[53] 李陵之禍：漢武帝天漢二年（西元前 99 年），騎都尉李陵率五千步兵討伐匈奴，戰敗投降，司馬遷在武帝面前為李陵辯解，極言其忠勇，非真意投降，武帝怒，因而下獄，受腐刑。李陵，李廣之孫。

[54] 幽：囚禁。

[55] 累紲：通「縲紲」，捆綁人的繩索，此指牢獄。

余之罪夫！身虧不用⁵⁶矣。」退而深惟⁵⁷曰：「夫詩書隱約者，欲遂其志之思也。」卒述陶唐⁵⁸以來，至於麟止⁵⁹，自黃帝始。……

遷既被刑之後，為中書令，尊寵任職。故人益州刺史任安⁶⁰予遷書⁶¹，責以古賢臣之義。遷報之曰：

少卿足下⁶²：曩者辱賜書⁶³，教以慎於接物⁶⁴，推賢進士為務，意氣勤勤懇懇⁶⁵，若望⁶⁶僕不相師用⁶⁷，而流俗人之言。僕非敢如是也。雖罷駑⁶⁸，亦嘗側聞長者遺風矣⁶⁹。顧⁷⁰自以為身殘處穢⁷¹，動而見尤⁷²，欲益反損，是以抑鬱而無誰語。諺曰：

---

⁵⁶ 身虧不用：身體遭到毀壞，指受到腐刑。

⁵⁷ 惟：思。

⁵⁸ 陶唐：陶唐即帝堯的國號。因他先被封在陶，後又遷到唐，因此稱為陶唐氏。陶，音ㄊㄠˊ。

⁵⁹ 麟止：指漢武帝獵獲白麟那年，即元狩元年（西元前 122 年），《史記》所載之事止於這一年。

⁶⁰ 任安：字少卿，西漢滎陽（今屬河南）人。少時貧困，後為大將軍衛青舍人，受衛青薦舉為郎中，後遷益州刺史。征和二年（西元前 91 年）巫蠱之禍，任安受誅連，論罪腰斬。任安在事發前幾年曾寫信給司馬遷，直到任安入獄臨刑前，司馬遷才回此信。

⁶¹ 書：信。

⁶² 足下：中國古代對他人的敬稱。

⁶³ 曩者辱賜書：曩，昔、從前、過去。辱，屈承，應酬語。

⁶⁴ 接物：與他人交往。

⁶⁵ 勤勤懇懇：情意誠懇的樣子。

⁶⁶ 若望：若，好像。望，埋怨。

⁶⁷ 不相師用：不肯接受指教。

⁶⁸ 罷駑：才能駑鈍平庸。罷，通「疲」。駑，劣馬。

⁶⁹ 側聞長者遺風：側聞、旁聞。遺風，指前賢所遺留之教誨。

⁷⁰ 顧：但是。

⁷¹ 身殘處穢：指受宮刑後，身形殘穢。

⁷² 尤：過錯。

「誰為為之？孰令聽之？[73]」蓋鍾子期死，伯牙終身不復鼓琴。何則？士為知己用，女為說[74]己容。若僕大質[75]已虧缺，雖材懷隨和[76]，行若由夷[77]，終不可以為榮，適足以發笑而自點[78]耳。

　　書辭宜答，會東從上來[79]，又迫賤事，相見日淺，卒卒[80]無須臾之間得竭指意。今少卿抱不測之罪[81]，涉旬月[82]，迫季冬[83]，僕又薄從上雍[84]，恐卒然[85]不可諱[86]。是僕終已不得舒憤懣以曉左右[87]，則長逝者[88]魂魄私恨無窮[89]。請略陳固陋。闕然不報[90]，幸勿過[91]。

---

[73] 誰爲爲之？孰令聽之：「爲誰爲之，令孰聽之」之倒裝。指無知己者，想要爲善，當爲誰而做？又有誰聽？

[74] 說：通「悅」。

[75] 大質：身體。

[76] 隨和：指隨侯珠，和氏璧。

[77] 由夷：許由與伯夷，皆古之隱士。比喻品德高潔之人。

[78] 自點：自取其辱。點，通「玷」，辱。

[79] 會東從上來：剛好隨漢武帝從東還長安。會，適逢、遇到。征和二年（西元前91年）夏，武帝行幸甘泉宮，七月，戾太子起兵，武帝從甘泉宮東還長安。

[80] 卒卒：匆促急遽。

[81] 不測之罪：死罪。

[82] 涉旬月：涉旬經月，指經過許久的時間。

[83] 迫冬季：迫，接近。冬季，此指十二月，漢代於此時爲行刑之期。

[84] 薄從上雍：近將隨從皇上前往雍地。薄，迫近。雍，陝西鳳翔縣。

[85] 卒然：猝然、突然。

[86] 不可諱：死亡。

[87] 左右：指任安。不直稱對方，表示尊重。

[88] 長逝者：死者，指任安。

[89] 私恨無窮：指任安已死，不得回信，故怨恨無窮。

[90] 闕然不報：收信以後，隔了許久，未曾回信。闕然，時間很久。

[91] 幸勿過：希望不要責過。

僕聞之，修身者智之府[92]也，愛施者仁之端[93]也，取予者義之符[94]也，恥辱者勇之決[95]也，立名者行之極[96]也。士有此五者，然後可以託於世，列於君子之林矣。故禍莫憯[97]於欲利，悲莫痛於傷心，行莫醜於辱先，而詬莫大於宮刑[98]。刑餘之人，無所比數[99]，非一世也，所從來遠矣。昔衛靈公與雍渠載，孔子適陳[100]；商鞅因景監見，趙良寒心[101]；同子參乘，爰絲變色[102]：自古而恥之。夫中材之人，事關於宦豎[103]，莫不傷氣[104]。況忼慨[105]

---

92 府：通「符」，符信、證驗、象徵。
93 端：開端。
94 符：標誌、表現。
95 決：果決、判定。
96 極：最高準則。
97 憯：通「慘」，痛。
98 宮刑：中國古代五刑之一種，絕後之刑。
99 無所比數：無法相提並論。
100 衛靈公與雍渠載，孔子適陳：《史記・孔子世家》云，衛靈公出與夫人同車，雍渠參乘，使孔子為次乘，招搖過市。孔子知不可為，於是離開衛國至曹國，而此指至陳國。雍渠，衛靈公寵愛的宦官。
101 商鞅因景監見，趙良寒心：《史記・商君列傳》云，商鞅因景監引見，終獲大用。相秦十年，趙良說商鞅急流勇退，商鞅不聽，因而寒心。景監，秦孝公寵愛的宦官。趙良，秦國官員。
102 同子參乘，爰絲變色：《史記・袁盎列傳》云，漢文帝出，趙同參乘，袁盎勸諫漢文帝朝中並非無人才，奈何與宦者同車，於是漢文帝笑，趙同泣而下車。同子，指趙談，漢文帝的宦官；因與司馬遷父親司馬談同名，司馬遷避諱，故稱同子。參乘，古代車上負責近身保護主將、君王的人，也叫車右；這裏作動詞用，為擔任參乘之意。爰，通「袁」，爰絲即袁盎。袁盎，字絲，西漢大臣。文帝時因為犯顏直諫，貶任隴西都尉，後為吳國丞相。七國之亂，力勸景帝殺晁錯。最後因反對立梁王劉武為儲君，被梁王派來的刺客所殺。
103 宦豎：宦官。
104 傷氣：喪氣。
105 忼慨：胸懷大志。

之士乎！如今朝雖乏人，奈何令刀鋸之餘[106]薦天下豪儁[107]哉！僕賴先人緒業[108]，得待罪輦轂下[109]，二十餘年矣。所以自惟[110]：上之[111]，不能納忠效信，有奇策材力之譽，自結明主；次之，又不能拾遺補闕[112]，招賢進能，顯巖穴之士[113]；外之，不能備行伍[114]，攻城戰野，有斬將搴旗[115]之功；下之，不能累日積勞，取尊官厚祿，以為宗族交遊光寵。四者無一遂[116]，苟合取容[117]，無所短長之效[118]，可見於此矣。鄉[119]者，僕亦嘗廁下大夫之列[120]，陪外廷末議[121]。不以此時引維綱[122]，盡思慮，今已虧形為埽除

---

[106] 刀鋸之餘：司馬遷受宮刑後之自稱。

[107] 儁：通「俊」。

[108] 緒業：遺業。

[109] 待罪輦轂下：在京師當官。待罪，為官謙稱。輦轂下，本指皇帝車駕的左右，此指京師。

[110] 惟：思、想。

[111] 上之：最好的情況。

[112] 拾遺補闕：拾人君的遺漏，補人主的過失，即諷諫。

[113] 巖穴之士：隱逸之人。

[114] 備行伍：從軍。古時軍隊，五人為一伍，五伍為行。

[115] 斬將搴旗：拔取敵旗，斬殺敵將；形容勇猛善戰。搴，拔取。

[116] 遂：成。

[117] 苟合取容：阿諛迎合，以取得他人的接納。

[118] 無所短長之效：無所短長，即無所長，沒有長處。效，驗、貢獻。

[119] 鄉：通「向」、「嚮」，之前。

[120] 廁下大夫之列：參與下大夫的行列。太史令，秩六百石，相當於古制下大夫之列。

[121] 外廷末議：外朝，也稱外廷。漢朝分外朝與內朝，丞相以下至六百石為外朝，大司馬、侍中、散騎、諸吏為內朝。太史公為六百石秩，故稱外廷。末議，議席之末。

[122] 引維綱：伸張典章法令。

之隸[123]，在闒茸[124]之中，乃欲印首信眉[125]，論列是非，不亦輕
朝廷，羞當世之士邪！嗟乎！嗟乎！如僕，尚何言哉！尚何言
哉！

　　且事本末未易明也。僕少負不羈之才[126]，長無鄉曲之譽[127]，
主上幸以先人之故，使得奉薄技，出入周衛[128]之中。僕以為戴盆
何以望天[129]，故絕賓客之知，忘室家之業，日夜思竭其不肖之材
力，務壹心營職，以求親媚[130]於主上。而事乃有大謬不然[131]
者。夫僕與李陵俱居門下[132]，素非相善也，趣舍異路[133]，未嘗銜
盃酒接殷勤[134]之歡。然僕觀其為人自奇士，事親孝，與士信，臨
財廉，取予義，分別有讓，恭儉下人，常思奮不顧身以徇[135]國家
之急。其素所畜積也，僕以為有國士[136]之風。夫人臣出萬死不顧
一生之計，赴公家之難，斯已奇矣。今舉事壹不當，而全軀保妻

---

123 埽除之隸：打掃污穢的僕役，謙詞。埽，掃。
124 闒茸：猥褻卑賤。闒，音ㄊㄚˋ，小戶。茸，音ㄖㄨㄥˊ，小草。
125 印首信眉：得意貌。印，仰、昂。信，伸。
126 少負不羈之才：年少時就缺乏不凡的才能。謙詞。負，欠缺。不羈，材質高
　　遠，不可羈絆。
127 長無鄉曲之譽：長大了也無鄉里的讚譽。謙詞。
128 周衛：指皇帝的宮禁。周，環繞。衛，宿衛。
129 戴盆何以望天：戴盆就不能望天，望天就不能戴盆，喻兩件事互有所妨，不
　　可得兼。喻自己專心職務，無暇顧及其他。
130 親媚：討好。
131 大謬不然：事實並非如此。
132 俱居門下：司馬遷與李陵皆曾擔任侍中近衛之職。
133 趣舍異路：李陵好武，司馬遷善文，好尚不同。趣，通「趨」，向前走。
　　舍，停止。
134 銜盃酒，接殷勤：此喻親善交好。
135 徇：通「殉」，捨身從事。
136 國士：國中傑出人才。

子之臣隨而媒孽其短[137]，僕誠私心痛之。且李陵提[138]步卒不滿五千，深踐戎馬之地，足歷王庭[139]，垂餌虎口[140]，橫挑彊胡[141]，卬[142]億萬之師，與單于連戰十餘日，所殺過當[143]。虜救死扶傷不給[144]，旃裘[145]之君長咸震怖，乃悉徵左右賢王[146]，舉引弓之民，一國共攻而圍之。轉鬥千里，矢盡道窮，救兵不至[147]，士卒死傷如積。然李陵一呼勞軍，士無不起，躬流涕，沫血[148]飲泣，張空弮[149]，冒白刃，北首爭死敵。陵未沒時，使有來報，漢公卿王侯奉觴上壽[150]。後數日，陵敗書聞，主上為之食不甘味，聽朝不怡。大臣憂懼，不知所出。僕竊不自料[151]其卑賤，見主上慘悽怛悼[152]，誠欲效其款款[153]之愚。以為李陵素與士大夫絕甘分少[154]，能得人之死力，雖古名將不過也。身雖陷敗，彼觀其意，

---

[137] 媒孽其短：事實如釀酒，無中生有，造成其罪。媒，酶，酒酵母。孽，麴。
[138] 提：率領。
[139] 王庭：匈奴單于所居之地。
[140] 垂餌虎口：比喻深入險地為誘餌。
[141] 橫挑彊胡：向強大的胡人勇猛挑戰。
[142] 卬：仰。匈奴地高，自南攻北，故稱仰。
[143] 所殺過當：所殺的敵人超過自己的兵力。李陵率軍五千，殺敵過萬。
[144] 不給：無暇，忙不過來。
[145] 旃裘：匈奴服飾，此指匈奴。
[146] 左右賢王：匈奴單于下設兩賢王，左賢王地位猶如太子。
[147] 救兵不至：李陵出征，路德博為後，路德博為年老的名將，恥為李陵後，故失約不救。
[148] 沫血：血流滿面。沫，洗臉。
[149] 張空弮：矢盡，故張空弓。弮，弓。
[150] 奉觴上壽：這裡指歡宴祝捷。奉觴、舉杯。
[151] 不自料：不自量力。
[152] 慘悽怛悼：極度悲傷。慘、悽、怛、悼都有悲淒、哀傷之意。
[153] 款款：忠誠懇切貌。
[154] 絕甘分少：好的不要，該分的少要，猶言同甘共苦。

且欲得其當而報漢 [155]。事已無可奈何，其所摧敗，功亦足以暴 [156] 於天下。僕懷欲陳之，而未有路。適會召問，即以此指 [157] 推言陵功，欲以廣 [158] 主上之意，塞睚眥之辭 [159]。未能盡明，明主不深曉，以為僕沮貳師 [160]，而為李陵游說，遂下於理 [161]。拳拳 [162] 之忠，終不能自列 [163]，因為誣上，卒從吏議 [164]。家貧，財賂不足以自贖 [165]，交遊莫救，左右親近不為壹言。身非木石，獨與法吏為伍，深幽囹圄 [166] 之中，誰可告愬 [167] 者！此正少卿所親見，僕行事豈不然邪？李陵既生降 [168]，隤 [169] 其家聲，而僕又茸以蠶室 [170]，重為天下觀笑。悲夫！悲夫！

---

[155] 欲得其當而報漢：欲於匈奴立功而歸，以抵失敗之罪。當，抵罪。

[156] 暴：顯露。

[157] 指：通「旨」，意。

[158] 廣：寬。

[159] 塞睚眥之辭：堵塞仇人誣陷的言詞。睚眥，怒目而視的小怨。

[160] 沮貳師：沮，毀謗。貳師，西域大宛城名，此指貳師將軍李廣利。李廣利為武帝寵妃李夫人之兄。昭和三年（西元前 90 年），武帝派李廣利征伐大宛為主力軍，並封貳師將軍，命李陵為助軍。

[161] 理：負責訴訟刑獄之事的廷尉簡稱。

[162] 拳拳：忠謹貌。

[163] 列：陳述。

[164] 吏議：法庭官吏判決的罪名。

[165] 財賂不足以自贖：自己的錢財不足以贖罪。財賂，錢財。漢朝法律規定，可以按價出錢贖罪。

[166] 深幽囹圄：深幽，囚禁。囹圄，監獄。

[167] 愬：通「訴」。

[168] 生降：投降。

[169] 隤：墜落、敗壞。

[170] 茸以蠶室：受宮刑之人畏風寒，須處在嚴密而溫暖的屋子裡方得保全。茸，俱、次、處。蠶室，指像養蠶那樣密封的屋室。

事未易一二為俗人言也。僕之先人非有剖符丹書[171]之功，文史星曆[172]近乎卜祝[173]之間，固主上所戲弄，倡優[174]畜[175]之，流俗之所輕也。假令僕伏法受誅，若九牛亡一毛[176]，與螻蟻何異？而世又不與能死節者比，特以為智窮罪極，不能自免，卒就死耳。何也？素所自樹立[177]使然。人固有一死，死有重於泰山，或輕於鴻毛，用之所趨異[178]也。太上[179]不辱先[180]，其次不辱身，其次不辱理色[181]，其次不辱辭令，其次詘體[182]受辱，其次易服[183]受辱，其次關木索被箠楚[184]受辱，其次鬄毛髮嬰金鐵[185]受辱，其次毀肌膚斷支體受辱，最下腐刑[186]，極矣。傳曰「刑不上大夫」[187]，此言士節不可不厲也。猛虎處深山，百獸震恐，及其在

---

[171] 剖符丹書：凡持有剖符丹書的功臣，後世子孫可憑此免罪。剖符，用竹子作為符契，分剖兩半，皇帝與有關功臣各執其半，以為信用。丹書，用丹砂將誓言書於鐵券上，以為憑信。

[172] 文書星曆：指文獻、史籍、天文、曆算之學，此指太史令所掌管之事。

[173] 卜祝：職掌占卜與祭祀之人。

[174] 倡優：樂工伶人，賤者之稱。

[175] 畜：豢養。

[176] 九牛亡一毛：比喻極為輕微。

[177] 素所自樹立：平時從事的職業與所處的地位。

[178] 趨異：不同。

[179] 太上：最上、第一位。

[180] 先：先人。

[181] 理色：情理與面子。

[182] 詘體：即屈體，指長跪。一說指被綑綁。

[183] 易服：換上罪人的赭衣。

[184] 關木索被箠楚：戴上刑具，遭受木杖、荊條的拷打。關，穿。木索，枷鎖。箠，杖。楚，荊木。

[185] 鬄毛髮嬰金鐵：剃光頭並以鐵圈束頸。鬄，剃，古時之髠刑。嬰，纏繞。

[186] 腐刑：宮刑之別名，言此刑腐臭。

[187] 刑不上大夫：語見《禮記‧曲禮》，謂大夫有罪，則賜自盡，不加刑辱。

穽檻[188]之中，搖尾而求食，積威約之漸[189]也。故士有畫地為牢勢不入，削木為吏議不對[190]，定計於鮮[191]也。今交手足，受木索，暴肌膚，受榜箠，幽於圜牆[192]之中，當此之時，見獄吏則頭槍地[193]，視徒隸[194]則心惕息[195]。何者？積威約之勢也。及已至此，言不辱者，所謂彊顏[196]耳，曷足貴乎！且西伯，伯也，拘牖里[197]；李斯，相也，具五刑[198]；淮陰，王也，受械於陳[199]；彭越、張敖南鄉稱孤[200]，繫獄具罪；絳侯誅諸呂，權傾五伯，囚於

---

[188] 穽檻：穽，通「阱」，捕獸的陷阱。檻，畜養野獸的圈欄。

[189] 積威約之漸：長期的威力制約，漸漸使猛虎馴服下來。

[190] 畫地為牢勢不入，削木為吏議不對：劃一方地為牢房，人不敢進出；削一個木製的獄吏來審罪，不敢去對質。指獄吏殘酷可怕。

[191] 定計於鮮：早作打算，一旦定罪，就決定自殺。鮮，先或明之意。

[192] 圜牆：牢獄。

[193] 頭槍地：頭觸地，即叩頭哀乞。槍，搶。

[194] 徒隸：獄卒。

[195] 惕息：膽顫心驚。

[196] 彊顏：即強顏，厚著臉皮。

[197] 西伯，伯也，拘牖里：周文王，紂時為西伯，為崇侯虎所譖，被囚於牖里。牖里，一作羑里，在今河南湯陰縣。

[198] 李斯，相也，具五刑：李斯，楚國上蔡人。秦始皇為丞相，秦二世，趙高誣陷其子與盜往來，腰斬咸陽，死前俱受五刑。五刑指墨，黥面；劓，割鼻；刖，砍腳；宮，割除生殖器；大辟，死刑。

[199] 淮陰，王也，受械於陳：韓信，漢三傑之一，初封齊王，後改封楚王，有人告之謀反，漢高祖劉邦用陳平計，召韓信於陳（今河南淮陽），高祖令武士縛之，械信至洛陽，赦為淮陰侯，後為呂后所殺。

[200] 彭越、張敖南鄉稱孤：彭越、張敖南面稱王。彭越，漢初封為梁王，後以謀反被殺。張敖，趙王張耳兒子，尚魯元公主，因其臣貫高等謀殺高祖之事被捕。鄉，通「向」。稱孤，稱王。

請室²⁰¹；魏其，大將也，衣赭衣關三木²⁰²；季布為朱家鉗奴²⁰³；
灌夫受辱居室²⁰⁴。此人皆身至王侯將相，聲聞鄰國，及罪至罔²⁰⁵
加，不能引決自財²⁰⁶。在塵埃²⁰⁷之中，古今一體，安在其不辱
也！由此言之，勇怯，勢也；彊弱，形也²⁰⁸。審矣，曷足怪乎！
且人不能蚤²⁰⁹自財繩墨²¹⁰之外，已稍陵夷²¹¹至於鞭箠之間，乃
欲引節²¹²，斯不亦遠乎！古人所以重²¹³施刑於大夫者，殆為此
也。夫人情莫不貪生惡死，念親戚，顧妻子，至激於義理者不
然，乃有不得已也。今僕不幸，蚤失二親，無兄弟之親，獨身孤
立，少卿視僕於妻子何如哉？且勇者不必死節，怯夫慕義，何處

---

²⁰¹ 絳侯誅諸呂，權傾五伯，囚於請室：呂后死後，絳侯周勃與陳平謀，誅呂祿
呂產等，迎漢文帝，為丞相，權傾一時。不久，免相就國，後為人誣告謀
反，下廷尉治罪，幸得無事。五伯，五霸。請室，請罪之室，即監獄。

²⁰² 魏其，大將也，衣赭關三木：魏其，文帝竇后之侄竇嬰，景帝時，平七國之
亂有功，封魏其侯。武帝初任丞相，後因營救至交灌夫之事，以矯詔之名棄
市。衣，穿。赭衣，古代囚犯所穿的赤色衣服。關，拘禁，此指戴上。三
木，三種刑具，即枷、桎、梏。

²⁰³ 季布為朱家鉗奴：季布，楚人，曾為項羽將領，數窘漢王劉邦。劉邦稱帝後
購求布千金，布初匿於周氏，周氏髡髮鉗布，衣褐，置群奴中，後賣於朱
家。

²⁰⁴ 灌夫受辱居室：灌夫，景帝時將領，武帝時官至太僕，因對丞相田蚡出言不
遜，並處以死刑。居室，官署名，屬少府，拘禁犯人的處所，即監獄。

²⁰⁵ 罔：通「網」，法網。

²⁰⁶ 引決自財：下定決心自殺。財，裁。

²⁰⁷ 塵埃：塵世，此指牢獄。

²⁰⁸ 勇怯，勢也；彊弱，形也：勇怯強弱，都是由形式決定。

²⁰⁹ 蚤：早。

²¹⁰ 繩墨：法律。

²¹¹ 已稍陵夷：指處境越來越不堪。陵夷，遲疑。

²¹² 引節：為保氣節而自殺。

²¹³ 重：難、慎重。

不勉焉！僕雖怯耎[214]欲苟活，亦頗識去就[215]之分矣，何至自湛[216]溺累絏之辱哉！且夫臧獲[217]婢妾猶能引決，況若僕之不得已乎！所以隱忍苟活，函[218]糞土之中而不辭者，恨私心有所不盡，鄙沒世而文采不表於後也。

古者富貴而名摩[219]滅，不可勝記，唯倜儻[220]非常之人稱焉。蓋西伯拘[221]而演周易；仲尼厄[222]而作春秋；屈原放逐，乃賦離騷；左丘失明，厥有國語；孫子髕[223]腳，兵法修列[224]；不韋遷蜀，世傳呂覽[225]；韓非囚秦，說難、孤憤。詩三百篇，大氐[226]賢聖發憤之所為作也。此人皆意有所鬱結，不得通其道，故述往事，思來者。及如左丘明無目，孫子斷足，終不可用，退論書策以舒其憤，思垂空文以自見[227]。僕竊不遜[228]，近自託於無能之

---

[214] 耎：通「軟」，軟弱、柔弱。

[215] 去就：捨生就義。

[216] 湛：通「沉」。

[217] 臧獲：古代對奴婢的賤稱。

[218] 函：陷字之誤。

[219] 摩：磨。

[220] 倜儻：即倜儻，特出。

[221] 拘：拘禁。

[222] 厄：窮困。

[223] 髕：古代肉刑之一，挖去膝蓋骨的刑罰。

[224] 修列：依次整理。

[225] 呂覽：即《呂氏春秋》。

[226] 大氐：大抵。

[227] 思垂空文以自見：傳下文章，表現自己的志趣。垂，流傳。空文，自己的文章，謙詞。見，現。

[228] 不遜：無禮，謙詞。

辭，網羅天下放失 [229] 舊聞，考之行事，稽其成敗興壞之理，凡百三十篇，亦欲以究天人之際，通古今之變，成一家之言。草創未就，適會此禍，惜其不成，是以就極刑而無慍色。僕誠已著此書，藏之名山，傳之其人 [230] 通邑大都 [231]，則僕償前辱之責，雖萬被戮，豈有悔哉！然此可為智者道，難為俗人言也。

且負下 [232] 未易居，下流 [233] 多謗議。僕以口語遇遭此禍，重為鄉黨戮笑，汙辱先人，亦何面目復上父母之丘墓乎？雖累百世，垢彌甚耳 [234]！是以腸一日而九回，居則忽忽 [235] 若有所亡，出則不知所如往。每念斯恥，汗未嘗不發背霑衣也。身直為閨閣之臣 [236]，寧得自引深藏 [237] 於巖穴邪！故且從俗浮湛 [238]，與時俯仰，以通其狂惑 [239]。今少卿乃教以推賢進士，無乃與僕之私指謬乎。今雖欲自彫瑑 [240]，曼辭 [241] 以自解，無益，於俗不信，祇取辱耳。要之死日，然後是非乃定。書不能盡意，故略陳固陋 [242]。

---

[229] 放失：散失。失，通「佚」。

[230] 其人：志同道合者。

[231] 通邑大都：四通八達的大都會。同「通都大邑」。

[232] 負下：背負著犯過罪的壞名聲。下，地位低下。

[233] 下流：水的下游，指地位低下之人。

[234] 垢彌甚耳：罪過又更重了。

[235] 忽忽：恍恍惚惚。

[236] 身直爲閨閣之臣：身分只不過是宦官。

[237] 臧：藏。

[238] 浮湛：浮沉。

[239] 通其狂惑：疏通個人的狂狷疑惑。此爲極端激憤之語。

[240] 自彫瑑：自我修飾。彫瑑，雕琢。

[241] 曼辭：美麗的言詞。

[242] 略陳固陋：大略陳述見識不廣的言詞。謙詞。

　　遷既死後，其書稍出。宣帝時，遷外孫平通侯楊惲祖述其書，遂宣布[243]焉。至王莽時，求封遷後，為史通子。

時代意義

　　古人言，人有三不朽，立德、立功、立言。司馬遷在歷史上不朽，著眼於立言，他之所以偉大，主要是留下了不朽的鉅著——《史記》。

　　司馬遷《史記・太史公自序》除了不免俗套的介紹家世與學經歷之餘，難能可貴的是重家學，移錄了其父司馬談的《論六家要旨》，這是漢代最早以家數的觀念，總結先秦學術的要作，是中國學術史上非常重要的一篇文章，後來班固在《漢書・藝文志・諸子略》的九流十家之說，就是在司馬談的基礎上提出的；其次則言撰寫史記的緣由，乃秉承父親遺願，以紹繼父祖之舊業以及紹繼孔子作《春秋》的用意；最後以交代《史記》一百三十篇各篇撰作緣由作結。

　　《漢書・司馬遷傳》與《史記・太史公自序》相較，《漢書・司馬遷傳》補敘了司馬遷遭李陵之禍而受宮刑之後的情形，這在〈報任少卿書〉中清楚的說明。從這一封長信看出司馬遷因李陵之禍而隱忍苟活，忍受屈辱和恥笑，他並非怕死，只是死要死的有價值，要重於泰山。他堅忍不拔，痛苦的活著，只為完成《史記》這部鉅著，所謂的發憤著書，正是司馬遷遭受宮刑後的生活。歷史上周文王、孔子、屈原、左丘、孫臏等人，都是經歷苦難、遭受屈辱，然後才留下寶貴的文化財富。司馬遷心中念茲在茲的無非在此，他要究天人之際，通古今之變，成一家之言，以為後人借鑑。這種發憤著書的血淚史，甚至成為後來中國文人受到打壓後精神抒解的方式，成為古代文學理論一個重要命題。

---

[243] 宣布：上之於朝，傳寫而公諸於世。

從〈報任少卿書〉中看到，司馬遷因正直仗義而惹禍，等到他下獄後，家貧無法自贖，親戚友朋不救，獨自一人面對刑吏，可謂淒涼。當生死懸髮一刻之間，清楚體認到人性自私與醜陋的面目。司馬遷遇到殘酷命運的考驗後，面對歷史，有著更深刻的思考。例如對漢高祖劉邦的描述，一方面肯定劉邦知人善任，雄才大略的領袖特質，但更多著墨的是無賴、狡猾、陰險、殘忍的一面。與劉邦另一位主要對手項羽比較起來，並無太大的勝算，最後卻稱帝，所以司馬遷綜觀分析之後，得不出劉邦之所以稱帝的原因，最後只好歸諸於天意。另一個則是目前《史記》中的〈漢武帝本紀〉，已非司馬遷的原著，原因是可能其中的內容涉及批判漢武帝，違礙當局的統治，而被銷毀。這些揭露與批判，並非體現最高統治者的意志，正是史家的精神。

　　因為這樣的經歷，司馬遷得到的教訓是，在政治上稱帝稱王之人，並非有高貴的道義操守，反而有高貴的道義操守者往往不幸和失敗，或者許多社會負面評價的人物，往往有高貴的道義操守與可歌可泣的一面。在史記中有〈刺客〉、〈游俠列傳〉，這些類似社會邊緣的人，不為錢財而可為知己者死，比起滿口仁義道德之人更加可親可佩。還有〈滑稽列傳〉、〈日者列傳〉、〈龜策列傳〉，這些在當時都被視為末流之人，司馬遷獨具慧眼為其立傳，這也是前所未見。

編撰者：鄭國瑞

延伸閱讀

1. 鄭樑生，《司馬遷的世界》，臺北：志文出版社，1993 年。
2. 張大可，《司馬遷評傳》，南京：南京大學出版社，1997 年。

參考資料

1.白話二十四史之 1 史記，http://yw.eywedu.com/24/01/index.htm。

2.李長之，《司馬遷的人格與風格》，臺北：里仁書局，1997 年。

第一位推動中國與西方貿易的探險家——張騫

《漢書·張騫傳》

　　本文節選自《漢書》卷六十一，列傳三十一之〈張騫李廣利傳〉。內容是介紹西漢時期張騫（西元前？－前114年）的事蹟及漢朝與西域諸國交往的情形。

　　《漢書》的主要作者是班固（西元32－92年）。他是東漢史學家班彪之子，字孟堅，扶風安陵人（今陝西咸陽東北）。除蘭臺令史，遷爲郎，典校秘書，潛心二十餘年，修成《漢書》，當世重之。遷玄武司馬，撰《白虎通德論》。征匈奴爲中護軍，兵敗受牽連，死獄中，善辭賦，有〈兩都賦〉等。

　　張騫，武帝時兩次奉使西域，歷經磨難，不畏艱苦，溝通中外，是位傳奇式的歷史人物。《史記》將張騫附傳於〈衛將軍傳〉，較爲簡略，而〈大宛傳〉記載張騫、李廣利事，較爲詳細，止於李廣利封爲海西侯。《漢書》將張騫、李廣利合爲一傳，補充材料，詳其始末。記載了張騫通西域這件中外交流史上的大事，爲研究西漢初年的民族問題以及中外關係，提供了珍貴的資料。

　　雖然本文展現了漢武帝試圖「廣地萬里，重九譯，致殊俗，威德遍於四海」的雄心壯志。但張騫通西域的目的，是基於外患肆虐的現實需求。

　　漢武帝時期，北方的匈奴族經常進行破壞騷擾，張騫第一次出使西域的目的，就在於漢朝面臨匈奴武力的威脅，因此想要聯合大月氏夾擊匈奴。本傳云：「匈奴降者言匈奴破月氏王，以其頭爲飲器，月氏遁而怨匈奴，無與共擊之。漢方欲事滅胡，聞此言，欲通使，道必更匈奴中，乃募能使者。」張騫自願應募。在出使過程中並不順利，最終也沒有達到預期

的目標。張騫第二次出使的國家是烏孫，同樣是想聯合烏孫共同對抗匈奴，想要「斷匈奴右臂」，可是這個目的也沒有完成。

雖然張騫沒有完成使命，但是張騫通西域，卻聯繫了西北少數民族和漢朝的聯繫。是漢朝人放眼看世界的重要轉折點。本傳云：「騫身所至者，大宛、大月氏、大夏、康居，而傳聞其旁大國五六，具為天子言其地形，所有。」又云：「初，漢欲通西南夷，費多，罷之。及騫言可以通大夏，乃復事西南夷。」可見，漢朝人對異域有了更多的認識，並逐漸形成他們新的世界觀。班固論贊云：「《禹本紀》言河出昆侖，昆侖高二千五百里餘，日月所相避隱為光明也。自張騫使大夏之後，窮河原，惡睹所謂昆侖者乎？故言九州山川，《尚書》近之矣。至《禹本紀》、《山經》所有，放哉！」印證《尚書》所說地理較為可信，而《禹本紀》、《山經》所說的不可信。

從西漢張騫出使之後，漢朝人獲得了新的資訊，重新檢視、建構他們對世界的認識，因此發展了中國和中亞、西亞許多國家的關係，促進了東西方經濟文化的交流，對後來形成的「絲綢之路」起了開創的作用。

本文及註釋

　　張騫，漢中人[1]也，建元[2]中為郎。時匈奴降者言匈奴破月氏[3]王，以其頭為飲器[4]，月氏遁而怨匈奴，無與[5]共擊之。漢方

---

[1] 張騫，漢中人：陳壽《益部耆舊傳》云：「騫漢中成固人。」成固，縣名，今陝西城固縣。騫，音ㄑㄧㄢ。

[2] 建元，漢武帝年號（西元前 140－前 135 年）。

[3] 月氏：音ㄩㄝˋ ㄓ，或讀為ㄖㄡˋ ㄓ，ㄖㄨˋ ㄓ，國名，為西域古國。本居敦煌、祁連間，在今甘肅省中部西境及青海東境地，漢時為匈奴所破，西走，建都薄羅城，號「大月氏」。後漸強盛，在今印度河流域克什米爾、阿富汗及蔥嶺東西之地，其東留未去的，號「小月氏」，在今甘肅張掖及青海西寧等縣地。

[4] 飲器：側耳杯。其形如人面，故匈奴以月氏王頭為飲器，取其形似。

[5] 無與：言無人援助。

欲事滅胡，聞此言，欲通使，道必更[6]匈奴中，乃募能使者。騫
以郎應募，使月氏，與堂邑氏奴甘父俱出隴西[7]。徑匈奴，匈奴
得之，傳詣單于。單于曰：「月氏在吾北，漢何以得往使？吾欲
使越，漢肯聽我乎？」留騫十餘歲，予妻，有子，然騫持漢節不
失。

居匈奴西[8]，騫因與其屬[9]亡鄉[10]月氏，西走數十日至大
宛[11]。大宛聞漢之饒財，欲通不得，見騫，喜，問欲何之。騫
曰：「為漢使月氏而為匈奴所閉道，今亡，唯王使人道[12]送我。
誠得至，反[13]漢，漢之賂遺王財物不可勝言。」大宛以為然，遣
騫，為發譯道[14]，抵康居[15]。康居傳致大月氏[16]。大月氏王已為胡

---

6 更：經過。

7 堂邑氏奴甘父俱出隴西：堂邑，漢人之姓，其奴名甘父。隴西，郡名，治狄
　道（今甘肅臨洮縣）。張騫出隴西，時在建元三年（西元前138年）。

8 居匈奴西：《史記》作「居匈奴中，益寬」。

9 其屬：謂同使之官屬。

10 鄉：通「向」。

11 大宛：音ㄉㄚˋ ㄩㄢ，國名，漢時為西域諸國，後為漢武帝所破，即今中亞
　細亞烏茲別克共和國的一邑。以產汗血馬著稱。

12 道：通「導」。

13 反：通「返」。

14 譯道：譯，譯員。道，嚮導。

15 抵康居：抵，至。康居，西域國名；漢時，與大月氏同族，領有今新疆北境
　至俄國中亞之地。東界為烏孫，西達奄蔡，南接大月氏，東南臨大宛。約在
　今巴爾喀什湖和咸海之間。王都在卑闐城。北部為游牧區，南部為農業區。

16 大月氏：古族名。漢文帝時，月氏大部分人從敦煌祁連間西遷至塞種地區
　（今新疆西部伊犁河流域及其迤西一帶），稱大月氏，因遭烏孫攻擊，又西
　遷大夏（今阿姆河上流）。自張騫至其國後，往來漸密。國內分有五部翕
　侯。約當西漢後期，貴霜翕侯兼并其他四部，建立貴霜王朝。

所殺，立其夫人[17]為王。既臣大夏[18]而君之，地肥饒，少寇，志安樂，又自以遠遠漢[19]，殊無報胡之心。騫從月氏至大夏，竟不能得月氏要領[20]。

留歲餘，還，并南山[21]，欲從羌[22]中歸，復為匈奴所得。留歲餘，單于死，國內亂，騫與胡妻及堂邑父俱亡歸漢[23]。拜騫太中大夫[24]，堂邑父為奉使君。

騫為人強力[25]，寬大信人，蠻夷愛之。堂邑父胡人[26]，善射，窮急射禽獸給[27]食。初，騫行時百餘人，去十三歲[28]，唯二人得還。

騫身所至者，大宛、大月氏、大夏、康居，而傳聞其旁大國五六，具為天子言其地形，所有[29]。語皆在〈西域傳〉。

---

17 夫人：《史記》作「太子」。

18 臣大夏：謂以大夏為臣。大夏，中亞細亞古國。在興都庫什山與阿姆河上游之間（今阿富汗北部）。西元前三、二世紀之交強盛，後國土分裂、勢衰，被大月氏入據。

19 自以遠遠漢：《史記》作「自以遠漢」。

20 要領：長衣提起腰和領，襟袖自然平貼。比喻綱要或事物的關鍵。要，音一ㄠ，古「腰」字。

21 并南山：并，傍。南山，即今新疆南部喀喇昆侖山脈。

22 羌：古族名，活動於今甘肅、青海等部分地區。

23 堂邑父俱亡歸漢：堂邑父，即堂邑氏之奴甘父。亡歸漢，時在元朔三年（西元前126年）。

24 太中大夫：官名，掌論議，屬郎中令（光祿勛）。

25 強力：言堅忍於事。

26 胡人：《史記》作「故胡人」，是也。

27 給：供。

28 十三歲：自建元三年（西元前138年）至元朔三年（西元前126年）。

29 所有：指所生之物。

騫曰：「臣在大夏時，見邛竹杖、蜀布[30]，問安得此，大夏國人曰：『吾賈人往市之身毒國[31]。身毒國在大夏東南可數千里。其俗土著[32]，與大夏同，而卑溼暑熱。其民乘象以戰。其國臨大水焉。』以騫度[33]之，大夏去漢萬二千里，居西南。今身毒又居大夏東南數千里，有蜀物，此其去蜀不遠矣。今使大夏，從羌中，險，羌人惡之；少北，則為匈奴所得；從蜀，宜徑[34]，又無寇。」天子既聞大宛及大夏、安息之屬皆大國，多奇物，土著，頗與中國同俗，而兵弱，貴漢財物；其北則大月氏、康居之屬，兵強，可以賂遺設利朝[35]也。誠得而以義屬之[36]，則廣地萬里，重九譯，致殊俗，威德遍于四海。天子欣欣以騫言為然。乃令因蜀犍為發間使[37]，四道并出：出駹[38]，出莋[39]，出徙、邛[40]，出僰[41]，皆各行一二千里。其北方閉[42]氐[43]、莋，南方閉巂、昆

---

[30] 見邛竹杖、蜀布：《御覽》卷一六八引《蜀記》云：「張騫奉始尋河源，得高節竹植于邛山。今緣山皆是，可以爲杖。」邛，音くロㄥˊ。

[31] 吾賈人往市之身毒國：賈人，商人。市，交易。身毒，古印度的別譯。

[32] 土著：世代定居於一地。

[33] 度：計。

[34] 宜徑：謂從蜀往身毒，當是直道。宜，猶當。徑，直。

[35] 設利朝：謂施利以誘令入朝。設，施。

[36] 以義屬之：謂以道義使之臣屬。

[37] 犍爲發間使：犍爲，郡名，治僰道（在今四川宜賓市西南）。間使，求間隙而行的使者。

[38] 駹：古部族名，秦漢時分布於今四川松潘等地區。

[39] 莋：古部族名，秦漢時分布於今四川峨嵋山以南一帶。

[40] 徙、邛：徙，古部族名，秦漢時分布於今四川大全縣一帶。邛，古部族名，秦漢時分布於今四川峨嵋山西北方一帶。

[41] 僰，音ㄅㄛˊ，古部族名，秦漢時分布於今四川宜賓市西南一帶。

[42] 閉：指漢使被閉塞。

[43] 氐：古民族名，秦漢時分布於今四川松潘等地區。

明 44。昆明之屬無君長，善寇盜，輒殺略漢使，終莫得通。然聞其西可千餘里，有乘象國，名滇越 45，而蜀賈間出物 46 者或至焉，於是漢以求大夏道始通滇國。初，漢欲通西南夷，費多，罷之。及騫言可以通大夏，乃復事西南夷。

騫以校尉 47 從大將軍 48 擊匈奴，知水草處，軍得以不乏，乃封騫為博望 49 侯。是歲元朔六年 50 也。後二年，騫為衛尉 51，與李廣 52 俱出右北平擊匈奴。匈奴圍李將軍，軍失亡多，而騫後期當斬，贖為庶人。是歲驃騎將軍 53 破匈奴西邊，殺數萬人，至祁連山 54。其秋，渾邪王 55 率眾降漢，而金城、河西并南山至鹽

---

44 嶲、昆明：嶲，音ㄒㄧ，古部族名，秦漢時分布於今雲南保山一帶。昆明，古部族名，分布於今雲南下關市一帶。

45 滇越：古部族名，分布於今雲南騰衝一帶。

46 間出物：謂以物往私市。

47 校尉：音ㄐㄧㄠˋ ㄨㄟˋ，職官名。漢時始有此官，職位略次於將軍的武官。

48 大將軍：衛青（西元前？－西元前106年），字仲卿，漢平陽（今山西臨汾）人。漢武帝時名將，以大將軍伐匈奴，立功，封長平侯，卒謚烈。《漢書》有傳。

49 博望：縣名，在今河南南陽市東北。

50 元朔六年，即西元前123年。

51 衛尉：官名，掌管宮門警衛，主南軍。

52 李廣：李廣（西元前？－西元前119年），隴西成紀（今甘肅秦安縣北）人，西漢名將。善騎射，文帝時為武騎常侍，武帝時任右北平太守，與匈奴戰皆捷，匈奴稱之為「飛將軍」，不敢犯境。後從大將軍衛青擊匈奴，因迷失道路，自以為恥，不願受審，遂刎而死。《漢書》有傳。

53 驃騎將軍：霍去病（西元前145－西元前117年），西漢平陽（今山西臨汾縣南）人。善騎射，武帝時，為剽校尉，前後凡六擊匈奴，遠涉沙漠，封狼居胥山而還。拜驃騎將軍，封冠軍侯，卒謚景桓侯。《漢書》有傳。

54 祁連山：在今甘肅張掖縣西南、祁連山脈中部。

55 渾邪王：匈奴之王號。

澤[56]，空無匈奴。匈奴時有候者[57]到，而希矣。後二年[58]，漢擊走單于於幕北[59]。

天子數問騫大夏之屬。騫既失侯，因曰：「臣居匈奴中，聞烏孫[60]王號昆莫。昆莫父難兜靡本與大月氏俱在祁連、焞煌間，小國也。大月氏[61]攻殺難兜靡，奪其地，人民亡走匈奴。子昆莫新生，傅父布就翎侯[62]抱亡置草中，為求食，還，見狼乳之[63]，又烏銜肉翔其旁，以為神，遂持歸匈奴，單于愛養之。及壯，以其父民眾與昆莫，使將兵，數有功。時，月氏已為匈奴所破，西擊塞[64]王，塞王南走遠徙，月氏居其地。昆莫既健[65]，自請單于報父怨，遂西攻破大月氏。大月氏復西走，徙大夏地。昆莫略其眾，因留居，兵稍強，會單于死，不肯復朝事匈奴。匈奴遣兵擊之，不勝，益以為神而遠[66]之。今單于新困於漢，而昆莫地空。

---

[56] 金城、河西并南山至鹽澤：金城，郡名，治允吾（在今甘肅永清縣西北）。河西，古地區名，漢時指今甘肅、青海兩省黃河以西，即河西走廊與湟水流域。南山，在今甘肅古浪縣西南。鹽澤，即莆昌海，在今新疆羅布泊地區。

[57] 候者：偵探。

[58] 後二年：指元狩四年（西元前 119 年）。

[59] 幕北：漠北。

[60] 烏孫：古族名，最初在祁連、敦煌間，公元前一世紀西遷至今伊犁河和伊塞克湖一帶，都亦谷城。張騫使烏孫後，漢武帝兩次以宗室女為公主嫁烏孫王，後來屬西域都護。

[61] 大月氏：《史記》作「匈奴」。

[62] 傅父布就翎侯：傅父，如傅母。布就，翎侯之別號。翎侯，烏孫大臣之官號。

[63] 乳之：謂以乳飲之。

[64] 塞：古族名。公元前二世紀以前分布於今伊犁河流域及伊塞克湖附近一帶。前二世紀因大月氏人西遷而侵入其地，塞族分散，一部分南下征服罽賓等地，一部分留居故地者與入侵的烏孫人混合。

[65] 健：壯大之意。

[66] 遠：離。

蠻夷戀故地，又貪漢物，誠以此時厚賂烏孫，招以東居故地[67]，漢遣公主為夫人，結昆弟。其勢宜聽，則是斷匈奴右臂也。既連烏孫，自其西大夏之屬皆可招來而為外臣。」天子以為然，拜騫為中郎將[68]，將三百人，馬各二匹，牛羊以萬數，賫金幣帛直數千巨萬，多持節副使[69]，道可便遣[70]之旁國。騫既至烏孫，致賜諭指[71]，未能得其決。語在〈西域傳〉。騫即分遣副使使大宛、康居、月氏、大夏[72]。烏孫發譯道送騫，與烏孫使數十人，馬數十匹，報謝[73]，因令窺漢，知其廣大。

騫還，拜為大行[74]。歲餘，騫卒[75]。後歲餘，其所遣副使通大夏之屬者皆頗與其人[76]俱來，於是西北國始通于漢矣。然騫鑿空[77]，諸後使往者皆稱博望侯，以為質[78]於外國，外國由是信之。其後，烏孫竟與漢結婚。

初，天子發書《易》[79]，曰「神馬當以西北來」。得烏孫馬

---

[67] 故地：指祁連、敦煌間之地。

[68] 中郎將：官名，秩比二千石，屬光祿勳。

[69] 持節副使：言為張騫副使而各令持節。

[70] 道可便遣：言於道中張騫得便宜遣其副使。

[71] 諭指：言以天子之意指曉告之。

[72] 大夏：在「大夏」之下，《史記》有「安息、身毒、于闐、捍罙及諸旁國」。

[73] 報謝，指烏孫使者隨張騫來漢，報謝天子。

[74] 大行：即大行令，漢武帝大初元年改名大鴻臚。掌接待賓客等事，後漸變為禮儀官。

[75] 騫卒：張騫墓在今陝西城固縣張家村。

[76] 其人：其國人。

[77] 鑿空：開闢孔道，即開闢了交通。

[77] 其人：其國人。

[78] 質：信。

[79] 發書《易》：打開《易》書占卜。

好，名曰「天馬」。及得宛汗血馬，益壯，更名烏孫馬曰「西極馬」，宛馬曰「天馬」云。而漢始築令居以西[80]，初置酒泉郡[81]，以通西北國。因益發使抵安息、奄蔡、犂靬、條支、身毒國[82]。而天子好宛馬，使者相望于道，一輩大者數百，少者百餘人，所賫操[83]，大放[84]博望侯時。其後益習而衰少[85]焉。漢率一歲中使者多者十餘，少者五六輩，遠者八九歲，近者數歲而反[86]。

是時，漢既滅越，蜀所通西南夷皆震，請吏。置牂柯、越巂、益州、沈黎、文山郡[87]，欲地接以前通大夏[88]。乃遣使[89]歲十餘輩，出此初郡[90]，皆復閉昆明[91]，為所殺，奪幣物。於是漢發兵擊昆明，斬首數萬[92]。後復遣使，竟不得通。語在〈西南夷傳〉。

---

[80] 築令居以西：言築塞西至酒泉。令居，縣名，在今甘肅永登縣西。

[81] 酒泉郡：郡治祿福（今甘肅酒泉）。

[82] 奄蔡、犂靬、條支、身毒國：奄蔡，西域古族名，一作闔蘇，約分布於今咸海至黑海一帶，從事游牧。犂靬，漢西域國家之一，一作犁軒，即大秦國。條枝，古西域國名、地名，在安息西界，臨西海（指波斯灣），在今伊拉克境內。

[83] 賫操：謂賫持節及幣。賫，音ㄐㄧ，帶、送。操，持。

[84] 放：通「仿」，依。

[85] 益習而衰少：言以其串習，故不多發人。

[86] 遠者八九歲，近者數歲而反：此謂道遠則為時長，路近則為時短。

[87] 置牂柯、越巂、益州、沈黎、文山郡：參考〈西南夷傳〉。

[88] 欲地接以前通大夏：此謂欲地界相接前往大夏。

[89] 遣使：《史記》「遣使」之下，有「柏始昌、呂越人等」。

[90] 初郡：初置之郡，後皆叛而并廢之。

[91] 閉昆明：為昆明所閉。

[92] 漢發兵擊昆明，斬首數萬：時在元封二年（西元前 109 年）。

自騫開外國道以尊貴，其吏士爭上書言外國奇怪利害，求
使。天子為其絕遠，非人所樂[93]，聽其言[94]，予節，募吏民無問
所從來[95]，為具備人眾遣之，以廣其道。來還不能無侵盜市物，
及使失指[96]，天子為其習之，輒覆按致重罪，以激怒令贖，復求
使[97]。使端無窮，而輕犯法。其吏卒亦輒復盛推外國所有，言大
者予節，言小者為副，故妄言無行之徒皆爭相效。其使皆私縣官
賣物[98]；欲賤市以私其利[99]。外國亦厭漢使人人有言輕重[100]，
度[101]漢兵遠，不能至，而禁其食物，以苦漢使。漢使乏絕，責
怨，至相攻擊。樓蘭、姑師小國[102]，當空道[103]，攻劫漢使王恢等
尤甚。而匈奴奇兵又時時遮擊之。使者爭言外國利害[104]，皆有城

---

[93] 樂：《史記》作「樂往」。

[94] 聽其言：謂聽其請求而遣使之。

[95] 無問所從來：謂不論其來自何處及何種身分。

[96] 失指：乖天子指意。

[97] 天子為其習之……復求使：意謂武帝意以諸人皆習西域事，故因其有過失，傅致以重罪，激怒之使復求以自贖。

[98] 其使皆私縣官賣物：其使，《史記》作「其使皆貧人子」。私縣官賣物，言所賣官物，竊據為私有。

[99] 欲賤市以私其利：謂企圖以交易賤價上報而私吞其利。

[100] 輕重：意謂輕重不實。

[101] 度：估計。

[102] 樓蘭、姑師小國：樓蘭，古西域國名，王居捍泥城（在今新疆若羌縣治卡克里克），在西域南道上，居民游牧；元鳳四年（西元前77年）漢將傅介子殺其王安歸，立尉屠耆為王，改名為鄯善。姑師，即車師，古西域國名，約在初元元年（西元前48年）漢分其地為車師前後兩部等，後來皆屬西域都護；車師前部治交河城（今新疆吐魯番縣西交河古城遺址），後部治務涂谷（今新疆吉木薩爾縣南山中）。

[103] 空道：孔道。

[104] 外國利害：征服這些國家對漢朝有利。

邑，兵弱易擊。於是天子遣從票侯破奴[105]將屬國騎及郡兵數萬以擊胡，胡皆去。明年[106]，擊破姑師，虜樓蘭王。酒泉列亭鄣至玉門[107]矣。

　　而大宛諸國發使隨漢使來，觀漢廣大，以大鳥卵及犛靬眩人[108]獻于漢，天子大說[109]。而漢使窮河源，其山多玉石，采[110]來，天子案古圖書，名河所出山曰「昆侖」云。

　　是時，上方數巡狩海上，乃悉從外國客，大都多人則過之，散財帛賞賜，厚具饒給之，以覽視[111]漢富厚焉。大角氐[112]，出奇戲諸怪物，多聚觀者，行賞賜，酒池肉林，令外國客遍觀各倉庫府藏之積，欲以現[113]漢廣大，傾駭之。及加其眩者之工，而角氐奇戲歲增變，其益興，自此始。而外國使更來更去[114]。大宛以西皆自恃遠，尚驕恣，未可詘以禮羈縻而使[115]也。

　　漢使往既多，其少從率進孰[116]於天子，言大宛有善馬在貳師城[117]，匿不肯示漢使。天子既好宛馬，聞之甘心[118]，使壯士車令

---

[105] 破奴：趙破奴。時破奴已失侯，因此役更封浞野侯。

[106] 明年：元封三年（西元前 108 年）。

[107] 列亭鄣至玉門：鄣，通「障」。玉門，王門關，在今甘肅敦煌西北。

[108] 眩人：魔術師。

[109] 說：悅。

[110] 采：採取。

[111] 覽視：言示之令觀覽。視，通「示」。

[112] 角氐：秦漢時一種技藝表演，類似今之摔跤。

[113] 現：顯示。

[114] 更來更去：遞相來去，前後不絕。

[115] 羈縻而使：謂籠絡而指使之。

[116] 少從率進孰：少從，謂少數之從者。進孰，謂進甘言。

[117] 貳師城：在中亞安集延城之南。

[118] 甘心：快意。

等持千金及金馬請宛王貳師城善馬。宛國饒漢物[119]，相與謀曰：「漢去我遠，而鹽水中數有敗[120]，出其北有胡寇，出其南乏水草，又且往往而絕邑[121]，乏食者多，漢使數百人為輩來，常乏食，死者過半，是安能致大軍乎？且貳師馬，宛寶馬也。」遂不肯予漢使。漢使怒，妄言，椎金馬[122]而去。宛中貴人[123]怒曰：「漢使至輕我！」遣漢使去，令其東邊郁成王遮攻，殺漢使，取其財物。天子大怒。諸嘗使宛姚定漢等言：「宛兵弱，誠以漢兵不過三千人，強弩射之，即破宛矣。」天子以嘗使浞野侯[124]攻樓蘭，以七百騎先至，虜其王，以定漢等言為然，而欲侯寵姬李氏[125]，乃以李廣利為將軍，伐宛。

騫孫猛，字子游，有俊才，元帝時為光祿大夫[126]，使匈奴，給事中[127]，為石顯所譖[128]，自殺。

---

[119] 宛國饒漢物：意謂大宛素多漢物，故不貪千金與金馬。

[120] 鹽水中數有敗：鹽水，指鹽澤地區，為沙磧之地，在今羅布泊一帶。數有敗，言數有死亡。

[121] 絕邑：謂無城郭之居。

[122] 椎金馬：椎破金馬。

[123] 宛中貴人：宛國中之貴臣。

[124] 浞野侯：趙破奴。浞，音ㄓㄨㄛˊ。

[125] 欲侯寵姬李氏：欲封寵姬李夫人之兄弟。

[126] 光祿大夫：職官名。漢武帝時改中大夫為光祿大夫，為掌議論之官。

[127] 給事中：職官名。秦、漢時，無論何等官職，若加上給事中之銜稱，即可出入宮庭，常侍帝王左右。魏晉時始為正官。

[128] 譖：音ㄗㄣˋ，毀謗、誣陷。

時代意義

　　身處二十一世紀，常有人說要與國際接軌。其原因可能有所不同，如經濟、政治、文化、宗教、環保、科技、觀光、消費、婚姻等等。事實上，在全球一體化的趨勢下，一個國家已沒有閉關鎖國的歷史條件，國際關係中的對話、對抗、合作、援助、隔離、競爭等等情況更為複雜，因此小自個人、大自國家，如何與來自其他族群、文化的人們相處，是一個重要的課題。

　　在張騫本傳中，我們進行以下的討論。

　　首先，張騫性格上的優點，例如主動、積極、忠誠、信實、強毅，值得肯定。本傳云：「騫為人強力，寬大信人，蠻夷愛之。」可見，張騫堅強而有毅力，並且能得異族的信任。在被匈奴強留的期間，他「持漢節不失」，即使歷經艱難，仍然堅持到底。又云：「初，騫行時百餘人，去十三歲，唯二人得還。」為了出使異域，把自己的生命都置之度外。第一次出使回國之後，為太中大夫，後隨軍擊匈奴，因功封為博望侯。其後因延誤軍期當斬，後以博望侯爵位贖罪，贖為庶人。「騫既失侯」又自動提出交結烏孫的計畫。

　　其次，張騫及漢朝廷處理對外關係時，似有些想當然耳。張騫云：「今單于新困於漢，而昆莫地空。蠻夷戀故地，又貪漢物，誠以此時厚賂烏孫，招以東居故地，漢遣公主為夫人，結昆弟。其勢宜聽，則是斷匈奴右臂也。」但是，「騫既至烏孫，致賜諭指，未能得其決。」後來，張騫回國，有烏孫使者陪同，「因令窺漢，知其廣大」。張騫通西域，確實有一些外交方面的成效。本傳云：「歲餘，騫卒。後歲餘，其所遣副使通大夏之屬者皆頗與其人俱來，於是西北國始通于漢矣。然騫鑿空，諸後使往者皆稱博望侯，以為質於外國，外國由是信之。其後，烏孫竟與漢結婚。」「漢始築令居以西，初置酒泉郡，以通西北國。因益發使抵安息、奄蔡、犛軒、條支、身毒國。」

　　可惜，後來出使外國的人多有私心。本傳云：「自騫開外國道以尊

貴，其吏士爭上書言外國奇怪利害，求使。」又云：「妄言無行之徒皆爭相效」，而「外國亦厭漢使人人有言輕重」，不僅引起外交糾紛，反而唆使朝廷對外用兵。

　　其實，當時出使外國是危險與機遇並存的事，本不缺乏有勇氣、敢冒險、肯拚搏的人。可是，武帝及漢朝廷對域外的瞭解不足，未有周全的籌畫，再加上所用非人，難免魚龍混雜，多為不法；人員未經培訓，素養參差不齊。這些缺失，是漢初外交所費者多而所得者少的原因之一。

　　另外，漢朝在對待異國時，有主屬地位而無平等交往的概念，常有天朝上國的優越感。本傳云：「是時，上方數巡狩海上，乃悉從外國客，大都多人則過之，散財帛賞賜，厚具饒給之，以覽視漢富厚焉。」常以老大自居，好大喜功、不僅勞民傷財，而且傲慢歧視，如何能維繫友好的外交關係。

編撰者：陳文豪

延伸閱讀

1. 吳芳思、Frances Wood 著，趙學工譯，《絲綢之路 2000 年》，濟南：山東畫報出版社，2008 年。

2. 沈福偉，《中西文化交流史》，臺北：台灣東華書局，1989 年。

3. 藍玉春，《中國外交史—本質與事件、衝擊與回應》，臺北：三民書局，2007 年。

參考資料

1. 吳榮增、劉華祝等，《新譯漢書》，臺北：三民書局，2013 年。

2. 施之勉，《漢書集釋》，臺北：三民書局，2003 年。

3. 程新發，《白話漢書》，臺北：新世界出版社，2014 年。

中國第一部字典的作者——許慎

《後漢書·許慎傳》

導讀

　　本文節錄自范曄《後漢書·儒林傳》。「儒林」之中，記載經學家的傳記，內容按經傳分類，並以時間爲序，上接《漢書》所載，記東漢經學的源流。

　　自漢武帝「獨尊儒術」，經學即與政治結合，從官方到民間經學成爲唯一的正統學說，而《五經》成爲思想與政治生活必須遵循的基本原則。由於所據文本不同和師承不一，因而在闡發和解釋之中形成了思想與風格各異的主張。

　　《後漢書·儒林傳序》云：「及光武中興，愛好經術，未及下車，而先訪儒雅，採求闕文，補綴漏逸。先是四方學士多懷挾圖書，遁逃林藪。自是莫不抱負墳策，雲會京師，范升、陳元、鄭興、杜林、衛宏、劉昆、桓榮之徒，繼踵而集。於是立五經博士，各以家法教授，易有施、孟、梁丘、京氏，尚書歐陽、大小夏侯，詩齊、魯、韓，禮大小戴，春秋嚴、顏，凡十四博士，太常差次總領焉。……東京學者猥衆，難以詳載，今但錄其能通經名家者，以爲《儒林篇》。」本文節選了〈儒林傳〉之許慎、蔡玄的傳記及〈儒林傳〉末的論贊，試以認識東漢經學家鑽研學術的精神，並可見東漢經學的特色與流變。

　　其中特別值得注意的是許慎（西元 58 ？－147 ？年）這位學者。許慎，東漢經學家、文字學家。專攻古文經學，時人譽爲「五經無雙許叔

重」。在經學、文字學的成就，頗受當時及後世的推崇。

許慎以通經名家，著有《五經異義》，今已亡佚。又著有《說文解字》十四卷，爲中國第一部系統分析字形和考究字源的專著，對後世影響很大。

許慎〈說文解字敘〉指出當時：「諸生競逐說字，解經誼，稱秦之隸書爲倉頡時書，云：『父子相傳，何得改易！』乃猥曰：『馬頭人爲長，人持十爲斗，虫者，屈中也。』廷尉說律，至以字斷法：『苛人受錢，苛之字止句也。』若此者甚眾，皆不合孔氏古文，謬於《史籀》。俗儒鄙夫，翫其所習，蔽所希聞。不見通學，未嘗睹字例之條。怪舊執而善野言，以其所知爲秘妙，究洞聖人之微恉。又見〈倉頡篇〉中『幼子承詔』，因曰：『古帝之所作也，其辭有神僊之術焉。』其迷誤不諭，豈不悖哉！」

許慎指出文字的重要性及撰寫《說文解字》的體例：「蓋文字者，經藝之本，王政之始。前人所以垂後，後人所以識古。故曰：『本立而道生。』知天下之至賾而不可亂也。今敘篆文，合以古籀；博采通人，至於小大；信而有證，稽譔其說。將以理群類，解謬誤，曉學者，達神恉。分別部居，不相雜廁也。」而許慎耗費無數心血所完成的《說文解字》，亦不愧是文字學史上了不起的鉅著。

本文及註釋

許慎字叔重，汝南召陵[1]人也。性淳篤，少博學經籍，馬融[2]常推敬之，時人為之語曰：「《五經》無雙許叔重。」為郡功

---

[1] 汝南召陵：今河南郾城。
[2] 馬融：馬融（西元 79–166 年），字季長，茂陵（今陝西興平縣東北）人，東漢學者。從學者常千數，著《三傳異同說》，注《孝經》、《論語》、《詩》、《易》、《尚書》、《三禮》等。

曹³，舉孝廉⁴，再遷除浚⁵長。卒於家。

初，慎以《五經》傳說臧否⁶不同，於是撰為《五經異義》，又作《說文解字》⁷十四篇，皆傳於世。

蔡玄字叔陵，汝南南頓⁸人也。學通《五經》，門徒常千人，其著錄⁹者萬六千人。徵辟¹⁰並不就。順帝特詔征拜議郎¹¹，講論《五經》異同，甚合帝意。遷侍中¹²，出為弘農太守¹³，卒官。

論曰：自光武¹⁴中年以後，干戈稍戢¹⁵，專事經學，自是其

---

3 郡功曹：職官名。負責選署功勞工作。漢代有功曹吏，爲郡屬吏。

4 舉孝廉：漢朝的一種取士制度。指地方官向朝廷推薦孝順父母、清廉方正的人出來做官。

5 浚：音ㄒㄧㄠˋ，縣名。漢代設置，約在今安徽靈壁縣南方五十里，許慎曾任縣長。

6 臧否：音ㄗㄤ ㄆㄧˇ，是非得失。

7 說文解字：書名。東漢許慎撰，三十卷，爲我國第一部有系統分析字形及考究字源的字書。按文字形體及偏旁構造分列五百四十部，首創部首編排法。字體以小篆爲主，收錄九千三百五十三字，列古文、籀文等異體爲重文，共計一千一百六十三字。每字下的解釋大抵先說字義，次及形體構造及讀音，依據六書解說文字。晚近注家以清段玉裁、桂馥、朱駿聲、王筠最爲精博。簡稱爲「說文」。

8 汝南南頓：今河南項城西。

9 著錄：先後註冊在籍。

10 徵辟：爲舊時任用官員的一種制度。

11 議郎：職官名。秦代設置，掌論議，晉以後廢除。

12 侍中：職官名。秦置五人，往來殿內東廂奏事。漢以爲加官，分掌乘輿服物，侍於君王左右，與聞朝政，爲皇帝親信重臣。

13 弘農太守：弘農，地名，漢元鼎四年（西元前113年）置郡，治弘農，故城在今河南靈寶縣南四十里。太守，職官名，一郡之長，宋以後改郡爲府，故知府亦別稱爲「太守」。

14 光武：帝號，指漢光武帝劉秀。

15 戢：音ㄐㄧˊ，將兵器收聚而藏。

風世篤焉。其服儒衣[16]，稱先王[17]，遊庠序[18]，聚橫塾[19]者，蓋布之於邦域矣。若乃經生所處，不遠萬里之路，精廬[20]暫建，贏糧[21]動有千百，其耆[22]名高義開門受徒者，編牒[23]不下萬人，皆專相傳祖，莫或訛[24]雜。至有分爭王庭[25]，樹朋私里，繁其章條[26]，穿求崖穴[27]，以合一家之說[28]。故楊雄[29]曰：「今之學者，非獨為之華藻[30]，又從而繡其鞶帨[31]。」夫書理無二[32]，義歸有宗[33]，而碩學[34]之徒，莫之或徙[35]，故通人鄙其固[36]焉，又雄所

---

[16] 儒衣：章甫之冠，縫掖之衣。章甫，指禮冠。縫掖，袖子寬大的衣服。章甫縫掖指儒者的服飾。

[17] 先王：古代聖王。

[18] 庠序：音ㄒㄧㄤˊ ㄒㄩˋ。庠與序，皆為古時學校的名稱。

[19] 橫塾：學校。橫，音ㄏㄨㄥˊ，又作黌。

[20] 精廬：學舍或精緻優雅的房舍。此指講讀之舍。

[21] 贏糧：攜帶著糧食。贏，擔負。

[22] 耆：音ㄑㄧˊ，本指六十歲的老人，後為對老人的通稱。

[23] 牒：古代用來書寫的小而薄的竹簡或木片。

[24] 訛：錯誤。

[25] 王庭：朝庭。

[26] 章條：章程、規則。

[27] 穿求崖穴；穿求，搜求、尋求。崖穴，比喻隱秘。

[28] 一家之說：成為體系的獨特見解。

[29] 楊雄：西元前53–前18年，字子雲，西漢哲學家、文學家、語言學家，蜀郡成都（今四川成都郫縣）人。仿《論語》作《法言》，仿《易經》作《太玄》。以下引用《法言》之文。

[30] 華藻：華麗的辭藻。

[31] 繡其鞶帨：喻學者文煩碎。鞶帨，音ㄆㄢˊ ㄕㄨㄟˋ，大帶與佩巾。

[32] 無二：專一。

[33] 有宗：有宗旨。

[34] 碩學：學識淵博。

[35] 莫之或徙：謹守不改。

[36] 固：鄙陋。

謂「譊譊[37]之學，各習其師」也。且觀成名高第，終能遠至者，蓋亦寡焉，而迂滯若是矣。然所談者仁義，所傳者聖法也。故人識君臣父子之綱，家知違邪歸正之路。

自桓、靈之間，君道秕僻[38]，朝綱日陵[39]，國隙屢啓[40]，自中智[41]以下，靡不審其崩離；而權彊之臣，息其闚盜之謀[42]，豪俊之夫，屈於鄙生之議[43]者，人誦先王言也，下畏逆順勢[44]也。至如張溫[45]、皇甫嵩[46]之徒，功定天下之半，聲馳四海之表，俯仰顧眄，則天業可移，猶鞠躬昏主[47]之下，狼狽折札之命[48]，散成兵，就繩約[49]，而無悔心，暨乎剝橈自極[50]，人神數盡，然後群英乘其運，世德終其祚。跡[51]衰敝之所由致，而能多歷年所者，斯豈非學之效乎？故先師垂典文，褒勵學者之功，篤矣切矣。不

---

[37] 譊譊：音ㄋㄠˊ ㄋㄠˊ，爭辯聲。

[38] 秕僻：比喻政事和教化的不善。秕，音ㄅㄧˇ，穀不成。

[39] 陵：漸趨衰敗。

[40] 啓：發生。

[41] 中智：中等才智。

[42] 權彊之臣，息其闚盜之謀：此謂皇甫嵩不肯亡漢而自立。

[43] 豪俊之夫，屈於鄙生之議：此謂董卓欲大兵，鄭泰止之，卓從其言。

[44] 人誦先王言也，下畏逆順勢：此謂政化雖壞，而朝久不傾危者，以經籍道行，下人懼逆順之勢。

[45] 張溫：西元？－191年，字伯慎，東漢末年南陽邵穰縣（今河南鄧州市）人，位至太尉。

[46] 皇甫嵩：西元？－195年，字義眞，東漢末年涼州安定朝那（今寧夏彭陽）人，平黃巾之亂有功，官至太尉。

[47] 昏主：指獻帝。

[48] 狼狽折札之命：謂析簡而召，言不勞重命。札，簡。

[49] 就繩約：謂張溫、皇甫嵩並徵而就拘制。繩約，猶拘制。

[50] 剝橈自極：謂漢朝國運自然終結。橈，音ㄋㄠˊ，彎曲。極，終。

[51] 跡：尋。

循《春秋》[52]，至乃比於殺逆，其將有意乎！

　　贊曰：斯文未陵，亦各有承[53]。塗分流別，專門並興[54]。精疏殊會，通閡相徵[55]。千載不作，淵原誰澂[56]？

時代意義

　　論贊云：「分爭王庭，樹朋私里，繁其章條，穿求崖穴，以合一家之說。」這種各是其所是，各非其所非的現象，難免有「迂滯」的問題，這是許愼及其他學者必須在經學異同及文字學上努力思辨的主要背景。

　　我們從蔡玄的身上，看見東漢社會盛行的讀經風氣，這雖說與利祿之途有關，但當時學生好學上進的熱誠，不辭辛勞，負笈千里，成千上萬的學生在一位老師的門下學習，這樣的盛況，實在令人嘆爲觀止。而東漢學生珍惜每一個學習的機會，也是值得我們效法的榜樣。

　　論贊所言：「其服儒衣，稱先王，遊庠序，聚橫塾者，蓋布之於邦域矣。若乃經生所處，不遠萬里之路，精廬暫建，嬴糧動有千百，其耆名高義開門受徒者，編牒不下萬人，皆專相傳祖，莫或訛雜。」當時名校名師的光環效應，與現代名校名師的受歡迎的程度，眞是不相上下。之所以有這樣的盛況，原因在於社會穩定及政策上的扶持。論贊提到：「自光武中年以後，干戈稍戢，專事經學，自是其風世篤焉。」如果政治、社會秩序崩潰了，不太可能推動敎育事業的發展。和平、繁榮等等條件，是不論古

---

[52] 春秋：書名。孔子據魯史修訂而成，爲編年體史書。所記起自魯隱公元年（西元前 722 年），迄魯哀公十四年（西元前 481 年），共二百四十二年。其書常以一字一語之褒貶寓微言大義，使亂臣賊子懼。

[53] 斯文未陵，亦各有承：謂斯文未陵遲，故學者分門，各自承襲其家業。

[54] 塗分流別，專門並興：謂說經者各是其一家。

[55] 精疏殊會，通閡相徵：謂或精或疏，或通或閡，去聖既久，莫知是非。

[56] 千載不作，淵原誰澂：謂若千載一聖，不復作起，則泉原混濁，誰能澄清世道。

今，教育有所成就的重要因素之一。

論贊提到東漢風俗之美，「人識君臣父子之綱，家知違邪歸正之路」，而且東漢之所以「能多歷年所」，就在於儒學的效用。「先師垂典文，褒勵學者之功，篤矣切矣。」像這類感嘆式的句子，不僅來自於儒學傳統深入人心的影響，也是范曄個人學術趣向的選擇。儒者強調道德修養、施行仁政、崇尚教育這些修齊治平的道理，對現代人而言，仍然有其正面的價值。

當然，個人生命意義的追求，及家庭、社會的安定與永續，需要每一個人的真誠奮鬥，更需要社會安定，經濟發展、平等法治等等條件的配合。如果以更開通的心態去看待曾經的經學時代，我們會佩服古代儒者為理想、為信仰奉獻的精神。即使現代已不是一個讀經的時代，也不必要復古成為一個讀經的時代。我們仍然希望人人在為稻粱謀之外，依然擁有一點點崇高的理想，在追求健康幸福的生活、完成個人生涯規畫的同時，能有更多利他、悲憫、同情的心腸與行動。

這樣成己成人的學問，是我們努力學習的目標。

編撰者：陳文豪

延伸閱讀

1. 王寧，《漢字構形講座》，臺北：三民書局，2013 年。
2. 皮錫瑞，周予同注釋，《經學歷史》，北京：中華書局，1959 年。

參考資料

1.王先謙，《後漢書集解》，北京：中華書局，2013 年。
2.楊家駱，《新校本後漢書》，臺北：鼎文書局，1999 年。
3.魏連科等，《新譯後漢書》，臺北：三民書局，2013 年。

世界醫史上第一位使用麻醉藥的醫生——華佗

《後漢書‧華佗傳》

　　我們常說：人命一條值多少？答案很奇怪，是「無價」。奇怪的原因在於它呈顯了人命的兩種極端際遇：價值連城與不值一文。

　　在疫病流行、災禍頻仍的時代，什麼都缺，就是人命嫌多。天地用最不仁的方式，昭告人命是一種生產過剩的產品，連回收的價值也無，直接且巨量丟棄是最省事的辦法。在這種連眼淚都是多餘的時刻，卻沒想到竟出現了中國歷史上最著名的神醫——華佗。這是黑暗的曙光嗎？還是上天給這個時代開的一個更惡劣的玩笑？衡諸歷史上另一位神醫扁鵲，也是出現在多事之（春）秋，這真是一種弔詭，天意叫他們證明什麼呢？是人命無價，抑或人命有價？

　　華佗的出生地是個特殊的地點，劉邦、曹操，這兩個漢代一始一終的著名人物都跟他是同鄉。但華佗似乎與這個大漢朝廷沒有緣分，許多官員舉薦，但他沒意思任官，後來跟在曹操身邊，為了想離去還招來殺生之禍。看來華佗是對的，政治最擅長的往往是殺人，不僅殺人於無形，還常常故意要殺人於有形。作為醫生的他，一顆只懂得醫病救命的單純心思，又怎麼有辦法理解如何宦海浮沈而不溺斃的技巧？更何況殺人與救人之間，是多大的行為矛盾與態度對立！只是他可能萬萬也想不到，政治比死神還可怕、比天地還不仁！他「恃能」、「厭食事」的普通行徑，被政治放大成大逆不道的死罪，於是亂世之中人命唯一救贖的神，被宣判成為

「鼠輩」，遭到了撲殺。

只是這隻鼠輩，像極了迪士尼那隻，竟招搖過街，成爲家喻戶曉的人物，比起劉邦、曹操，有過之而無不及！他雖然不諳政治，但他洞悉人體，甚至到了透視的地步。傳文中的許多病例，他通常只是一「望」，憑容貌氣色便斷人痼疾；還有路過一「聞」，就聽出病在何處；不然就是一「切」，從手腕脈象便知肚裏乾坤。看病看病，病是看出來、聽得到、摸得著的！似乎可以認爲，醫術是一種另類的命相，豈不見華佗單憑看相、摸骨（把脈），就能斷人生死、預知後事！

許多學者都認爲命相、醫術乃是經驗法則，誠然。但連外科手術都如此醫技通神，那華佗臨床實驗的次數想必驚人。史傳記載，針、藥都不能有效到達的身體深處，華佗會採用外科手術的方法，於是開膛剖肚、割除潰瘍，洗滌腐穢……，他像是光明使者，雙手掰開體內深不見底的陰暗，使之攤在陽光之下。接著用線縫合，就像施行魔法般，一切恢復如初，塗上藥膏，四、五日除痛，一月間康復。說他是神，並非否定醫術作爲經驗法則的基本性質，而是透過這樣的人間法則，有人能在閻王簿裏把名單塗去，在奈何橋邊把人帶回，一次次的博奕，輸的都是死神，那麼死神不再是神，他才是神。

這其中著名的「麻沸散」，在現今醫學看來，乃是再簡單不過的麻醉技術。只是如果我們把發明或使用「火」，當作人類文明的里程碑，那麼華佗因使用麻醉術而被譽爲神醫，尊爲「外科鼻祖」，真的並不爲過。後來西方文明發達，歐美全身麻醉的外科手術紀錄始於十八世紀初，比華佗足足晚一千六百餘年。要知道，他們使用火的歷史記載，可不比中國晚。

但他終究沒留下任何著作以供後學能站在他的肩膀上繼續發揚中醫。據說他曾歸納自己的醫療經驗與理論寫成了《青囊經》，可惜沒能流傳下來。傳文中說獄卒不敢收下他畢生的心血，使得華佗親自在獄中燒了它。另一傳說則是這部著作被獄卒收下，轉交給他妻子後，妻子在他墓前燒煅，只留下被獄卒搶救下的殘卷。可惜嗎？也許。只是在那樣的氛圍下，在這麼一位行醫濟世、活人無數的偉大靈魂竟被污穢的政治，尤其是他醫

治的病患給親手終結……，那麼人間眞有資格保存、受用他畢生的寶貴資產嗎？只能說，人間與他的著作無緣，就如他與漢代的政治無緣一般！

本文及註釋

　　華佗，字元化，沛國譙人[1]也，一名旉。遊學徐土[2]，兼通數經。沛相陳珪舉孝廉[3]，太尉黃琬闢[4]，皆不就[5]。

　　曉養性之術，時人以爲年且[6]百歲，而貌有壯容[7]。又精方藥，其療疾，合湯[8]不過數種，心解分劑[9]，不復[10]稱量，煮熟便飲，語其節度[11]，舍去輒愈[12]。若當灸[13]，不過一兩處，每處不過

---

1. 沛國譙人：華佗與同時代的曹操都是沛國譙人。漢代行「郡國制」。西漢時設沛郡，東漢時改爲沛國，治所爲相縣，故城址在今安徽省濉溪縣西北。譙，縣名，在今安徽亳縣。
2. 徐土：指徐州。西漢武帝時，置徐州刺史部，轄境相當今江蘇長江以北和山東東南部地區。
3. 孝廉：漢代選拔人才的科目衆多，孝廉爲其中之一，凡孝子、廉士，或品學皆優、有令名（美名）者，均可被推薦爲孝廉。
4. 闢：徵召任用。
5. 就：指就任、就職。
6. 且：將。
7. 壯容：壯年的容貌。古人以三十歲爲壯，這是形容華佗養生有道、駐顏有術。
8. 合湯：調製湯藥。
9. 心解分劑：指華佗配藥精熟，已熟稔份量。另有版本作「心識分銖」。分劑，藥劑的份量。
10. 不復：不再、不必。另有版本作「不假」。
11. 語其節度：告訴病患服藥的方法和注意事項。
12. 舍去輒愈：舍去，離去，指華佗一離開。輒，每每。愈，通「癒」。
13. 灸：中醫療法，點燃由艾葉等藥物製成的艾炷或艾卷，熏熱人體的體穴表面，以達治療目的的方法。

七八壯[14]，病亦應除[15]。若當針，亦不過一兩處，下針言：「當引[16]某許[17]，若至，語人。」病者言：「已到。」應便拔針，病亦行差[18]。若病結積在內，針藥所不能及，當須刳[19]割者，便飲其麻沸散[20]，須臾便如醉死，無所知，因破取。病若在腸中，便斷腸湔[21]洗，縫腹膏摩[22]，四五日差，不痛，人亦不自寤[23]，一月之間，既平復矣。

府吏兒尋[24]、李延共止[25]，俱頭痛身熱，所苦正同。佗曰：「尋當下之[26]，延當發汗。」或難[27]其異。佗曰：「尋外實，延內實[28]。故治之宜殊。」即各與藥，明旦並起。

佗行道[29]，見一人病咽塞，嗜食而不得下，家人車載欲往就醫。佗聞其呻吟，駐車[30]往視，語之曰：「向[31]來道邊有賣餅

---

[14] 壯：中醫艾灸法術語，一灼爲一壯。
[15] 應除：應手而除。
[16] 引：牽動、延伸。
[17] 許：位置、地方。
[18] 行差：行，很快。差，通「瘥」，病癒。
[19] 刳：剖。
[20] 麻沸散：古代類似麻醉劑的藥方。
[21] 湔：洗。
[22] 摩：塗抹、敷塗。
[23] 不自寤：沒感覺。寤，醒，引申爲感覺。
[24] 兒尋：指倪尋。
[25] 止：至，指前來就醫。
[26] 下之：指令其瀉。
[27] 難：質疑。
[28] 尋外實，延內實：《太平御覽》和元刻本《類證普濟本事方》卷九《傷寒時疫》均作「尋內實，延外實」。
[29] 行道：行於道中。
[30] 駐車：停下車。
[31] 向：通「嚮」，剛才。

家，蒜齏大酢[32]，從取三升飲之，病自當去。」即如佗言，立吐蚘[33]一枚，縣[34]車邊，欲造[35]佗。佗尚未還，小兒戲門前，逆[36]見，自相謂曰：「似逢我公，車邊病[37]是也。」疾者前入坐，見佗北壁縣此蚘輩約以十數。

又有一郡守病，佗以為其人盛怒則差[38]，乃多受其貨[39]而不加治，無何[40]棄去，留書罵之。郡守果大怒，令人追捉殺佗。郡守子知之，屬[41]使勿逐。守瞋恚既甚，吐黑血數升而愈。

又有一士大夫不快[42]，佗云：「君病深，當破腹取。然君壽亦不過十年，病不能殺君[43]，忍病十歲，壽俱當盡[44]，不足[45]故[46]自剖裂。」士大夫不耐痛癢，必欲除之。佗遂下手，所患尋[47]差，十年竟[48]死。

---

[32] 蒜齏大酢：蒜齏，蒜泥。齏，搗碎的薑、蒜、韭菜等。大酢，極酸的醋。酢，醋。

[33] 蚘：蛇，在此指寄生蟲。

[34] 縣：懸。

[35] 造：拜訪，在此指拜謝。

[36] 逆：迎面。

[37] 車邊病：指掛在車邊的寄生蟲。

[38] 盛怒則差：生氣大怒，病才會好。

[39] 貨：錢財，指診療費。

[40] 無何：不久。

[41] 屬：通「囑」，吩咐。

[42] 不快：不舒服。

[43] 病不能殺君：指此病不會致命。

[44] 壽俱當盡：此十年後病與壽命會同時結束。

[45] 不足：不值得。

[46] 故：特意。

[47] 尋：不久。

[48] 竟：終究。

　　廣陵太守陳登得病，胸中煩懣，面赤不食。佗脈[49]之曰：
「府君胃中有蟲數升，欲成內疽[50]，食腥物[51]所為也。」即作湯
二升，先服一升，斯須[52]盡服之。食頃[53]，吐出三升許蟲，赤頭
皆動，半身是生魚膾也，所苦便愈。佗曰：「此病後三期[54]當
發，遇良醫乃可濟救。」依期果發動，時佗不在，如言而死。

　　太祖[55]聞而召佗，佗常在左右。太祖苦頭風[56]，每發，心亂
目眩。佗針鬲[57]，隨手而差。

　　李將軍妻病甚，呼佗視脈。曰：「傷娠[58]而胎不去。」將軍
言：「聞實傷娠，胎已去矣。」佗曰：「案[59]脈，胎未去也。」
將軍以為不然。佗舍去，婦稍小差。百餘日復動，更呼佗。佗
曰：「此脈故事[60]有胎。前當生兩兒，一兒先出，血出甚多，後
兒不及生。母不自覺，旁人亦不寤，不復迎，遂不得生。胎死，
血脈不復歸[61]，必燥著母脊[62]，故使多脊痛。今當與湯，並針一

---

[49] 脈：診脈。
[50] 疽：一種毒瘡。
[51] 腥物：指生肉。
[52] 斯須：片刻，一會兒。
[53] 食頃：約一頓飯的時間。
[54] 三期：三年。期，通「朞」，一周年。
[55] 太祖：指魏太祖曹操。
[56] 頭風：因風寒入侵或氣血壅滯所導致的慢性陣發性頭痛，相當於現代醫學的
　　緊張性頭痛、偏頭痛等。
[57] 鬲：通「膈」，分隔胸腔與腹腔的膜狀肌肉，或稱為「膈膜」、「橫膈
　　膜」。
[58] 傷娠：小產、流產。
[59] 案：根據。
[60] 故事：往昔經驗、病例。
[61] 血脈不復歸：母親之血脈無法傳輸至胎兒。
[62] 燥著母脊：胎死腹中而變枯燥，附著於母體背脊。

處，此死胎必出。」湯針既加，婦痛急如欲生者。佗曰：「此死胎久枯，不能自出，宜使人探之⁶³。」果得一死男，手足完具，色黑，長可尺所⁶⁴。

佗之絕技，凡此類也。然本作士人，以醫見業⁶⁵，意常自悔。後太祖親理⁶⁶，得病篤重，使佗專視。佗曰：「此近難濟⁶⁷，恆事攻治，可延歲月。」佗久遠家思歸，因曰：「當⁶⁸得家書，方欲暫還耳。」到家，辭⁶⁹以妻病，數⁷⁰乞期不反⁷¹。太祖累書呼，又敕郡縣發遣⁷²。佗恃能厭食事⁷³，猶不上道。太祖大怒，使人往檢，若妻信⁷⁴病，賜小豆四十斛，寬假限日；若其虛詐，便收送⁷⁵之。於是傳付許獄⁷⁶，考驗首服⁷⁷。荀或請曰：「佗術實工，人命所縣，宜含宥⁷⁸之。」太祖曰：「不憂，天下

---

⁶³ 探之：用手探取。

⁶⁴ 長可尺所：此指大約一尺長。可、所，都是大約、左右的意思。

⁶⁵ 見業：被延攬任用。華佗後來被曹操延請，擔任類似其專屬醫師。見，被。

⁶⁶ 親理：指曹操權越大，國家大政皆總攬於身。

⁶⁷ 近難濟：短期之內難以治癒。濟，癒。

⁶⁸ 當：剛剛、方才。

⁶⁹ 辭：托辭、藉口。

⁷⁰ 數：多次。

⁷¹ 乞期不反：乞期，請求延期。反，通「返」。

⁷² 敕郡縣發遣：指曹操以皇帝的名義下詔令華佗回返。敕，皇帝詔令。發遣，發令遣返。

⁷³ 食事：指以侍奉他人維生。

⁷⁴ 信：實在、真的。

⁷⁵ 收送：收，逮捕。送，送官治罪。

⁷⁶ 傳付許獄：傳，遞解，即押送犯人。許獄，許昌的監獄，許昌為當時的都城。

⁷⁷ 考驗首服：考驗，拷打審訊。考，通「拷」。首服，伏首認罪。服，通「伏」。

⁷⁸ 含宥：寬恕。含，包容。宥，寬恕、赦免。

當無此鼠輩耶？」遂考竟[79]佗。佗臨死，出一卷書與獄吏，曰：
「此可以活人。」吏畏法不受，佗亦不彊[80]，索火燒之。佗死
後，太祖頭風未除。太祖曰：「佗能愈此。小人養吾病[81]，欲以
自重，然吾不殺此子，亦終當不為我斷此根原耳。」及後愛子倉
舒[82]病困，太祖歎曰：「吾悔殺華佗，令此兒彊死[83]也。」

初，軍吏李成苦欬嗽[84]，晝夜不寐[85]，時吐膿血，以問佗。
佗言：「君病腸癰[86]，欬之所吐，非從肺來也。與君散[87]兩錢，
當吐二升餘膿血，訖[88]，快，自養，一月可小起，好自將愛[89]，
一年便健。十八歲當一小發，服此散，亦行復差。若不得此藥，
故[90]當死。」復與兩錢散，成得藥去。五六歲，親中人有病如成
者，謂成曰：「卿今彊健，我欲死，何忍無急去[91]藥，以待不

---

[79] 考竟：在獄中處死。《釋名·釋喪志》：「獄死曰考竟，考得其情，竟其命
　　於獄也。」
[80] 彊：勉強。
[81] 小人養吾病：指曹操認為華佗本可治好他的頭風病，但卻不根治，讓病根留
　　著，所謂養吾病。
[82] 倉舒：曹操之子曹沖，字倉舒。曹沖為曹操庶子，幼時即有神童稱號，但曹
　　沖早夭，十三歲便過世。曹沖深得曹操喜愛，傳聞曹操有意讓曹沖繼承其
　　位，因此曹操殺華佗時不為自己擔憂，卻為曹沖後悔。
[83] 彊死：硬是死去。指原本可救，卻眼睜睜地看其死去。
[84] 欬嗽：咳嗽。
[85] 晝夜不寤：寤，應作「寐」，《後漢書·方術列傳》作「寐」。寐，入睡。
[86] 癰：癰，潰爛的毒瘡。
[87] 散：藥散。
[88] 訖：結束，指吐完後。
[89] 將愛：將，休息、調養。愛，愛惜、保重。
[90] 故：通「固」，一定。
[91] 去：通「棄」，沒用。

祥？先持貸 [92] 我，我差，為卿從華佗更索 [93]。」成與之。已故到譙 [94]，適值佗見收 [95]，忽忽 [96] 不忍從求。後十八歲，成病竟發，無藥可服，以至於死。

廣陵吳普、彭城樊阿皆從佗學。普依準佗治，多所全濟。佗語普曰：「人體欲得勞動，但不當使極 [97] 爾。動搖則穀氣 [98] 得消，血脈流通，病不得生，譬猶戶樞不朽是也。是以古之仙者為導引 [99] 之事，熊頸鴟顧 [100]，引輓 [101] 腰體，動諸關節，以求難老。吾有一術，名五禽之戲：一曰虎，二曰鹿，三曰熊，四曰猨 [102]，五曰鳥。亦以除疾，並利蹄足，以當導引。體中不快，起作一禽之戲，沾濡汗出 [103]，因上著粉 [104]，身體輕便，腹中欲食。」普施行之，年九十餘，耳目聰明，齒牙完堅。阿善針術，凡醫咸言背及胸藏 [105] 之間不可妄針，針之不過四分，而阿針背入一二寸，巨

---

[92] 貸：借。

[93] 更索：復求。

[94] 已故到譙：指友人病好後專程到華佗故鄉（譙）去找華佗求藥。已，病癒。故，特意。

[95] 見收：被逮捕。見，被。

[96] 忽忽：通「匆匆」，急促之間。

[97] 極：過度。

[98] 穀氣：食物之氣，進食後積聚於人體，若積鬱不消，則容易致病。

[99] 導引：藉由身體動作來引導身上氣息血脈之暢通。

[100] 熊頸鴟顧：像熊那樣晃動脖子，像鴟鷹那樣左右顧盼。

[101] 引輓：引，伸展。輓，通「挽」，牽引。

[102] 猨：猿。

[103] 沾濡汗出：汗出濕潤。

[104] 因上著粉：在身體上抹上爽身之粉。

[105] 藏：通「臟」，以下皆同。

闕胸藏針下五六寸，而病輒皆瘳[106]。阿從佗求可服食益於人者，佗授以漆葉青黏散：漆葉屑一升，青黏屑十四兩，以是為率[107]。言久服去三蟲[108]，利五藏，輕體，使人頭不白。阿從其言，壽百餘歲。漆葉處所而有[109]，青黏生於豐、沛、彭城及朝歌云。

時代意義

醫，原本是個很巫術的職業，想像那個畫面：巫師祈引神鬼之力，驅走病患身體邪穢。一場小小的、以個人或族群為戰場的正邪拉鋸，最後劃下句點，這是神！在這種情形下，巫醫也不過是神之右手，是恩賜與奇蹟的媒介物而已。

無法乞靈於神鬼，像華佗這種醫生便須埋首於醫典，遊走在病源與哀號的間隙，與死神進行一場場賭博，輸了便賠上人命為代價；贏了，逼得冥王不得不將追魂奪命的行程延後，這也是神！在這種高明的醫術下，神醫像是一位人命的理財員，只為客戶爭取到暫時的債務展延。

台灣吹起的是另一陣風潮。一位位白袍醫生陸續從白色巨塔現出身影，宣稱他們醫人所累積的點數要兌換成為醫國的 credit。果真，他們紛紛獲得了預期的禮物，巨型手術枰上橫躺著百病叢身的國家機器，待人宰割。我們宣稱這叫白色力量，這也是神！無論姓柯、姓賴或姓涂，他們尾隨著一位名喚孫文的前輩，開始了新世代的造神運動。

於是我們迷惘了，究竟行醫是一種宗教事業、醫療專業，或是政治服務業？但這種迷思其實只突顯了我們是凡夫俗子，因為既然稱「神」，那

---

[106] 瘳：病癒。

[107] 率：比例。

[108] 三蟲：一般指蛔蟲、赤蟲、蟯蟲三種寄生蟲。這裡泛指多種寄生蟲。三，多的意思。

[109] 處所而有：處處皆有。

便無所不能！任何行業、一切大小難題必然在他們，不，在祂們手上迎刃（那把手術刀啊）而解。這麼說來，華佗不配稱為「神」醫，因為他只知謹守於自己醫藥的領域，渾不敢越界到政治之中，且還被政治絞殺。他能與天鬥、與死神鬥，卻鬥不過人！終歸，人禍是最可怕的疫病，連神醫也要束手的⋯⋯

編撰者：施忠賢

延伸閱讀

1. 陳書秀，《中醫趣話》，黑龍江：哈爾濱出版社。
2. 「青鳥的窩・華佗五禽戲」（文字+影片），網址：
   http://blog.udn.com/akiralee/9625895。
3. 庹宗華、水靈主演，「神醫華佗」。

參考資料

1. 李渝、王立憲、張燦、李群，《醫學家和他的醫術》，臺北：牧村圖書有限公司，2003 年。
2. 鍾金湯、劉仲康，《生物科技第一人：中國歷代醫藥及農業家的故事選輯》，臺北：學富文化事業有限公司，2004 年。
3. 「A+ 醫學百科・華佗」，網址：
   http://cht.a-hospital.com/w/%E5%8D%8E%E4%BD%97。

一世之奸雄──曹操

《魏書》

導讀

每當提起「時勢造英雄，英雄造時勢」這句話，便不由得讓人想起曹操。歷史上，很多英雄是時勢拉抬的明星，像項羽，應運而生、逆運而亡，萬人敵的氣概、力能舉鼎的雄姿，都禁不起輕輕的一敗，碎裂了滿地的是天賦與的大好時機，而時代，無情地往這位西楚霸王的反方向疾馳而去。

而曹操，既被時勢所推，也創造了時勢。說實在，在漢末那樣的亂世，時勢推動的，又豈只寥寥一兩人？董卓、呂布、袁紹，哪一位手上沒握有滿手的好牌？又有誰沒受天之眷顧，具備傾覆一世的資藉？但他們一一迅速謝幕，徒留場下觀眾的訕笑。繼他們而起的，是那個一直擠不進他們眼眶裏的無名小卒──曹瞞。上天也許在機會的給予上有輕有重、有早有遲，但既然投身世局，每個人都算是取得了成功的入場券，最後誰輸誰贏，聽天由命嗎？不，應該是物競天擇才是。

一場黃巾之亂，掀開了群雄大亂鬥的序幕，董卓、呂布這對假父子率先用拳頭搶得話事權，想證明政治不過是一群野獸的撕咬，最強狠暴戾的就是王。果然，大自然冷酷的生存法則讓人不寒而慄，他們頓時成了食物鏈頂端的優勝者，一切禮法、制度、道德、文明，全都在獸爪獠牙下體無完膚。當此之時，擁有眾望所歸高支持度的袁紹，打著勤王鋤奸的正義口號，召集了一大批最人模人樣的當世豪傑，演出了一場亂上加亂的荒謬戲

碼，想用他們自認的文明方法更改董卓、呂布的野蠻遊戲。最後董卓是死在呂布手裏，終究只證明了野獸的戰鬥力的確比人要強得多。

這場鬧劇中，嶄露了曹操的英雄本色。沒錯，千年後南宋的陳亮就是用「英雄」來稱呼他的。在一群怯懦而不知所云的盟友中，曹操好鬥的本性和提議，成爲被嗤笑的對象。他那積極的主戰言論，終於帶領他走向與盟友們越來越遠的地方———個比董卓、呂布更高的食物鏈位置。他好鬥嗎？他能鬥、善鬥，豈不好鬥！如此則他與董卓、呂布何異？差別應在於這是兩隻好鬥的野獸，而曹操則是好鬥的人。野獸純粹只知鬥，毀壞一切成了最後的結果；人則知道鬥只是過程，終究這世間還是要建立些什麼……

年少的任俠放蕩，散發他濃濃的人味，他曾年輕過啊，也曾叛逆，卻爲何我們的腦海裏讀取不出他如此鮮活的印象？他打擊權貴、肅清姦宄的時刻，必定帥呆了吧！後來他擊敗袁紹後立「豪彊兼幷之法」，一本其初衷啊！也許，他千百年來的沒人緣就是這麼來的，叛逆沒有長輩緣、清廉又得罪同僚，加上在一群膽小盟友前激進好鬥，還說出「竊爲諸君恥之」的白目話語，在人生的前半段他眞是隻政壇孤鳥，甚至在他死後的千百年下，在戲曲、小說和歷史的天地裏，他依然是不得群眾歡心地在單飛。

但他似乎沒放在心上，千山獨行的路上他終於找到一隻眞正的獵物——皇帝。在他那「挾天子以令諸侯」的最高戰略裏，他開始告別人生的青年期，懂得把別人當工具，把政治當作一種權力遊戲，把他那好鬥的個性從堅持與對抗些什麼，轉變爲一種證明自己的方式。

他與劉備的關係是耐人尋味的。應該說，他看不起沒本事的貴公子袁紹，卻願意給劉備較大的包容。他吝於稱讚與他同時代的人，畢竟他親眼見過一籮筐所謂的英雄豪傑，但劉備的一個部將關羽卻得他極深的青睞。在這一點上，他的心仍是年輕而有赤誠的，所以他才算是英雄，因爲他會惜英雄啊！

官渡之戰是他最精彩的一役，看這一戰他把他的鬥性發揮得何等淋

漓！那句：「勿復白！」道盡了他的賭性與狠勁，還是荀攸了解他：「此所以餌敵，如何去之！」在人吃人的世界，被吃和吃人都同樣令人莫名地興奮，這才是獸性！所以當看到他怒斥：「賊在背後，乃白！」不禁令人莞爾，明明是生死交關，但我們似乎看到獸王生氣地怒吼牠同伴：窮緊張什麼？廝殺還沒開始呢！

但他造時勢的英雄路卻因此開始了。他一路過關斬將，統一北方後興兵南下，取荊州、收益州、下江陵，就差一步了，就這最後一步，他終於跨不過長江線──他遇到了其他同樣也在創造時勢的英雄了，就在不打不相識的情況下，英雄們各自踞守在自己的地盤，從此僵持了一生。多美好的故事啊！寧願有神一般的對手，千萬別有豬一樣的隊友，有不凡的敵人，應該是曹操最幸福的事了。

他的求賢令，同樣備受爭議。顧炎武就說他「毀方敗俗」，可惜顧炎武只是個亡國之臣，實在沒什麼資格與立場去非議一個穩住當時半壁天下的豪傑，明末學者終日「袖手談心性」的調性，恰與求賢令裏不論道德、唯才是舉的霸氣水火不容。孰是孰非，想來在意的只會是顧炎武吧！他無法理解在亂世裏曹操那「青青子衿，悠悠我心」的難能可貴，於是連帶著連曹操與董卓、呂布的分界線也看不出來了。

最後史評說他「非常之人，超世之傑」。是啊！但看他阻止了「幾人稱帝、幾人稱王」，把漢末幾十股勢力掃蕩成三個，幅度之大，孔夫子的刪詩三百都要自嘆不如。人生幾何啊！他死前死後，天下都未曾歸心。漢末英雄中他首先向一輩子的戰場告別，因爲那美好的仗，他已經打過了……

本文及註釋

　　太祖武皇帝[1]，沛國譙人[2]也，姓曹，諱操，字孟德，漢相國參[3]之後。桓帝世，曹騰為中常侍大長秋，封費亭侯。養子嵩嗣[4]，官至太尉[5]，莫能審其生出本末[6]。嵩生太祖。

　　太祖少機警，有權數[7]，而任俠放蕩，不治行業[8]，故世人未之奇也，惟梁國橋玄[9]、南陽何顒[10]異焉。玄謂太祖曰：「天下將亂，非命世[11]之才不能濟也，能安之者，其在君乎！」年二

---

[1] 太祖武皇帝：太祖是曹操死後，其子曹丕篡漢為魏文帝，在黃初四年（西元233年）為曹操所擬的廟號，武帝是他的諡號。

[2] 沛國譙人：漢代行「郡國制」。西漢時設沛郡，東漢時改為沛國，治所為相縣，故城址在今安徽濉溪縣西北。譙，縣名，在今安徽亳縣。曹操是沛國人，漢朝開國皇帝劉邦也算是沛國人，漢朝的起與滅都與沛國有關，可謂巧合。

[3] 漢相國參：指漢高祖劉邦時期的丞相曹參，乃是繼蕭何之後的漢代第二位丞相。

[4] 養子嵩嗣：曹嵩乃是夏侯氏之子，在輩份上為當時夏侯惇之叔父，過繼為曹騰養子後改姓曹，成為曹氏子嗣。

[5] 太尉：為三公之一，西漢時掌全國軍政，漢武帝時改太尉為大司馬，其後時設時不設。東漢又恢復太尉一職，直到漢獻帝時曹操廢三公而設丞相，太尉也因而被撤除。曹嵩是在漢靈帝時任太尉，為期約一年。

[6] 莫能審其生出本末：由於曹嵩是養子，故此處說其出生淵源不詳。然根據史實與學者考證，曹嵩本宗應是當時的夏侯家族，也即是曹操源自夏侯家。

[7] 權數：權術。

[8] 行業：品行。

[9] 橋玄：曹操早年沒沒無名時曾前往拜見橋玄，橋玄對他的評價頗高，也稱許他為「命世之才」（詳見本文），又將他引薦給許劭。橋玄死後，曹操途經橋玄墓時，還親自為他撰文緬懷。

[10] 何顒：當時名人，漢末董卓亂政時，曾和荀爽、王允共謀誅殺董卓，未遂而亡。顒曾見曹操，稱讚他：「漢家將亡，安天下者必此人也。」

[11] 命世：有名於世。

十，舉孝廉為郎，除 [12] 洛陽北部尉，遷頓丘令。徵拜議郎。

光和 [13] 末，黃巾起。拜騎都尉，討潁川賊。遷為濟南相，國有十餘縣，長吏多阿附 [14] 貴戚，贓污狼藉 [15]，於是奏免其八。禁斷淫祀 [16]，姦宄 [17] 逃竄，郡界肅然 [18]。久之，徵還為東郡太守，不就 [19]，稱疾歸鄉里。

頃之，冀州刺史王芬、南陽許攸、沛國周旌等連結豪傑，謀廢靈帝，立合肥侯 [20]，以告太祖，太祖拒之，芬等遂敗。金城邊章、韓遂殺刺史郡守以叛，眾 [21] 十餘萬，天下騷動。徵太祖為典軍校尉。會靈帝崩，太子即位，太后臨朝。大將軍何進 [22] 與袁紹謀誅宦官，太后不聽。進 [23] 乃召董卓，欲以脅太后，卓未至而進見殺 [24]。卓到，廢帝為弘農王而立獻帝 [25]，京都大亂。卓表 [26] 太

---

[12] 除：任。

[13] 光和：東漢靈帝的年號。黃巾之亂起於光和七年（西元 184 年）。

[14] 阿附：奉承迎合。

[15] 狼藉：相傳狼群臥息草地時，常將地面弄亂以滅除痕跡，故狼藉用以指凌亂。在此則指行為放縱，不守法紀。

[16] 淫祀：指不合禮制的祭祀。《禮記·曲禮》：「非其所祭而祭之，名曰淫祀。淫祀無福。」

[17] 姦宄：違法作亂的人。

[18] 肅然：敬慎恭謹的樣子。

[19] 就：上任。

[20] 合肥侯：當時皇室貴族，姓名無可考。

[21] 眾：當動詞，有率眾、聚集之意。

[22] 大將軍何進：是太后的同父異母之兄長，其妹因受寵於漢靈帝，被立為皇后，何進也隨之升遷，最後官拜大將軍。漢靈帝死，太子繼位，是為漢少帝，其妹成為太后，即此處所言的太后。

[23] 進：指何進。

[24] 見殺：被殺。

[25] 廢帝為弘農王而立獻帝：何進欲殺宦官，宦官反撲，何進被殺，袁紹等人率兵入宮大殺宦官，皇宮大亂，少帝與當時為陳留王的獻帝被宦官脅持出宮，後遇上董卓率軍隊入京，董卓不久便廢少帝而立獻帝，少帝改封為弘農王。

[26] 表：上書奏請。

祖為驍騎校尉，欲與計事。太祖乃變易姓名，間行[27]東歸。出
關，過中牟，為亭長所疑，執詣[28]縣，邑中或竊識之，為請得
解。卓遂殺太后及弘農王。太祖至陳留，散家財，合義兵，將以
誅卓。冬十二月，始起兵於己吾，是歲中平六年[29]也。

　　初平元年春正月，後將軍袁術、冀州牧韓馥、豫州刺史孔
伷、兗州刺史劉岱、河內太守王匡、勃海太守袁紹、陳留太守張
邈、東郡太守橋瑁、山陽太守袁遺、濟北相鮑信，同時俱起兵，
眾各數萬，推紹為盟主。太祖行奮武將軍[30]。

　　二月，卓聞兵起，乃徙天子都長安。卓留屯洛陽，遂焚宮
室。……卓兵強，紹等莫敢先進。太祖曰：「舉義兵以誅暴亂，
大眾已合，諸君何疑？向使[31]董卓聞山東兵起[32]，倚王室之重，
據二周之險[33]，東向以臨天下，雖以無道行之，猶足為患。今焚
燒宮室，劫遷天子，海內震動，不知所歸，此天亡之時也。一戰

---

[27]間行：抄小路而走，而潛逃之意。

[28]詣：到、至。

[29]中平六年：中平，為漢靈帝年號。中平六年（西元184年），漢靈帝死、漢
　少帝即位旋即被廢、漢獻帝即位，董卓殺弘農王（漢少帝）及太后（少帝之
　母、何進之妹），上述事件都發生在同一年。

[30]奮武將軍：漢朝武官的級別分為將軍、中郎將、校尉三級。將軍平時不常
　置，有戰事時才冠以統兵者將軍之稱。漢、魏時期戰事頻仍，有軍功者比比
　皆是，因此常在將軍之前冠以某名號，名號不定，名號間也無上下統屬關
　係，因此稱之為雜號將軍。奮武將軍也是雜號將軍，擔任此官職者，相當於
　各路軍隊中的總監軍。

[31]向使：假使。

[32]山東兵起：指袁紹為主的抗卓聯盟。

[33]二周之險：二周，西漢與西周首都皆在長安附近；東漢與東周首都皆在洛陽
　附近。而長安、洛陽此時為董卓所據，因此稱其「據二周之險」。

而天下定矣，不可失也。」遂引兵西，將據成皐。邈遣將衛茲分兵隨太祖。到滎陽汴水，遇卓將徐榮，與戰不利，士卒死傷甚多。太祖為流矢所中，所乘馬被創，從弟洪以馬與太祖，得夜遁去。榮見太祖所將兵少，力戰盡日，謂酸棗未易攻也，亦引兵還。

太祖到酸棗，諸軍兵十餘萬，日置酒高會[34]，不圖進取。太祖責讓[35]之，因為謀曰：「諸君聽吾計，使勃海引河內之眾臨孟津，酸棗諸將守成皐、據敖倉，塞轘轅、太谷，全制其險。使袁將軍率南陽之軍軍丹、析，入武關，以震三輔：皆高壘深壁[36]，勿與戰，益為疑兵，示天下形勢，以順誅逆，可立定也。今兵以義動，持疑而不進，失天下之望，竊為諸君恥之！」邈等不能用。

建安元年春正月，太祖軍臨武平，袁術所置陳相[37]袁嗣降。太祖將迎天子，諸將或疑，荀彧、程昱勸之，乃遣曹洪將兵西迎，衛將軍董承與袁術將萇奴拒險，洪不得進。……秋七月，楊奉、韓暹[38]以天子還洛陽，奉別屯梁。太祖遂至洛陽，衛京都，

---

[34] 置酒高會：聚眾宴飲。

[35] 讓：責備。

[36] 高壘深壁：高築堡壘，加厚圍牆，比喻防禦堅固。

[37] 陳相：陳國之相。

[38] 楊奉、韓暹：董卓死後，漢末政局由李傕、郭汜、楊奉、韓暹把持，四人相互聯合、征伐，並輾轉脅持漢獻帝到安邑。後來諸人又被說動，讓漢獻帝還都洛陽，並由楊、韓護送，其間李、郭兩人又反悔，意欲再度脅持獻帝，幾經周折，漢獻帝終於回到洛陽，後來由曹操迎至許昌。

遲遁走。天子假太祖節鉞，錄尚書事[39]。洛陽殘破，董昭等勸太祖都許。九月，車駕出轘轅[40]而東，以太祖為大將軍，封武平侯。自天子西遷，朝廷日亂，至是宗廟社稷制度始立。

天子之東也，奉自梁欲要之，不及。冬十月，公征奉，奉南奔袁術，遂攻其梁屯，拔之。於是以袁紹為太尉，紹恥班在公下，不肯受。公乃固辭，以大將軍讓紹。天子拜公司空，行車騎將軍。是歲用棗祗、韓浩等議，始興屯田[41]。呂布襲劉備，取下邳。備來奔。程昱說公曰：「觀劉備有雄才而甚得眾心，終不為人下，不如早圖之。」公曰：「方今收英雄時也，殺一人而失天下之心，不可。」

五年春正月，董承等謀泄[42]，皆伏誅。公將自東征備，諸將皆曰：「與公爭天下者，袁紹也。今紹方來而棄之東，紹乘人後，若何？」公曰：「夫劉備，人傑也，今不擊，必為後患。袁紹雖有大志，而見事遲[43]，必不動也。」郭嘉亦勸公，遂東擊

---

[39] 錄尚書事：錄尚書事乃東漢章帝設置的職位，起初屬於副職位，附屬於主要官職之下，但到了東漢末年，錄尚書事已成為掌握實權的必要職務。如曹操於漢獻帝興平二年（西元 195 年）官拜鎮東將軍、錄尚書事；諸葛亮於蜀漢建安二十六年（西元 221 年）、章武元年，也曾官拜丞相、錄尚書事。

[40] 轘轅：山名。在河南偃師縣東南，接鞏縣、登封二縣界。山路彎曲險奇，古稱為轘轅道。

[41] 屯田：漢以後歷代政府利用兵士一邊駐紮、一面就地墾殖拓荒，收成便充作軍餉的制度，稱為屯田。

[42] 董承等謀泄：董承護衛漢獻帝從長安返歸洛陽有功建安四年（西元 199 年），他對外聲稱自己領有漢獻帝的衣帶詔，與劉備、種輯、吳子蘭、王子服等人密謀誅殺曹操。次年謀畫洩漏，董承諸人以及董貴人皆被曹操誅殺，劉備逃出。董承，漢獻帝妃嬪董貴人之父。

[43] 見事遲：指對形勢掌握與判斷很遲鈍。

備，破之，生擒其將夏侯博。備走奔紹，獲其妻子。備將關羽屯下邳，復進攻之，羽降。昌狶叛為備，又攻破之。公還官渡，紹卒不出。二月，紹遣郭圖、淳于瓊、顏良攻東郡太守劉延於白馬，紹引兵至黎陽，將渡河。夏四月，公北救延。荀攸說公曰：「今兵少不敵，分其勢乃可。公到延津，若[44]將渡兵向其後者，紹必西應之，然後輕兵襲白馬，掩其不備，顏良可擒也。」公從之。紹聞兵渡，即分兵西應之。公乃引軍兼行趣[45]白馬，未至十餘里，良大驚，來逆戰。使張遼、關羽前登[46]，擊破斬良。遂解白馬圍，徙其民，循河而西。紹於是渡河追公軍，至延津南。公勒兵駐營南阪下，使登壘望之，曰：「可[47]五六百騎。」有頃，復白：「騎稍多，步兵不可勝數。」公曰：「勿復白。」乃令騎解鞍放馬。是時，白馬輜重就道，諸將以為敵騎多，不如還保營。荀攸曰：「此所以餌敵，如何去之！」紹騎將文醜與劉備將五六千騎前後至。諸將復白：「可上馬。」公曰：「未也。」有頃，騎至稍多，或分趣輜重。公曰：「可矣。」乃皆上馬。時騎不滿六百，遂縱兵擊，大破之，斬醜、良。醜、良皆紹名將也，再戰，悉擒，紹軍大震。

公還軍官渡，紹進保陽武。關羽亡歸劉備。八月，紹連營稍前，依沙塠[48]為屯，東西數十里。公亦分營與相當，合戰不利。

---

[44] 若：假裝。
[45] 趣：通「趨」，快速前往。
[46] 前登：先鋒、打頭陣。
[47] 可：大約。
[48] 沙塠：沙堆。

時公兵不滿萬，傷者十二三。紹復進臨官渡，起土山地道。公亦於內作之，以相應。紹射營中，矢如雨下，行者皆蒙楯[49]，眾大懼。時公糧少，與荀彧書，議欲還許。彧以為「紹悉眾聚官渡，欲與公決勝敗。公以至弱當至彊，若不能制，必為所乘，是天下之大機也。且紹，布衣之雄耳，能聚人而不能用。夫以公之神武明哲而輔以大順，何向而不濟！」公從之。

孫策聞公與紹相持，乃謀襲許，未發，為刺客所殺[50]。……公與紹相拒連月，雖比戰斬將，然眾少糧盡，士卒疲乏。公謂運者曰：「卻十五日為汝破紹，不復勞汝矣。」冬十月，紹遣車運穀，使淳于瓊等五人將兵萬餘人送之，宿紹營北四十里。紹謀臣許攸貪財，紹不能足，來奔，因說公擊瓊等。左右疑之，荀攸、賈詡勸公。公乃留曹洪守，自將步騎五千人夜往，會明至。瓊等望見公兵少，出陳門外。公急擊之，瓊退保營，遂攻之。紹遣騎救瓊。左右或言：「賊騎稍近，請分兵拒之。」公怒曰：「賊在背後，乃白！」士卒皆殊死戰，大破瓊等，皆斬之。紹初聞公之擊瓊，謂長子譚[51]曰：「就[52]彼攻瓊等，吾攻拔其營，彼固無所歸矣！」乃使張郃、高覽攻曹洪。郃等聞瓊破，遂來降。紹眾大

---

[49] 楯：盾。

[50] 為刺客所殺：吳郡太守許貢上表中央，說孫策驍勇，應召回京師，免生後患。此表被孫策密探所獲，孫策召來許貢，責備後下令絞死。許貢的門客潛藏在民間，伺機報仇。適逢孫策喜愛輕騎狩獵，因此遭許貢門客刺殺。

[51] 長子譚：指袁紹長子袁譚。袁譚協助袁紹平定河北、佔有青州，功績不小。但袁紹愛譚的異母弟袁尚，有傳位之意。後袁紹在官渡之戰敗後，憂憤而死，部屬審配等偽立遺令，擁立袁尚，袁譚憤而投曹，聯合曹操攻打袁尚。之後袁譚又叛曹，終被曹操所殺。

[52] 就：趁。

潰，紹及譚棄軍走，渡河。追之不及，盡收其輜重圖書珍寶，虜其眾。公收紹書中，得許下及軍中人書[53]，皆焚之。冀州諸郡多舉城邑降者。

初，紹與公共起兵，紹問公曰：「若事不輯[54]，則方面[55]何所可據？」公曰：「足下意以為何如？」紹曰：「吾南據河，北阻燕、代，兼戎狄之眾，南向以爭天下，庶可以濟乎？」公曰：「吾任天下之智力，以道御之，無所不可。」

九月，令曰：「河北罹[56]袁氏之難，其令無出今年租賦！」重豪彊兼并之法，百姓喜悅。

十三年春正月，公還鄴，作玄武池[57]以肄[58]舟師。…夏六月，以公為丞相。秋七月，公南征劉表。八月，表卒，其子琮[59]代，屯襄陽，劉備屯樊。九月，公到新野，琮遂降，備走夏口。公進軍江陵，下令荊州吏民，與之更始[60]。乃論荊州服從之功，侯者十五人，以劉表大將文聘為江夏太守，使統本兵，引用荊州

---

[53] 許下及軍中人書：指曹操集團中人與袁紹互通聲氣，蛇鼠兩端的往來信件。

[54] 不輯：不成功。

[55] 方面：指根據地、地盤。

[56] 罹：遭受。

[57] 玄武池：建安十三年（西元 208 年）春，官渡之戰結束，曹操返鄴，鑿玄武池以訓練水師，計畫南征。玄武乃是一種龜、蛇合體的傳說靈獸，向來被視為為北方主神，北方主水，池名玄武，正與水師相符。

[58] 肄：學習、習練。

[59] 琮：指劉表次子劉琮。劉表長子為劉琦，與劉琮為同母弟，後劉表娶後妻蔡夫人。劉琮娶蔡夫人侄女為妻，蔡夫人因此愛劉琮而惡劉琦，常向劉表詆毀劉琦、讚譽劉琮。劉琦因蔡氏中傷而失寵，聽從諸葛亮的計策請求出鎮江夏。劉琮在劉表死後果然接掌荊州，曹操大軍南下時，他在蔡夫人之弟蔡瑁等人勸說下投降，被曹操封為青州刺史，爵封列侯。

[60] 更始：除舊佈新，這裏有改朝換代的意思。

名士韓嵩、鄧羲等。益州牧劉璋始受徵役，遣兵給軍。十二月，孫權為備攻合肥。公自江陵征備，至巴丘，遣張憙救合肥。權聞憙至，乃走。公至赤壁，與備戰，不利。於是大疫，吏士多死者，乃引軍還。備遂有荆州、江南諸郡。

十五年春，下令曰：「自古受命及中興之君，曷嘗不得賢人君子與之共治天下者乎！及其得賢也，曾不出閭巷，豈幸相遇哉？上之人不求之耳。今天下尚未定，此特求賢之急時也。『孟公綽為趙、魏老則優，不可以為滕、薛大夫 [61]。』若必廉士而後可用，則齊桓其何以霸世！今天下得無有被褐懷玉 [62] 而釣於渭濱 [63] 者乎？又得無盜嫂受金 [64] 而未遇無知 [65] 者乎？二三子其佐我

---

[61] 孟公綽為趙、魏老則優，不可以為滕、薛大夫：語出《孟子・憲問篇》，是孔子對孟公綽的評語。老，家臣。優，閒適優裕。趙、魏為大國，孟公綽為人廉潔有德，未必有幹事之才，若為大國之家老則望尊而無責，可以優裕從容而不違其性。滕、薛為小國，其大夫政繁任重，不適於孟公綽。曹操引用此言，旨在強調適才適任之重要。

[62] 被褐懷玉：指出身寒微但經世之才。被，通「披」，穿的意思。褐，褐衣，一般平民的穿著，引申為平凡。

[63] 釣於渭濱：舉姜子牙的例子。姜子牙，姜姓，呂氏，名尚，一名望，字子牙。所以後世有稱其為姜子牙，也有稱其為呂尚。傳說他年老窮困，釣於渭水之濱，受西伯姬昌重用，成為開創周朝的重要人物。

[64] 盜嫂受金：舉陳平的例子。陳平最初在項羽手下做謀士，後因得罪亞父范增，逃歸漢王劉邦，多次出計幫助劉邦，漢朝創立後任相封侯。《史記・陳丞相世家》記載絳侯、灌嬰忌妒陳平仕途亨通，曾向劉邦進言，說陳平居家時，盜其嫂；事魏不被容，逃歸楚（項羽），歸楚不合，又轉歸漢；且陳平接受諸將賄賂，金多者得善處，金少者得惡處。這些言語，大抵是政敵的詆毀，未必有真憑實據。

[65] 無知：無人知曉（其能）。

明揚仄陋⁶⁶，唯才是舉，吾得而用之。」冬，作銅爵臺⁶⁷。

二十五年春正月，至洛陽。權擊斬羽⁶⁸，傳其首。庚子，王崩于洛陽，年六十六。遺令曰：「天下尚未安定，未得遵古也。葬畢，皆除服⁶⁹。其將兵屯戍者，皆不得離屯部。有司各率乃職。斂以時服，無藏金玉珍寶⁷⁰。」謚曰武王。二月丁卯，葬高陵。

評曰：漢末，天下大亂，雄豪並起，而袁紹虎眂⁷¹四州，彊盛莫敵。太祖運籌演謀，鞭撻宇內，擥申、商之法術⁷²，該韓、白之奇策⁷³，官方授材，各因其器，矯情任筭⁷⁴，不念舊惡，終

---

66 明揚仄陋：，指發掘貧賤的才能之士。明揚，發現與舉薦。仄陋，窮困。

67 銅爵臺：即銅雀臺。古代爵、雀互通，《孟子‧離婁上》：「為淵驅魚者，獺也；為叢驅爵者，鸇也；為湯武驅民者，桀與紂也。」可為例證。建安十五年（西元 210 年），曹操擊敗袁紹後修建銅雀臺，高十丈，分三臺，各相距六十步遠，中間飛橋相連。建安十八年（西元 213 年），曹操又在銅雀臺南方建一金虎臺。次年（西元 214 年），又在銅雀臺北方建一冰井臺，合稱為「三臺」。

68 權斬擊羽：漢獻帝建安二十四年（西元 219 年），鎮守荊州的關羽北伐曹操，兵圍樊城，曹操除了派兵來救，還連絡孫權從關羽背後偷襲荊州，孫權因關羽經常擾攘邊境，故派呂蒙襲荊州。關羽一來戰場失利，二來荊州又失，唯有退守麥城，苦守一個月，最後在突圍時被擒，不降而死。死後孫權將關羽首級送至曹操陣營，意欲嫁禍，曹操則厚葬關羽。此舉導致劉備、孫權雙方破裂，劉備因而興師來犯，卻兵敗而死，還於白帝城託孤。

69 除服：原指守孝期滿，脫去喪服。但此處曹操因天下未定，所以囑咐葬禮完畢就除服。

70 斂以時服，無藏金玉珍寶：指入斂時著當時服飾，棺墓之中不用珍寶陪葬。

71 眂：視。

72 擥申、商之法術：擥，通「攬」，用。申、商，指申不害與商鞅，皆法家人物。法術，指法家治國之術。

73 該韓、白之奇策：該，囊括、兼備。韓、白，指韓信與白起，皆著名的軍事將領。

74 筭：謀略。

能總御皇機，克成洪業者，惟其明略最優也。抑可謂非常之人，超世之傑矣。

時代意義

政客，是數量驚人的政治參與者，他們充斥在各個時代、佔據著每個國家政府的大大小小位置，進行著因他們身分而來的政治舉措或集體串連，立場、政策，甚至理想，是他們一貫的說辭；對抗、協商、妥協是經常上演的戲碼。他們通常演技精湛，但戲子無情；他們口才伶俐，然而躁人辭多；他們不用說絕對頭腦聰明，可好行小慧之人，終究難矣哉。

他們不是時代的產物，因為他們滋生能力太強，無時無刻不有；他們也無法開創時代，因為他們擅長的是創造自己及集團的利益，使國家呈現慢性死亡，或急症衰竭的彌留病況。往昔，他們會拿四書五經等聖賢大道理來美化自己，現今社會進步了，他們使用大量的化妝術和包裝紙來偽裝自己。他們終日忙碌、行程滿檔，隨著電視新聞播映著他們為民服務的身影，但任期結束、業績結算時，卻往往是春夢一場，了無痕跡。

這樣形容他們的存在，委實有點沈重！但看看漢朝末年那段荒誕離譜的歷史，便可得知他們有多大本領、有何等不堪！許多人都說曹操是政客、權奸，陰狠狡詐，令人髮指。是啊！他綁架了皇帝，正如政客綁架了國家和政府；他謀一己之權、一家之利益，最後自己兒子還篡位登基，正如政客關說遊說、政商掛勾，最後還代表政黨擔任國家領導人。還需繼續說下去嗎？曹操與政客有何差別，這個問題很是熟悉，就像在問曹操和董卓、呂布有什麼差別一樣。你說呢？

編撰者：施忠賢

延伸閱讀

1. 曹操〈短歌行〉。
2. 大陸歷史劇：「三國」。
3. 周澤雄，《三國英雄基因：窺探三國英雄的心靈角落》，臺北：實學社，2003年。

參考資料

1. 「百度百科・曹操」，網址：

   http://baike.baidu.com/subview/1719/5594282.htm。
2. 陳壽著，裴松之注，《三國志》。

擘劃三國鼎立的政治家 —— 諸葛亮

《三國志・諸葛亮傳》

導讀

　　這是一個家喻戶曉的傳奇人物，即使在歷史上他是這樣的眞實，但由於圍繞在他身邊的全是史上最頂尖的角色，使得大家習慣於他是屬於舞台上的巨星而非歷史的眞人，因爲他的光芒全然熾熱無匹，曹操、劉備這兩個煮酒的英雄，關羽、張飛這一對過關當關的兄弟，千古風流人物的周瑜，最佳人子的孫仲謀……，在人氣指數上始終追不上大家對他的按讚數。他於是成了傳說，成了神仙般的人物，他的姓——諸葛，成了智慧的同義字，更由於他的字——孔明實在太膾炙人口了，以致於有些人甚至以爲他與至聖孔子是同宗！

　　孔明的經歷體現了傳統知識份子的兩條路：仕與隱。躬耕於南陽，是他「伏」與「臥」的階段，用《易・乾卦》的說法，那是屬於「潛龍勿用」的象義，姜子牙用漁（釣魚），孔明用農（耕），兩人都喜逢明主，最終開創一國基業。對比於後世許多隱居終南，想藉之攀上政治捷徑的「仕」子，姜太公的釣竿多了那份引人玩味的深意，而孔明的「臥龍」稱號，隱隱暗合了「見龍在田」的寓意。好個諸葛亮，用這樣明示的謎語來待價而沽，更用管仲、樂毅的自我感覺，昭告此地有銀三百兩的訊息。如果說姜太公是一個最貪心的釣客，那孔明肯定是史上最高調的農夫了。

　　劉備的三顧茅廬，不僅實現了孔明見龍在「田」的預告，還寫下了古今最經典的佳話。伯牙、子期的邂逅是美麗的故事，彷彿一首悠揚高尚的

天籟，有著不食人間煙火的浪漫。屬於孔明和劉備的故事，即使不像羅貫中筆下那麼過程曲折生動、氣氛張弛變幻，但光是一再登門求見的誠意、後來委以重任的信賴、臨死托孤的感動，無一不是知識份子夢寐渴求的際遇。這一齣空前絕後的戲碼，歷史曾經演過一回，所以它成了永恆，雖然未必是絕響，但卻是無法挑戰的典範了。

　　而這個際遇如果少了兩人那場談話，那只能說是勞資雙方的雇傭行為而已，當今獵人頭、挖角的事情比比皆是，何足道哉？那場後世被稱為「隆中對」的談話，令人驚訝的不只是孔明對於天下大勢的瞭若指掌，更在於他竟能一刀切下，將天下硬生生從曹操的一統（一國）和孫權的南北對峙（兩國），割劃出原本不屬於劉備的蜀漢世界（三國）。要說「三國」的故事，其實應該從三顧茅廬講起，因為「隆中對」的提出，「三國」才開始可能了起來。

　　赤壁之戰成了孔明「飛龍在天」的分水嶺。《三國演義》傾盡全部的筆力，幾乎都在打造諸葛亮成為這場戰役的超級巨星，龐統的連環計再妙，終究還欠那陣東風；周瑜騙蔣幹，殊不如草船借箭騙得曹操如入五里霧中那般瀟灑高逸。歷史即使不如小說精彩紛呈，但就算只是一場遊說孫權的情節，熟悉歷史的人都知道那是整場大戰的關鍵、是勝敗翻盤的轉折點。在曹軍如摧枯拉朽的攻勢下，孔明在不可能處竟築起一道牆壘，憑其智計口舌拉起孫權這個盟友，逆轉了南方全面潰散的形勢。這是「聯孫抗曹」戰略的首度應用，一試便打出震古爍今的非凡戰績，印證、也奠定了「隆中對」作為古今第一偉大決策的價值與地位。

　　白帝城托孤比之赤壁之戰，其驚心動魄毫不遜色。關鍵在於劉備那句：「若嗣子可輔，輔之；如其不才，君可自取。」一個開放的選項，前提是劉備對於孔明的無限肯定。說這話時劉備內心真偽已不重要，單憑他能講出這番話，那後來孔明用鞠躬盡瘁以為回報，一切盡在情理之中。出題的和答題的，全都獲得了滿分。在此被提及的曹丕先生遭受貶抑也就罷了，後來他用「禪讓」的招數逼獻帝讓位，蠻橫粗鄙顯露無遺，難怪劉備不把這號人物看在眼裏。

最後的史評，其實對愛聽故事的觀眾而言是索然無味的。連最後對手司馬懿都要讚他一聲「天下奇才」了，又有什麼評語能比這還難能可貴的？然而看似常談老調的「撫百姓，示儀軌，約官職，從權制，開誠心，布公道」，把我們從戲棚子拉回了歷史，它闡述了一個讓人又畏又愛的政治人物，靠的不是羽扇綸巾的風流倜儻和奇謀仙術，而是靠賞罰嚴明和大公無私的決心，努力地撐持起三國時代最弱小的蜀漢－－那塊由他從曹操、孫權手上分來的江山。從這個角度，我們才恍然於這麼一個智計過人、妙算如神的傳奇，最後為何功敗垂成、勞瘁而死。史評最終那句「應變將略，非其所長」的論點，道盡他一生力挽狂瀾、誓與天爭的悲劇性，那已經不是缺點或優點的問題了，而是屬於諸葛孔明個人的人格特點。

本文及註釋

　　諸葛亮，字孔明，琅邪陽都人也。漢司隸校尉[1]諸葛豐後也。父珪，字君貢，漢末為太山都丞。亮早孤，從父玄為袁術所署[2]豫章太守，玄將[3]亮及亮弟均之[4]官。會漢朝更選朱皓代玄，玄素[5]與荊州[6]牧劉表有舊，往依之。玄卒，亮躬耕隴畝，好為

---

[1] 司隸校尉：漢朝官職，起初負責京畿治安與朝中官員的監察彈劾，後來職務幾經改易，司隸校尉成為中央地區負責警備與民政的官員，權力頗大，在東漢末年外戚與宦官的爭鬥中，常成為一方結合來對付敵人的要角。

[2] 署：提名、推薦。

[3] 將：率領、帶領。

[4] 之：至，到任。

[5] 素：素來，平常。

[6] 荊州：《尚書‧禹貢》所記載的天下九個州之一，但直至漢武才實際於國境設立荊州。荊州一開始只屬於監察區，非一般的行政區，故只設刺史。東漢靈帝時荊州成為正式的行政區，置州牧，其轄地大抵包括湖南、湖北、河南一帶。

《梁父吟》[7]。身高八尺，每自比於管仲、樂毅，時人莫之許[8]也。惟博陵崔州平、潁川徐庶元直與亮友善，謂為信然[9]。

時先主[10]屯兵新野[11]。徐庶見先主，先主器[12]之，謂先主曰：「諸葛孔明者，臥龍也，將軍豈願見之乎？」先主曰：「君與俱來。」庶曰：「此人可就見[13]，不可屈致也。將軍宜枉駕[14]顧之。」由是先主遂詣[15]亮，凡[16]三往，乃見。因屏[17]人曰：「漢室傾頹，奸臣竊命[18]，主上蒙塵。孤[19]不度德量力，欲信[20]大義於天下，而智太短淺，遂用猖獗[21]，至於今日。然志猶未

---

7 梁父吟：古代民謠，為當時葬歌，吟詠齊國公孫接、田開疆和古冶子三名功臣被齊相晏嬰以「二桃殺三士」手法除掉的故事，歌中充滿對政治的戒心，隱隱符合孔明躬耕不仕的態度。歌詞如下：步出齊城門，遙望蕩陰里。里中有三墳，纍纍正相似。問是誰家冢？田疆古冶子。力能排南山，文能絕地理。一朝被讒言，二桃殺三士。誰能為此謀？國相齊晏子。

8 許：認同。

9 謂為信然：（崔州平、徐庶）認為孔明可比管仲、樂毅是真實可信的。謂為，認為。信，真。

10 先主：指劉備。蜀漢共有兩主，一為劉備，一為劉禪，分別為先主、後主。

11 屯兵新野：劉備為曹操所敗，投奔荊州劉表，劉表待之以禮，令其屯兵於新野。

12 器：器重。

13 就見：親自前往相見。就，接近、前往。

14 枉駕：即勞駕之意。枉，委屈。駕，車駕。

15 詣：拜訪。

16 凡：總，共。

17 屏：通「摒」，支開他人。

18 竊命：竊奪天命，意指奪佔君權。

19 孤：劉備自稱。古代王侯常自稱為孤。

20 信：伸張。

21 遂用猖獗：意指因自己智慮短淺，以致奸邪猖獗。遂，於是。用，因而。猖獗，奸臣小人猖獗亂政。

已²²，君謂計將安出？」亮答曰：「自董卓已來，豪傑并起，跨州連郡者不可勝數。曹操比於袁紹，則名微而眾寡，然操遂能克紹，以弱為強者，非惟天時，抑亦人謀也。今操已擁百萬之眾，挾天子而令諸侯，此誠不可與爭鋒。孫權據有江東，已歷三世²³，國險²⁴而民附，賢能為之用，此可以為援而不可圖也。荊州北據漢沔²⁵，利盡南海²⁶，東連吳會²⁷，西通巴、蜀²⁸，此用武之國²⁹，而其主³⁰不能守，此殆天所以資將軍，將軍豈有意乎？益州³¹險塞，沃野千里，天府之土，高祖因之以成帝業³²。劉璋闇

---

²² 志猶未已：志向仍在。未已，不止。

²³ 已歷三世：江東自孫堅（孫權之父）立基，之後傳於孫策（孫權之兄），再傳於孫權，已有三世。

²⁴ 國險：形勢險要。

²⁵ 漢沔：沔水為漢水的重要支流，因而古時漢水又稱沔水，故此處漢沔合稱。

²⁶ 南海：秦朝在嶺南設南海、桂林、象三郡，到漢朝又將三郡細分為九郡，仍有南海郡，地區以現今廣東、廣西為主。荊州有漢水連通長江，可遠極兩廣，故此處稱其「利通南海」。

²⁷ 吳會：西漢設會稽郡，郡治所在地為吳縣，故稱吳會。東漢將會稽郡分為吳、會稽兩郡，故仍然吳會合稱。其地區包括浙江、江蘇一帶。

²⁸ 巴、蜀：指四川盆地，古代其地有巴國、蜀國，後被秦所滅，置巴郡和蜀郡，所以四川盆地自古常以巴蜀稱之。

²⁹ 用武之國：是強調荊州的地理形勢重要，且是兵家必爭之地。國，指地區。

³⁰ 其主：指劉表。劉表治荊州，文治大盛，但兵事不足，且其兩子爭位，後患已萌，故孔明稱其「不能守」。

³¹ 益州：漢滅秦，於四川（秦時的巴、蜀兩郡）置益州，地區以四川盆地為主，旁及湖北和甘肅的一部分。劉備建蜀漢一朝，轄地便是以益州為主。

³² 高祖因之以成帝業：秦滅亡，項羽封劉邦為漢中王，統領巴蜀、漢中之地，也即是孔明此處所說的益州。劉邦憑此東進，與項羽爭天下，最後建漢朝、成帝業。高祖，指劉邦。因，憑藉。

弱[33]，張魯在北[34]，民殷國富而不知存恤，智能之士思得明君。將軍既帝室之胄[35]，信義著[36]於四海，總攬[37]英雄，思賢如渴，若跨有荊、益，保其巖阻[38]，西和諸戎[39]，南撫夷越[40]，外結好孫權，內修政理，天下有變，則命一上將將[41]荊州之軍以向宛、洛[42]，將軍身率益州之眾出於秦川[43]，百姓孰敢不簞食壺漿以迎將軍[44]者乎？誠如是，則霸業可成，漢室可興矣。」先主曰：「善！」

---

[33] 劉璋闇弱：劉璋承接其父劉焉而成為益州牧，卻無法統御劉焉手下張魯，雙方互有攻伐，再加上北方曹操來犯，劉璋後來便迎劉備入益州，想藉劉備之力對抗張魯、曹操，卻反被劉備藉機奪取益州。

[34] 張魯在北：張魯為東漢末年五斗米教的創始人張陵之孫。曾是益州牧劉焉手下，並在劉焉幫助下取得漢中之地。之後劉焉死，張魯與其子劉璋反目，最後益州被劉備奪取，張魯則治理漢中近三十年，後來歸降於曹操。漢中為漢朝的一郡，在益州北邊，所以這裏稱「張魯在北」。

[35] 帝室之胄：劉備自稱是漢景帝第九子中山靖王劉勝的後代，論輩份猶在當時漢獻帝之上，所以世稱「劉皇叔」。胄，後裔。

[36] 著：顯著、顯揚。

[37] 總攬：有羅網之意。

[38] 巖阻：巖，指形勢險峻。阻，指絕佳屏障。

[39] 諸戎：益州西方，即現在甘肅、陝西、川西等地，分布著氐、羌、匈奴、鮮卑等族，統稱「諸戎」。

[40] 夷越：益州南方，即現在貴州西部、四川西南和雲南大部分地區，當時稱為「南中」，主要分布著氐羌和百越兩大族系。

[41] 將：率領，在此當動詞。

[42] 宛、洛：是兩古邑之名，宛指南陽，洛指洛陽，在此意指揮軍中原。

[43] 秦川：泛指現今陝西、甘肅秦嶺以北的平原地帶，因春秋戰國時地屬於秦國而得名。

[44] 簞食壺漿以迎將軍：引自《孟子·梁惠王篇》：「簞食壺漿以迎王師。」意謂仁義之師所到之處，百姓會以簞食壺漿來迎接、犒勞。簞，竹籃。漿，湯。簞食壺漿，用竹籃盛飯、瓶壺裝湯。

於是與亮情好日密。關羽、張飛等不悅，先主解[45]之曰：「孤之有孔明，猶魚之有水也，願諸君勿復言。」羽、飛乃止。

　　先主至於夏口[46]，亮曰：「事急矣，請奉命求救於孫將軍[47]。」時權擁軍在柴桑[48]，觀望成敗，亮說權曰：「海內大亂，將軍起兵據有江東，劉豫州[49]亦收眾漢南[50]，與曹操并爭天下。今操芟夷大難[51]，略已平矣，遂破荊州，威震四海。英雄無所用武，故豫州遁逃至此。將軍量力而處之，若能以吳、越之眾與中國[52]抗衡，不如早與之絕；若不能當[53]，何不案[54]兵束甲，北面[55]而事之！今將軍外托服從之名，而內懷猶豫之計，事急而不斷[56]，禍至無日矣！」權曰：「苟如君言，劉豫州何不遂事[57]

---

[45] 解：寬解、安慰。

[46] 夏口：漢水自沔陽以下，古稱夏水，故漢水與長江交會處古稱夏口，約爲現今武漢市。夏口扼長江與漢水之要衝，是固守江東（長江流域）與兵進中原（黃河流域）的要地。曹操舉兵南下，荊州爲其所有，劉備與劉表長子劉琦退守夏口，兵力約只兩萬，於是派遣孔明赴江東，欲與孫權結盟抗曹。

[47] 孫將軍：指孫權。

[48] 柴桑：長江與鄱陽湖的交會口，乃現今江西九江市。柴桑地處江西、湖北、湖南、安徽四省交界，襟江帶湖，背倚廬山，是兵家必爭的軍事重鎮，赤壁戰時周瑜在此練兵，其重要可見一斑。

[49] 劉豫州：指劉備。劉備曾兵敗投奔曹操，曹操上表奏請封劉備爲豫州牧，故時人稱其爲劉豫州。

[50] 漢南：漢水南方。此時劉備兵駐夏口，夏口正在漢水、長江交會處的南岸。

[51] 芟夷大難：芟，除草。夷，平。芟夷，掃除、平定。大難，指北方的敵人。

[52] 中國；中原，指曹操的勢力。

[53] 當：通「擋」，抵擋之意。

[54] 案：通「按」，放下。

[55] 北面：君王南面而坐，臣民北向面君，故北面乃是指臣服之意。

[56] 斷：決斷。

[57] 事：通「侍」，服侍、臣服之意。

之乎？」亮曰：「田橫[58]，齊之壯士耳，猶守義不辱，況劉豫州王室之胄，英才蓋世，眾士仰慕，若水之歸海，若事之不濟，此乃天也，安能復為之下[59]乎！」權勃然[60]曰：「吾不能舉全吳之地、十萬之眾，受制於人。吾計決矣！非劉豫州莫可以當曹操者，然豫州新敗之後，安能抗此難乎？」亮曰：「豫州軍雖敗於長板，今戰士還者及關羽水軍精甲萬人，劉琦合江夏戰士亦不下萬人。曹操之眾，遠來疲弊，聞追豫州，輕騎一日一夜行三百餘里，此所謂『強弩之末，勢不能穿魯縞[61]』者也，故兵法忌之，曰『必蹶上將軍』[62]。且北方之人，不習水戰；又荊州之民附操者，逼兵勢[63]耳，非心服也。今將軍誠能命猛將統兵數萬，與豫州協規[64]同力，破操軍必矣。操軍破，必北還，如此則荊、吳之勢強，鼎足之勢[65]成矣。成敗之機，在於今日。」權大悅，即遣周瑜、程普、魯肅等水軍三萬，隨亮詣[66]先主，并力拒曹公。曹公敗於赤壁，引軍歸鄴[67]。先主遂收江南，以亮為軍師中郎

---

[58] 田橫：齊國貴族，楚漢相爭時自立為齊王。劉邦統一天下後，田橫與其部眾百人流亡海外孤島，不肯臣服。後來劉邦召田橫覲見，田橫於途中自殺，其門客五百人得訊後也隨之自盡而亡。

[59] 為之下：屈居其（曹操）下。

[60] 勃然：怒貌。

[61] 魯縞：魯縞以細薄著名。縞，白色薄絹。

[62] 必蹶上將軍：《孫子‧軍爭》：「五十里爭利，則蹶上將軍。」意指軍隊求速疾進，往往風險極大，可能因而折損將領。

[63] 逼兵勢：受逼於武力。

[64] 協規：合力謀畫。

[65] 鼎足之勢：鼎有三足，鼎足之勢即三分（天下）之勢。

[66] 詣：拜訪，此處指面見。

[67] 鄴：曹操於漢獻帝建安十八年（西元213年）封為魏公，定魏國之都於鄴，成為其重要根據地。一直到曹丕稱帝，這才定都洛陽。

將[68]，使督零陵、桂陽、長沙三郡，調其賦稅，以充軍實。

　　章武[69]三年春，先主於永安[70]病篤，召亮於成都，屬[71]以後事，謂亮曰：「君才十倍曹丕，必能安國，終定大事。若嗣子可輔，輔之；如其不才，君可自取。」亮涕泣曰：「臣敢竭股肱之力[72]，效忠貞之節，繼之以死！」先主又為詔敕[73]後主曰：「汝與丞相從事[74]，事[75]之如父。」建興[76]元年，封亮武鄉侯[77]，開府治事[78]。頃[79]之，又領益州牧[80]。政事無巨細，咸決於亮。南中諸郡，并皆叛亂，亮以新遭大喪，故未便加兵，且遣使聘[81]

---

[68] 軍師中郎將：漢朝武官分為將軍、中郎將、校尉三級，將軍非常設之職，有戰事才封領兵者為將軍，故中郎將為常設武官之職級最高者。軍師則原屬參謀職位，故軍師中郎將兼有參謀與兵權兩種職務。

[69] 章武：劉備即帝位後，年號章武，在位三年。

[70] 永安：劉備為報關羽之死，舉兵攻吳，卻被吳將陸遜所敗，退守魚腹縣所屬的白帝城（也即是白帝山），並將之改名為永安縣，所住宮殿為永安宮。

[71] 屬：通「囑」，吩咐。

[72] 敢竭股肱之力：敢，表示誠摯的意願。股，大腿，肱，手臂。股肱，引申為重要的輔助、輔佐力量。

[73] 敕：命令、告誡。

[74] 從事：做事。

[75] 事：通「侍」。

[76] 建興：劉禪即帝位的第一個年號，建興元年（西元 223 年）即是劉禪登基的第一年。

[77] 武鄉侯：漢代封侯多屬軍功，以文職而封侯極為少有，此呈顯劉禪給與孔明的尊榮。

[78] 開府治事：於相府（不於朝廷、皇宮）中治理政事，表示極大的榮寵與信任。

[79] 頃：不久。

[80] 領益州牧：益州已含括大部分的蜀漢國境，由孔明領益州牧，代表其權位之重。

[81] 聘：古代國與國之間遣使通問。

吳，因結和親，遂為與國[82]。

亮每患糧不繼，使己志不申[83]，是以分兵屯田，為久駐之基。耕者[84]雜於渭濱居民之間，而百姓安堵[85]，軍無私焉。相持[86]百餘日。其年八月，亮疾病，卒於軍，時年五十四。及軍退，宣王[87]案行[88]其營壘處所，曰：「天下奇才也！」

亮性長於巧思，損益[89]連弩，木牛流馬，皆出其意。推演兵法，作八陣圖[90]，咸得其要云。亮言教、書奏多可觀，別為一集。

評曰：諸葛亮之為相國也，撫百姓，示儀軌[91]，約官職，從權制[92]，開誠心，布公道。盡忠益時者，雖仇必賞；犯法怠慢者，雖親必罰；服罪輸情[93]者，雖重必釋；游辭巧飾者，雖輕必

---

[82] 國：盟國。

[83] 申：通「伸」。

[84] 耕者：在此是指屯田耕作的士兵。

[85] 安堵：在此有安居之意。堵，牆，引申為屋、家。

[86] 相持：對峙。在此指蜀漢後主建興十二年（西元234年），孔明再度北伐，與魏國司馬懿兩軍對峙於渭南。

[87] 宣王：指司馬懿。司馬懿為魏國重臣，在世時能文能武，不僅官拜相國，更領兵對抗孔明，使其北伐無功，死後被追封為宣王。

[88] 案行：巡行、巡察。

[89] 損益：增刪，指改造之意。

[90] 八陣圖：八陣圖傳說是以乾、坤、巽、艮為天、地、風、雲四陣，作為正兵。以水、火、金、木為龍、虎、鳥、蛇四陣，作為奇兵。佈陣是依左青龍（龍陣），右白虎（虎陣），前朱雀鳥（鳥陣），後玄武（蛇陣）；西北為乾（天陣）、東北為艮（雲陣）、西南為坤（地陣）、東南為巽（風陣），其中由大將居之。

[91] 儀軌：禮儀法度。

[92] 權制：合乎時宜、因時而變的制度。

[93] 輸情：輸有傳遞、展現之意。情，實，指真情實意。

戮。善無微而不賞，惡無纖而不貶，庶事精練，物理其本，循名責實，虛偽不齒[94]。終於邦域之內，咸畏而愛之，刑政雖峻而無怨者，以其用心平而勸戒明也。可謂識治之良才，管、蕭[95]之亞匹[96]矣。然連年動眾[97]，未能成功，蓋應變將略，非其所長歟！

時代意義

軍師，是個極古老的行業，卻往往在國祚更迭、朝代鼎革之際發揮了極大的作用。二十一世紀的民主時代，顧問（團）成了新興的名詞，軍師不知何時已悄悄從三百六十行裏被除名。

單從名稱上就知道這兩者的差異。軍師是師，強調的是「人」；顧問重問，以諮詢、建議的工具性為主。作為天下第一軍師的諸葛亮，他並不是提供諮詢與建議的服務業者，他從事的是指引方向的教育事業。當我們習於區分顧問為有給職與無給職兩類的當下，千百年前的姜太公，早就親受周文王（姬昌）的無上禮遇，把一代聖主當車伕。這不是待遇高低的問題，而是那樣的時代，上演著應該是最尊貴的人，卻用最卑微的方式仆伏在某人的腳下，而果真換來一個奇蹟式的結果。

在當前教育普及的狀況下，人類在專業上的開拓、在歷史經驗的累積上，還會有人的智慮、眼光會高深莫及到讓人屈膝跪求嗎？更何況近來風靡的巨量資料分析，許多決策不必由人了，交給資料運算似乎還來得精準萬分。似乎連顧問，都要失業了……

---

[94] 齒：有排列之意，指錄用。

[95] 蕭：指蕭何。蕭何佐劉邦得天下，與張良、韓信並稱漢初三傑。劉邦對蕭何的評價是：「鎮國家，撫百姓，給餽饟，不絕糧道，吾不如蕭何。」充滿對蕭何治國才能的讚賞，故史在此舉蕭何與孔明作呼應。

[96] 亞匹：同類。

[97] 連年動眾：指孔明多次南討北伐。

那麼孔明剩下的，難道只有鞠躬盡瘁、死而後已的過勞記錄嗎？他那被後世推崇的天才腦袋，真能賽過超級電腦與資料分析？其實就算電腦的資料分析再厲害，可以斷定人類永遠也不會把某部電腦當作傳奇！電腦只會被淘汰，但諸葛亮的腦袋及以他的「隆中對」，將永遠被歌頌。而以電腦和巨量資料而提出精準分析的專家，在人們的心目中也永遠比不上那個躬耕的宅男，足不出戶就將天下運於指掌之中。

　　也許這才是軍師之所以永恆不朽的關鍵，不需資料、或只需少數資料，就掌握了世界的規律。這才稱得上是神分析！稱這種人為「師」，嘟嘟好而已。

編撰者：施忠賢

延伸閱讀

1. 〈諸葛亮給子書〉。
2. 大陸歷史劇：「三國」。
3. 〈唐長孺談諸葛亮〉，網址：http://f1111.myweb.hinet.net/n1.htm。
4. 劉黎平，〈諸葛亮廉潔一生曾時時面臨巨大的物質誘惑〉，網址：http://culture.people.com.cn/BIG5/n/2014/0709/c22219-25256441.html。

參考資料

1. 朱大渭、梁滿倉，《一代軍師——諸葛亮》，臺北：麥田出版社，2009年。
2. 陳文德，《策略規劃家——諸葛亮大傳》，臺北：遠流出版社，2004年。
3. 伍道棟，《孔明兵法與商戰謀略》，臺北：亞慶國際出版社，1999年。

書聖——王羲之

《晉書·王羲之傳》

導讀

　　本篇選自《晉書·列傳第五十》，傳中敘錄以王羲之爲主，旁及羲之之子玄之、凝之、徽之、操之、獻之，徽之之子楨之及王羲之友朋許邁，雖是專傳形式，兼以附傳處理，亦可稱之合傳。因篇幅較長，以及王羲之諸子書法成就以王獻之最高，加上傳末論贊以論王羲之與王獻之爲主，故本文僅節錄王羲之及王獻之的部分。至於《晉書》相關的介紹，請參閱《顧愷之傳》導讀。

　　魏晉南北朝時期，等級品秩制度嚴格，高貴的稱世族或高門；低賤的稱庶族或寒門，世族與庶族的社會地位迥別，所以當時有「上品無寒門，下品無世族」之說。

　　王羲之，出身瑯琊（今山東）王氏，瑯琊王氏與陳郡（今河南）謝氏爲六朝望族，世代顯赫，名人輩出，社會地位高，時人稱之爲「王謝」。特別是永嘉之亂以後，兩大家族從北方南遷會稽（今紹興），繼續權傾朝野，主導時局。王羲之，名門之子，父親王曠，在西晉瀕臨滅亡之時，首倡「建江左之策」，擁立司馬睿過江，建立東晉政權；堂伯王導與王敦是東晉初年軍政大權的掌握者，此時王氏家族躍升爲第一流高門，王家子弟列位朝廷，形成「王與馬共治天下」的局面。

　　王羲之生而聰穎，行止異於當時的王家子弟，年少就有令名。他身懷濟世之才，但是欣慕老氏之旨，信奉五斗米道，雅好服食藥石，喜遊山

水，結交多當時名士，因此多次辭官，最終去官不問政治。以王羲之之才與門閥之勢力，本可一番作爲，只是秉於骨骾性情，與官場文化相格，官僅至右軍將軍、會稽內史。正因如此，王羲之有更多時間與心力優游於藝術之海，縱情書藝，最後成爲書壇宗師。故本篇立傳者，其意與《顧愷之傳》同，主要以其書藝之成就，足以流傳百世，因此載入史傳。

本傳尚有一大特點，即是贊論由唐太宗李世民親自撰寫。李世民在《晉書》寫了四篇史論：宣帝司馬懿本紀、武帝司馬炎本紀、陸機傳、王羲之傳。對於二帝的研究，主要是想要對晉朝的治亂興亡進行一番探索，以爲借鏡。這對剛建立的唐王朝有積極正面的作用，可以理解出於迫切的需要。而對於陸機與王羲之則出於個人的喜好，陸機主要著眼於文學，王羲之則著眼於藝術。據史載唐太宗對王羲之書法的熱愛，簡直到無以復加的地步。他透過實際行動，下令全國廣泛蒐羅王羲之的真跡，以至於賺取蘭亭序，陪葬昭陵；並且時時臨摹，還要求臣下學王羲之。目前能見的李世民的書跡〈晉祠銘〉與〈溫泉銘〉表現出完全是王羲之式的風格，當時的書法大家如歐陽詢、虞世南、褚遂良等人莫不沾染這股氣息，而整個唐代集王羲之字的碑刻就有十餘種。可以說，王羲之經過帝王的推闡，更確立他在中國書法史上不祧的地位。

本文及註釋

王羲之，字逸少，司徒導[1]之從子[2]也。祖正，尚書郎[3]。父

---

[1] 司徒導：司徒，官名，西周始置，負責管理土地、人民，東漢時期主掌教化，爲三公之一，至晉相承不改，參議國事。導，王導（西元 276–339 年），字茂弘，琅邪臨沂（今山東臨沂縣）人。歷仕晉元帝、明帝、成帝三代，爲東晉政權之奠基者。

[2] 從子：伯叔父之子，此指子侄輩。

[3] 尚書郎：官名，東漢始置，主起草文書。魏、晉尚書各曹有尚書郎、侍郎等，通稱尚書郎。晉時爲清要之職，號爲大臣之副。

曠，淮南太守。元帝[4]之過江也，曠首創其議。羲之幼訥於言[5]，人未之奇。年十三，嘗謁[6]周顗[7]，顗察而異之。時重牛心炙[8]，坐客未噉[9]，顗先割啗[10]羲之，於是始知名。及長，辯贍[11]，以骨鯁[12]稱，尤善隸書，為古今之冠，論者稱其筆勢，以為飄若浮雲，矯若驚龍。深為從伯敦、導[13]所器重。時陳留阮裕[14]有重名，為敦主簿[15]。敦嘗謂羲之曰：「汝是吾家佳子弟，當不減阮主簿。」裕亦目羲之與王承[16]、王悅[17]為王氏三少。時太尉郗

---

[4] 元帝：晉元帝司馬睿（西元 276－323 年），字景文，司馬懿之曾孫，東晉第一任皇帝。

[5] 訥於言：說話小心謹慎。

[6] 謁：請見、拜訪。

[7] 周顗：西元 269－322 年，字伯仁，汝南安城（今河南汝南縣東南）人，西晉安東將軍周浚之子，西晉及東晉官員。

[8] 牛心炙：烤牛心。炙，烤肉。

[9] 噉：吃或給人吃。

[10] 啗：同「噉」字義。

[11] 辯贍：能言善辯。

[12] 骨鯁：骨頭，這裡比喻剛直。

[13] 從伯敦、導：從伯，父親的堂兄。敦，王敦。導，王導。王敦（西元 266－324 年），字處仲，琅邪臨沂（今山東臨沂北）人。為東晉丞相王導的堂兄。

[14] 陳留阮裕：陳留，陳留郡，古代郡名，在今日河南省開封市一帶。阮裕，生卒年不詳，字思曠，阮籍族弟，以爽快無私著稱。

[15] 主簿：中國古代官職名稱，主管文書簿籍及印鑑，即起草一些文件、管理檔案、以及各種印章等，大致相當於現代的秘書或主任秘書一職。

[16] 王承：生卒年不詳，字安期，太原晉陽（今山西太原）人，曾擔任東海太守。

[17] 王悅：生卒年不詳，字長豫，琅邪臨沂（今山東臨沂）人。東晉丞相王導長子，以盡孝聞名。

鑒[18]使門生求女婿於導，導令就東廂遍觀子弟。門生歸，謂鑒曰：「王氏諸少並佳，然聞信至，咸自矜持。惟一人在東床坦腹食，獨若不聞。」鑒曰：「正此佳婿邪！」訪之，乃羲之也，遂以女妻之。

　　起家祕書郎[19]，征西將軍庾亮[20]請為參軍[21]，累遷長史[22]。亮臨薨[23]，上疏[24]稱羲之清貴[25]有鑒裁[26]。遷寧遠將軍、江州刺史。羲之既少有美譽，朝廷公卿皆愛其才器，頻召為侍中[27]、吏部尚書[28]，皆不就。復授軍護軍將[29]，又推遷不拜。揚州刺史殷浩[30]素雅重之，勸使應命，乃遺羲之書曰：「悠悠者以足下出處

---

18 太尉郗鑒：太尉，官名，秦時始置，為最高軍事長官，晉時已成為一種榮譽職，並無實權。郗鑒（西元 269－339 年），字道徽，高平金鄉（今山東金鄉）人。歷仕晉元帝、明帝、成帝三朝，曾協助討平晉初的王敦之亂和蘇峻之亂。

19 祕書郎：始置於三國魏，屬祕書省，管理皇家圖書收藏及校勘工作。

20 庾亮：西元 289－340 年，字元規，穎川鄢陵（今河南鄢陵）人，晉成帝即位初期在朝輔政，官至征西將軍。

21 參軍：古代武官名，軍政長官之幕僚。

22 長史：職官名，多為幕僚性質的官員，其執掌事務不一，相當於今天的秘書長一職。

23 薨：音ㄏㄨㄥ，古代諸侯或大官死亡稱之。

24 上疏：在朝官員專門上奏皇帝的一種文書形式。

25 清貴：學識或地位清高可貴，受人尊敬。

26 鑒裁：審察識別人物優劣的才能。

27 侍中：為少府屬下宮官群中直接供皇帝指派的散職，可入禁中受事。魏晉以後，侍中往往成為事實上的宰相。

28 吏部尚書：為吏部的最高級長官，相當於今日的銓敘、人事部長。

29 軍護軍將：主掌武官選任。

30 殷浩：西元 303－356 年，字淵源，陳郡長平（今河南西華）人，早年以見識度量，清明高遠而富有美名，因會稽王司馬昱提拔而一度與桓溫於朝中抗衡，但後因北伐失敗而被廢為庶人。

足觀政之隆替[31]，如吾等亦謂爲然。至如足下出處，正與隆替對，豈可以一世之存亡，必從足下從容之適[32]？幸徐求眾心[33]。卿不時起，復可以求美政不[34]？若豁然開懷，當知萬物之情也。」羲之遂報書曰：「吾素自無廊廟志[35]，直王丞相時果欲內吾[36]，誓不許之，手跡猶存，由來尚矣[37]，不於足下參政而方進退[38]。自兒娶女嫁，便懷尚子平[39]之志，數與親知言之，非一日也。若蒙驅使[40]，關隴、巴蜀[41]皆所不辭。吾雖無專對之能[42]，直謹守時命，宣國家威德，固當不同於凡使，必令遠近咸知朝廷留心於外，此所益殊不同居護軍也。漢末使太傅馬日磾[43]慰撫關

---

31 悠悠者以足下出處足觀政之隆替：很多人都從先生的出處，考察國家的興衰。悠悠者，許多人。足下，古時候對平輩或是朋友之間的敬稱。隆替，興衰。

32 從容之適：悠閒的生活樂趣。

33 幸徐求眾心：希望從您開始，可以慢慢求得眾人的心。

34 卿不時起，復可以求美政不：如果先生不及時出任爲官，清明的政治又如何實現？

35 廊廟志：擔負朝廷重任的志向，指參政的心願。

36 直王丞相時果欲內吾：正好王導請王羲之出任爲官。直，通「值」，正好遇到。王丞相，王導。內，通「納」，接納。

37 由來尚矣：由來已久了。

38 不於足下參政而方進退：不是因爲您的原因才不出來做官。

39 尚子平：亦作向子平，見《後漢書・逸民列傳・向長》。西漢末年隱士，好《老子》、《易經》。大司空王邑推薦爲官，不就。後出遊五嶽名山，不知所終。

40 若蒙驅使：如果受到任用。

41 關隴、巴蜀：關隴，指關中和甘肅東部一帶地區。巴蜀，指中國西南部以四川盆地爲核心的四川省。

42 專對之能：單獨應對的能力，指外交人員應對的口才。

43 太傅馬日磾：太傅，起始於春秋，爲皇帝輔佐大臣與老師，掌管禮法的制定和頒行，三公之一。馬日磾（西元？-194年），字翁叔，扶風茂陵（今陝西興平）人。經學大師馬融族孫，東漢末年，官至太傅。

東[44]，若不以吾輕微[45]，無所為疑，宜及初冬以行，吾惟恭以待命。」

義之既拜護軍，又苦求宣城郡[46]，不許，乃以為右軍[47]將軍、會稽內史[48]。時殷浩與桓溫[49]不協[50]，義之以國家之安在於內外和，因以與浩書以戒之，浩不從。及浩將北伐，義之以為必敗，以書止之，言甚切至。浩遂行，果為姚襄[51]所敗。……

義之雅好服食養性[52]，不樂在京師，初渡浙江，便有終焉之志[53]。會稽有佳山水，名士多居之，謝安未仕時亦居焉。孫綽[54]、李充[55]、許詢[56]、支遁[57]等皆以文義冠世，並築室東土，

[44] 關東：秦漢時大多指函谷關以東，魏晉隋唐時期亦指潼關以東。

[45] 輕微：身分地位卑微。

[46] 宣城郡：西晉所置，管轄相當於今之安徽長江以東之宣城、廣德、寧國、太平、石台等地。

[47] 右軍：本指古代三軍中的右翼軍，此為晉朝時軍官稱號。

[48] 會稽內史：會稽，會稽郡，晉時管轄今紹興、寧波一帶。內史，職掌太守之任，相當於今之縣長職務。

[49] 桓溫：西元 312 – 373 年，字元子，譙國龍亢（今安徽懷遠）人。官至征西大將軍、大司馬、南郡宣武公。

[50] 不協：不和睦。

[51] 姚襄：西元 331 – 357 年，字景國，南安赤亭（今甘肅隴西縣西）羌人，五胡十六國時期將領，是後秦開國君主姚萇之兄。

[52] 服食養性：服食藥物以養生。服食，又名服餌。養性，養生。

[53] 終焉之志：在此安身終老的想法。

[54] 孫綽：西元 314 – 371 年，字興公，中都（今山西平遙）人，玄言詩人，工書法。

[55] 李充：生卒年不詳，字弘度，江夏（今湖北安陸）人，當時著名詩人、玄言學家。

[56] 許詢：生卒年不詳，字玄度，高陽（今河北蠡縣）人，善詩、文。

[57] 支遁：西元 314 – 366 年，字道林，世稱支公，也稱林公，簡稱支硎，本姓關。陳留（今河南開封市）人，當時之高僧、佛學家、文學家。

與羲之同好。嘗與同志宴集於會稽山陰之蘭亭，羲之自為之序以申其志，曰：

永和 [58] 九年，歲在癸丑，暮春之初 [59]，會於會稽山陰之蘭亭，修禊 [60] 事也。群賢畢至，少長咸集。此地有崇山峻嶺，茂林修竹，又有清流激湍 [61]，映帶左右 [62]，引以為流觴曲水 [63]，列坐其次 [64]。雖無絲竹管弦 [65] 之盛，一觴一詠 [66]，亦足以暢敘幽情 [67]。

是日也，天朗氣清，惠風和暢 [68]，仰觀 [69] 宇宙之大，俯察品類 [70] 之盛，所以遊目騁懷 [71]，足以極 [72] 視聽之娛，信 [73] 可樂也。

---

[58] 永和：東晉皇帝穆帝司馬聃的第一個年號，共計十二年（西元 345－356 年）。

[59] 暮春之初：暮春，農曆三月。此句指三月三日王羲之與謝安、孫綽等四十一人在蘭亭聚會。

[60] 修禊：古人在農曆三月上旬的巳日，三國魏以後固定為三月三日，臨水而祭，以消除不祥。

[61] 激湍：有漩渦的急流。

[62] 映帶左右：水流兩邊的景物互相映襯。

[63] 流觴曲水：讓酒杯沿著環曲的水流循流而下，停在誰的面前即取而飲之。

[64] 其次：指水邊。

[65] 絲竹管弦：絲、竹、管、弦皆為樂器，這裏指音樂。

[66] 一觴一詠：舊指文人喝酒吟詩的聚會。觴，古代盛酒器，借指飲酒。詠，吟詩。

[67] 暢敘幽情：盡情地敘談，把內心深處的感情都表達出來。

[68] 惠風和暢：柔和的風，使人感到溫暖、舒適。惠，柔和。和，溫和。暢，舒暢。

[69] 仰觀：抬頭觀察。

[70] 俯察品類：俯察，低頭觀察。品類，天地萬物。

[71] 遊目騁懷：縱目游觀，舒散懷抱。

[72] 極：盡。

[73] 信：確、實。

夫人之相與[74]，俯仰一世[75]，或取諸懷抱[76]，悟言[77]一室之內，或因寄所托[78]，放浪形骸[79]之外。雖趣舍萬殊[80]，靜躁不同[81]，當其欣於所遇[82]，暫得於己[83]，快然自足，不知老之將至。及其所之既倦[84]，情隨事遷，感慨係之矣。向之所欣[85]，俛仰[86]之間，已為陳跡，猶不能不以之興懷[87]。況修短隨化[88]，終期於盡[89]。古人云，死生亦大矣，豈不痛哉！

每覽昔人興感之由[90]，若合一契[91]，未嘗不臨文嗟悼[92]，不能喻之於懷[93]。固知一死生[94]為虛誕，齊彭殤為妄作[95]，後之視

---

[74] 相與：相處。

[75] 俯仰一世：很快度過一生。

[76] 取諸懷抱：展現抱負。

[77] 悟言：面對面交談。悟，通「晤」。

[78] 因寄所托：有所寄託。

[79] 放浪形骸：不拘形跡。放浪，放達不拘。形骸，形體。

[80] 趣舍萬殊：趣舍，取捨。萬殊，千差萬別。

[81] 靜躁不同：沉靜與躁動各自不同。

[82] 欣於所遇：對所接觸的事物感到高興。

[83] 暫得於己：暫時得意。

[84] 所之既倦：對所嚮往愛好的事物已經厭倦。

[85] 向之所欣：以前所欣喜的事物。

[86] 俛仰：通「俯仰」，指短暫的片刻。

[87] 以之興懷：因它而引發感觸。

[88] 修短隨化：生命的長短隨著自然變化。修，長。

[89] 終期於盡：人終究要死亡。期，期限。

[90] 每覽昔人興感之由：每次觀覽古人文章所感慨的原因。期，期限。

[91] 若合一契：好像相符。契，符契，分左右兩半，雙方各執其一，用時合對以做憑信。

[92] 嗟悼：嘆息。

[93] 不能喻之於懷：無法明白悲嘆的情緒。喻，明白、解釋。

[94] 一死生：即將生和死看作一回事。

[95] 齊彭殤為妄作：將長壽和短命等量齊觀是虛妄的說法。齊，齊一。彭，彭祖，傳說中的長壽者。殤，短命者。妄作，虛妄。

今，亦猶今之視昔，悲夫！故列敘時人，錄其所述 [96]，雖世殊事異 [97]，所以興懷，其致 [98] 一也。後之覽者，亦將有感於斯文 [99]。

或以潘岳 [100]《金谷詩序》方 [101] 其文，義之比於石崇 [102]，聞而甚喜。

性愛鵝，會稽有孤居姥 [103] 養一鵝，善鳴，求市未能得，遂攜親友命駕就觀。姥聞義之將至，烹以待之，義之嘆惜彌日 [104]。又山陰有一道士，養好鵝，義之往觀焉，意甚悅，固求市之 [105]。道士云：「為寫《道德經》，當舉羣相贈耳。」義之欣然寫畢，籠 [106] 鵝而歸，甚以為樂。其任率 [107] 如此。嘗詣門生 [108] 家，見棐几滑淨 [109]，因書之，眞草 [110] 相半。後為其父誤刮去之，門生驚懊

---

[96] 述：指蘭亭聚會者所作的詩文。

[97] 世殊事異：時代不同，事物有差異。

[98] 致：所要表達的宗旨。

[99] 斯文：這篇文章，即〈蘭亭集序〉。

[100] 潘岳：西元 247-300 年，字安仁，後人多稱潘安，滎陽中牟（今河南）人，西晉文學家。

[101] 方：比方、比擬。

[102] 石崇：西元 249-300 年，字季倫，渤海南皮（今河北南皮縣）人。西晉司徒石苞的第六子，西晉著名官吏、盜賊。為人奢暴好殺，八王之亂時遭孫秀誣陷，被處死。

[103] 姥：老婦人。

[104] 彌日：終日。

[105] 固求市之：王羲之堅決要買這隻鵝。固，堅決。市，買。

[106] 籠：用籠子罩住。

[107] 任率：任性率眞而不做作。

[108] 門生：親授業的弟子或科舉中試者對座師的自稱，後泛指學生。

[109] 棐几滑淨：榧木做的木几很光滑乾淨。

[110] 眞草：楷書與草書。

者累日。又嘗在蕺山[111]見一老姥，持六角竹扇賣之。羲之書其扇，各為五字。姥初有慍色[112]。因謂姥曰：「但言是王右軍書，以求百錢邪。」姥如其言，人競買之。他日，姥又持扇來，羲之笑而不答。其書為世所重，皆此類也。每自稱「我書比鐘繇[113]，當抗行[114]；比張芝[115]草，猶當雁行[116]也。」曾與人書云：「張芝臨池[117]學書，池水盡黑，使人耽之若是，未必後之[118]也。」羲之書初不勝庾翼[119]、郗愔[120]，及其暮年方妙。嘗以章草答庾亮，而翼深歎伏，因與羲之書云：「吾昔有伯英章草[121]十紙，過江顛狽[122]，遂乃亡失，常歎妙跡永絕。忽見足下答家兄書，煥若神明，頓還舊觀。」

---

[111] 蕺山：在浙江山陰（今紹興）城北。

[112] 慍色：怨怒的臉色。

[113] 鐘繇：西元 151–230 年，字元常，豫州穎川長社（今河南長葛）人。三國時期曹魏重臣、著名書法家，官至太傅，人稱鐘太傅。

[114] 抗行：並行，不分軒輊。

[115] 張芝：西元 ？–192 年，字伯英，東漢敦煌郡淵泉縣（今甘肅安西縣東）人。擅長草書，曹魏書法家韋誕稱他為「草聖」。

[116] 雁行：居前的行列。

[117] 臨池：運筆寫字。

[118] 耽之若是，未必後之：如果沉迷於書法，未必比張芝差。耽，沉迷。是，此，書法。

[119] 庾翼：西元 305–345 年，字稚恭，穎川鄢陵人（今河南鄢陵）。庾亮之弟，官至征西將軍、荊州刺史，為當時著名之書法家。

[120] 郗愔：西元 313–384 年，字方回，高平金鄉（今山東省金鄉縣）人。郗鑑之長子，王羲之妻弟，官至平北將軍、徐兗二州刺史。

[121] 章草：書法書體之一種，是早期的草書，始於秦漢年間，由草寫的隸書演變而成當時的標準草書。

[122] 顛狽：顛沛。

　　時驃騎將軍王述[123]少有名譽，與羲之齊名，而羲之甚輕之，由是情好不協[124]。述先為會稽，以母喪居郡境，羲之代述，止一弔，遂不重詣。述每聞角聲[125]，謂羲之當候己，輒灑掃而待之。如此者累年[126]，而羲之竟不顧，述深以為恨。及述為揚州刺史[127]，將就徵[128]，周行郡界，而不過[129]羲之，臨發，一別而去。先是，羲之常謂賓友曰：「懷祖正當作尚書耳，投老[130]可得僕射[131]。更求會稽，便自邈然[132]。」及述蒙顯授[133]，羲之恥為之下，遣使詣朝廷，求分會稽為越州。行人失辭[134]，大為時賢所笑。既而內懷愧歎，謂其諸子曰：「吾不減[135]懷祖，而位遇懸邈[136]，當由汝等不及坦之[137]故邪！」述後檢察會稽郡，辯其刑

---

[123] 王述：西元 303-368 年，字懷祖，太原晉陽（今山西太原市）人。東海太守王承之子，歷任揚州刺史和衛將軍、尚書令，封藍田侯，人稱王藍田。

[124] 情好不協：關係不和諧。

[125] 角聲：畫角之聲。古代軍中吹角以為昏明之節，此處應指車聲。

[126] 累年：接連多年。

[127] 刺史：古代職官名，本為御史的一種，始於漢代。晉朝時兼具軍事與行政權，為一地之官長，與太守無異。

[128] 就徵：接受朝廷、官府徵召。

[129] 過：拜訪。

[130] 投老：臨老，到了年老之時。

[131] 僕射：官名，起於秦代，凡侍中、尚書、博士、謁者、郎等官，都有僕射，根據所領職事作稱號，意即其中的首長。

[132] 邈然：茫然。

[133] 顯授：指王述聲名顯赫，被授與要職。

[134] 行人失辭：傳話人言詞失當。

[135] 不減：不差、不輸。

[136] 位遇懸邈：地位際遇懸殊。

[137] 坦之：王述之子名坦之，字文度。

政 138，主者疲於簡對 139。義之深恥之，遂稱病去郡 140，於父母墓前自誓曰：「維永和十一年三月癸卯朔，九日辛亥，小子義之敢告二尊 141 之靈。義之不天 142，夙遭閔凶 143，不蒙過庭之訓 144。母兄鞠育 145，得漸庶幾 146，遂因人乏，蒙國寵榮。進無忠孝之節，退違推賢之義，每仰詠 147 老氏、周任 148 之誡，常恐死亡無日，憂及宗祀 149，豈在微身 150 而已！是用寤寐永歎 151，若墜深谷。止足之分 152，定之於今。謹以今月吉辰肆筵設席 153，稽顙歸誠 154，告誓先靈。自今之後，敢渝此心，貪冒苟進，是有無尊之心而不子 155 也。子而不子，天地所不覆載 156，名教 157 所不得容。信誓

138 辯其刑政：對會稽郡的刑政做法提出不同的意見，有爲難之意。辯，辯駁。
139 簡對：應對。
140 稱病去郡：假借生病，離開會稽郡。
141 二尊：父母親。
142 不天：不被老天護佑。
143 夙遭閔凶：年幼就遭到憂患和不幸。夙，年幼時。閔，憂患。凶，不幸。
144 過庭之訓：父親的教誨。
145 鞠育：養育。
146 得漸庶幾：得母兄的撫養，逐漸長大成人。
147 仰詠：仰慕吟詠。
148 老氏、周任：老氏，姓李名耳，字聃，即老子，著有《道德經》。周任，一說是周之大夫，或說爲古之良史。
149 宗祀：對祖宗的祭祀。
150 微身：微軀，指王羲之自己微小的身軀。
151 寤寐永歎：日夜嘆息。
152 止足之分：知道適可而止，知道滿足的本分。
153 肆筵設席：擺設筵席。肆、設爲放置、陳列。
154 稽顙歸誠：稽顙，古代一種跪拜禮儀，屈膝下跪，以額觸地。歸誠，寄以誠心。
155 無尊之心而不子：沒有尊敬的心而不能稱爲人子。
156 覆載：覆蓋與承載。指覆育與包容。
157 名教：以正名分、定尊卑爲主要內容的禮教與道德規範。

之誠，有如皦日[158]！」

義之既去官，與東土人士盡山水之游，弋釣[159]為娛。又與道士許邁共修服食，采藥石不遠千里，游遍游東中諸郡，窮諸名山，泛滄海，歎曰：「我卒當以樂死。」謝安嘗謂義之曰：「中年以來，傷於哀樂，與親友別，輒作數日惡[160]。」義之曰：「年在桑榆[161]，自然至此。項正賴絲竹陶寫[162]，恒[163]恐兒輩覺[164]，損其歡樂之趣。」朝廷以其誓苦，亦不復徵之。……

年五十九卒，贈金紫光祿大夫[165]。諸子遵父先旨，固讓不受。有七子，知名者五人。……

獻之字子敬。少有盛名，而高邁不羈[166]，雖閒居終日，容止不怠[167]，風流為一時之冠。年數歲，嘗觀門生樗蒱[168]，曰：「南風不競[169]。」門生曰：「此郎亦管中窺豹，時見一斑[170]。」獻之

---

[158] 皦日：明亮的太陽。

[159] 弋釣：射鳥釣魚。

[160] 輒作數日惡：總是接接連幾天心中難受，形容因外界刺激而產生的難受。輒，總是、就。惡，心中難受。

[161] 年在桑榆：夕陽的餘輝照在桑榆樹梢上，比喻晚年的時光。

[162] 陶寫：怡悅情性，消愁解悶。

[163] 恒：常常。

[164] 覺：發覺。

[165] 金紫光祿大夫：職官名，指光祿大夫之加金印紫綬。

[166] 高邁不羈：英俊傑出，有才氣而不拘禮俗。

[167] 容止不怠：儀容舉止沒有疲態。

[168] 樗蒱：古代流行類似擲骰子的棋類遊戲，因最初以樗木製成，故稱樗蒱。

[169] 南風不競：原來比喻楚軍的士氣不振，戰鬥力差，後來泛用以比喻競賽失利或競賽的一方力量不強。南風，南方音樂風格。不競，音樂微弱。

[170] 管中窺豹，時見一斑：從竹管的小孔裡看豹，只看到豹身上的一塊斑紋。比喻只看到事物的一部分，所見不全面。

怒曰：「遠慚荀奉倩[171]，近愧劉眞長[172]。」遂拂衣而去[173]。嘗與兄徽之、操之俱詣謝安[174]，二兄多言俗事，獻之寒溫而已[175]。既出，客問安王氏兄弟優劣，安曰：「小者佳。」客問其故，安曰：「吉人之辭寡[176]，以其少言，故知之。」嘗與徽之共在一室，忽然火發，徽之遽走[177]，不遑取履[178]。獻之神色恬然[179]，徐呼左右扶出。夜臥齋中而有偷人[180]入其室，盜物都盡。獻之徐曰：「偷兒，青氈[181]我家舊物，可特置之。」羣偷驚走。

工草隸[182]，善丹青[183]。七八歲時學書，羲之密從後掣[184]其筆不得，歎曰：「此兒後當復有大名。」嘗書壁為方丈大字，羲之甚以為能，觀者數百人。桓溫嘗使書扇，筆誤落，因畫作烏鮫牸

---

[171] 遠慚荀奉倩：論年代久遠的，我慚愧不如荀粲。荀奉倩，荀粲（約西元209-238年），字奉倩，魏晉時的名士。父親荀彧，岳父曹洪，玄學名家。

[172] 近愧劉眞長：以近世的而言，我則比不上劉惔。劉眞長，生卒年不詳，名惔，字眞長，沛國人，爲當時著名的清談家，其妹是謝安夫人。個性淡雅，好老莊，放任自適。

[173] 拂衣而去：甩了衣袖離開，形容生氣的模樣。

[174] 謝安：西元320-385年，字安石，今浙江紹興人。淝水之戰擊敗前秦，死後追贈太傅，追封廬陵郡公。世稱謝太傅、謝安石、謝相、謝公。

[175] 寒溫而已：問候冷暖起居而已。

[176] 吉人之辭寡：賢能的人話少。

[177] 遽走：快跑。

[178] 不遑取履：不遑，沒時間、來不及。取履，取鞋。

[179] 恬然：安然，不在意貌。

[180] 偷人：小偷。

[181] 青氈：黑色毛毯。

[182] 草隸：一是指草書的簡稱。另一說又稱隸草，是隸書的草率寫法，類似章草。又一說是指草和楷書。

[183] 丹青：中國古代繪畫常用朱紅色、青色，故以丹青爲繪畫代稱。

[184] 掣：牽引、牽動。

牛[185]，甚妙。

起家州主簿、秘書郎，轉丞[186]，以選尚新安公主[187]。嘗經吳郡，聞顧辟彊[188]有名園。先不相識，乘平肩輿[189]徑入[190]。時辟彊方集賓友，而獻之遊歷既畢，傍若無人。辟彊勃然數之[191]曰：「傲主人，非禮也。以貴驕士[192]，非道也。失是二者，不足齒[193]之傖[194]耳。」便驅出門。獻之傲如[195]也，不以屑意[196]。

謝安甚欽愛之，請為長史。安進號衛將軍，復為長史。太元[197]中，新起太極殿，安欲使獻之題榜[198]，以為萬代寶，而難言之，試謂曰：「魏時陵雲殿榜未題，而匠者誤釘之，不可下，乃

---

185 烏鮫牸牛：烏鮫，鯊魚的一種。牸牛，母牛。

186 轉丞：轉任秘書丞。官吏調任品秩相同的他官稱轉。秘書丞，古代掌文籍等事之官。

187 以選尚新安公主：選尚，娶帝王之女。新安公主，司馬道福，晉簡文帝的女兒，貴人徐氏所生。初封餘姚公主。前夫桓濟，後來改嫁王獻之，女兒王神愛為晉安帝司馬德宗的皇后。

188 顧辟彊：字與生卒年不詳，曾任郡功曹、平北參軍，曾建名園。辟彊園，唐時尚存。

189 平肩輿：古代的一種轎子。

190 徑入：直接進入。

191 勃然數之：生氣數落王獻之。

192 以貴驕士：倚仗地位尊貴而瞧不起人。

193 不足齒：不值得一談，有鄙視之意。齒，說。

194 傖：粗野、鄙陋。

195 傲如：驕傲。

196 屑意：介意。

197 太元：東晉孝武帝司馬曜的第二個年號，共計二十一年（西元 376–396年）。

198 題榜：題寫匾額。榜，匾額。

使韋仲將[199]懸橙[200]書之。比訖[201]，鬚鬢盡白，裁餘氣息[202]。還語子弟，宜絕此法。」獻之揣知其旨，正色曰：「仲將，魏之大臣，寧有此事！使其若此，有以知魏德之不長。」安遂不之逼。安又問曰：「君書何如君家尊[203]？」答曰：「故當不同。」安曰：「外論不爾[204]。」答曰：「人那得知！」尋除[205]建威將軍、吳興太守，徵拜中書令[206]。

及安薨，贈禮有同異之議，惟獻之、徐邈共明安之忠勳。獻之乃上疏曰：「故太傅臣安少振玄風[207]，道譽洋溢。弱冠遐棲[208]，則契齊箕皓[209]；應運釋褐[210]，而王猷允塞[211]。及至載宣威靈[212]，強猾消殄[213]。功勳既融[214]，投載[215]高讓。且服事先帝，眷

---

[199] 韋仲將：即韋誕（西元 179–251 年），字仲將，三國京兆杜陵（今陝西西安）人。著名書法家。

[200] 橙：通「櫈」，凳子。

[201] 比訖：比，及、等到。訖，結束。

[202] 裁餘氣息：呼吸勉強接上，形容氣息極其微弱。裁，通「纔」、「才」。

[203] 家尊：尊稱別人的父親。

[204] 外論不爾：外人所說的不是如此。

[205] 尋除：尋，俄，俄而、不久，短暫的時間。除，拜受官位。

[206] 中書令：職官名，指中書省的長官。掌管宮內圖書的整理與討論政策，其主官階高者稱中書監，次者稱中書令。

[207] 玄風：魏晉時期清談的風氣。

[208] 遐棲：隱居。

[209] 箕皓：箕子與商山四皓的並稱。箕子，殷時賢人。四皓，秦漢時隱於商山之東園公、甪里先生、綺里季、夏黃公四位賢人。

[210] 釋褐：脫去平民衣服，比喻始任官職。

[211] 王猷允塞：王猷，王道。允塞，充滿、盛大。

[212] 威靈：顯耀的聲威。

[213] 強猾消殄：強橫狡詐的人滅絕。

[214] 融：調和、長久。

[215] 載：印璽。

隆[216]布衣。陛下踐阼[217]，陽秋尚富[218]，盡心竭智以輔聖明。考其潛躍始終[219]，事情繾綣[220]，實大晉之儁輔[221]，義篤於曩[222]臣矣。伏惟陛下留心宗臣，澄神於省察[223]。」孝武帝遂加安殊禮。

　　未幾，獻之遇疾，家人為上章[224]，道家法應首過[225]，問其有何得失。對曰：「不覺餘事[226]，惟憶與郗家離婚。」獻之前妻，郗曇[227]女也。俄而卒於官。安僖皇后[228]立，以後父[229]追贈侍中、特進、光祿大夫、太宰，諡曰憲。無子，以兄子靜之嗣，位至義興太守。時議者以為羲之草隸，江左[230]中朝莫有及者，獻之骨力[231]遠不及父，而頗有媚趣[232]。桓玄雅愛其父子書，各為一帙[233]，置左右以玩之。……

---

[216] 眷隆：眷顧尊崇。
[217] 踐阼：即位。
[218] 陽秋尚富：年紀還輕。
[219] 潛躍始終：出處進退，有始有終。
[220] 事情繾綣：不離事物的真相，指對處理朝中大事得宜。繾綣，不離散。
[221] 輔：俊輔，肱股人才。
[222] 曩：從前、往日。
[223] 省察：審察、仔細考察。
[224] 上章：道士上表求神。
[225] 首過：首次罪過。
[226] 餘事：其他的事。
[227] 郗曇：西元 320–361 年，字重熙，高平金鄉（今山東金鄉）人，郗鑒之子。
[228] 安僖皇后：指王神愛（西元 384–412 年），晉安帝司馬德宗的皇后，王獻之與新安公主之女。
[229] 後父：繼父。
[230] 江左：指長江以東地區，即江東，或是東晉的代稱。
[231] 骨力：剛健雄勁的風格。
[232] 媚趣：優美動人的意趣。
[233] 帙：本指書、畫的封套，此指作成套書。

贊曰：書契[234]之興，肇[235]乎中古[236]，繩文鳥跡[237]，不足可觀[238]。末代去樸歸華[239]，舒牋點翰[240]，爭相跨尚[241]，競其工拙。伯英臨池[242]之妙，無復餘蹤；師宜懸帳[243]之奇，罕有遺跡。逮[244]乎鍾王[245]以降，略可言焉。鍾雖擅美[246]一時，亦為迴絕[247]，論其盡善，或有所疑。至於布纖濃，分疏密[248]，霞舒雲卷，無所間然[249]。但其體則古而不今[250]，字則長而逾制[251]，語其大量[252]，以此為瑕。獻之雖有父風，殊非新巧。觀其字勢疏瘦，

---

[234] 書契：文字，此指書法。

[235] 肇：開始。

[236] 中古：此指漢代。

[237] 繩文鳥跡：相傳古人對於文字的變化，先從觀看鳥跡得到啟發，進而有結繩紀事。

[238] 不足可觀：不值得一看。

[239] 去樸歸華：捨棄樸實，歸向華麗。

[240] 舒牋點翰：揮翰書寫或書寫書信。牋、翰，皆指書信、信札。

[241] 跨尚：誇大崇尚。

[242] 臨池：書寫。

[243] 師宜懸帳：師宜，即師宜官，漢靈帝時人，善隸書。懸帳，梁鵠典故。曹操愛梁鵠書，破荊州時得之，懸於帳中觀賞，後以此形容書法精妙。

[244] 逮：及、至。

[245] 鍾王：鍾繇、王羲之。

[246] 擅美：專美，獨享美名。

[247] 迴絕：超群卓絕。

[248] 布纖濃，分疏密：此指書法的結構。

[249] 間然：異議。

[250] 古而不今：古樸而不妍美。

[251] 長而逾制：指鍾繇的字過於扁長與當時唐朝流行的書風有異。逾制，超過常規。

[252] 語其大量：總括而言。

如隆冬²⁵³之枯樹；覽其筆蹤²⁵⁴拘束，若嚴家之餓隸²⁵⁵。其枯樹也，雖槎枿²⁵⁶而無屈伸；其餓隸也，則羈羸²⁵⁷而不放縱。兼斯二者，故翰墨之病歟！子雲²⁵⁸近出，擅名江表²⁵⁹，然僅得成書²⁶⁰，無丈夫之氣，行行若縈²⁶¹春蚓，字字如綰²⁶²秋蛇；臥王濛於紙中，坐徐偃於筆下²⁶³；雖禿千兔之翰，聚無一毫之筋²⁶⁴，窮萬穀之皮，斂無半分之骨²⁶⁵；以茲播美²⁶⁶，非其濫名²⁶⁷邪！此數子者，皆譽過其實。所以詳察古今，研精篆素²⁶⁸，盡善盡美，其惟

---

²⁵³ 隆冬：嚴冬。

²⁵⁴ 筆蹤：筆跡。

²⁵⁵ 嚴家之餓隸：嚴酷的主人有飢餓的僕隸，拘束瘦弱，形容拘謹的風格。

²⁵⁶ 槎枿：樹的杈枝。

²⁵⁷ 羈羸：拘束瘦弱。

²⁵⁸ 子雲：即蕭子雲（西元 487–549 年），字景齊，南蘭陵（今江蘇常州市）人，官至侍中、國子祭酒。善書法，各體皆能，尤工草隸飛白。

²⁵⁹ 江表：長江以南地區。

²⁶⁰ 僅得成書：書法成就指到達某一個程度。

²⁶¹ 縈：繚繞。

²⁶² 綰：將條狀繫結起來，或盤打成結。

²⁶³ 臥王濛於紙中，坐徐偃於筆下：落筆雖有王濛之美，實則筆力柔弱。王濛（西元 309–347 年），字仲祖，小字阿奴，太原晉陽（今山西太原）人，為東晉風雅瀟灑名士的典範，善書畫。徐偃，指徐偃王，周穆王時徐國君。相傳徐偃王有筋而無骨，藉以形容筆毫柔韌便於書寫，故有徐偃筆之說。

²⁶⁴ 雖禿千兔之翰，聚無一毫之筋：雖然取禿千兔的毫毛製成良筆，但是聚集不起來一毫的筋力。

²⁶⁵ 窮萬穀之皮，斂無半分之骨：雖然窮盡萬穀的樹皮，但是收斂不了半分的骨肉。穀，為構樹，別名楮樹、鹿仔樹、紙木、楮桑、穀桑，皮可造紙，

²⁶⁶ 播美：傳播美名。

²⁶⁷ 濫名：虛名。

²⁶⁸ 篆素：本指篆書於素帛，此指書法。

王逸少乎！觀其點曳[269]之工，裁成[270]之妙，煙霏露結[271]，狀若斷而還連；鳳翥龍蟠[272]，勢如斜而反直[273]。翫之不覺為倦，覽之莫識其端，心慕手追[274]，此人而已。其餘區區[275]之類，何足論哉！

時代意義

　　書法，是中國古代社會士人必須學習的技藝，由於書法有其特殊性，因此逐漸由技進入道之林，由實用走向藝術之門。在中國書法史上，毫無疑義的由王羲之登上宗師的地位。王獻之，唐太宗雖然極力貶斥，他的成就卻足以與其父齊名，與王羲之並稱二王。而二王能領袖書壇，絕非偶然，他們是繼承那個時代成果，憑著過人的天資，加上自身努力，自鑄新樣，成為特定歷史下的代表人物。

　　秦漢時代，書體以篆、隸、章草為形式，其筆法中鋒落筆，平鋪直敘，風格質樸。自漢末鍾繇解散隸法，筆法獲得發展，楷書、行書、今草體雖確立，但嚴整內斂，橫勢渾厚，表現風格仍然質勝於文，然總體來看已往妍美之路前進。

　　在王羲之之前，世族書家對楷書、行書、今草體書寫已蔚為風氣，然而書風與筆法仍未盡脫前朝氣息。王羲之身處求新求變的時代，在筆法上中鋒、側鋒並用，以正為主，取內擫方式，書體變為流暢妍美，清逸奇

---

[269] 點曳：指點畫。

[270] 裁成：分間布白，指整篇結構。

[271] 煙霏露結：指點畫變化自然。

[272] 鳳翥龍蟠：鳳凰飛舞，蛟龍盤曲。比喻體勢飛揚勁健，回旋多姿。

[273] 勢如斜而反直：指體勢險絕卻平正。

[274] 心慕手追：心頭羨慕，手上追求。形容竭力模仿。

[275] 區區：小、少。形容微不足道。

肆，在改變漢魏舊體方面步出關鍵一步。王獻之在筆法上同樣中鋒、側鋒並用，卻側鋒更多於中鋒，取外拓方式，因此書風更爲妍美變化，可說在父親的基礎上，推波助瀾，大大促進了書法的變化。今觀王羲之、王獻之的作品，加以比較他們之前與同時代的其他書法家的作品，二王的作品變幻莫測的筆勢，優美絕倫的字形，精妙無方的點畫、縱橫如意的布局，無論在行書、草書或楷書方面，創造出來的形式，都是劃時代的。

　　王羲之與王獻之一生留下的書蹟到底有多少，不得而知。歷代帝王以王羲之爲蒐藏的對象來說，南朝劉宋明帝泰始年間，內府舊藏及新入的達一百二十卷一千多紙。梁武帝時，內府秘藏計有七千多紙。唐朝貞觀年間，內府購求就有三千多紙。然而經過悠悠歷史的洗禮，二王眞跡早已不存，保留至今僅是所謂的下眞跡一等的唐宋摹本或刻本。因此今人如欲了解二王書法風采，只能憑藉古人複製方式保存下的作品，不過也成爲麟毛鳳角，如北宋所刻的《淳化閣帖》，掛名王羲之的不過一百五十五帖，王獻之只有七十三帖，與前代著錄的數量已相差甚遠了。

編撰者：鄭國瑞

延伸閱讀

1. 李錦堂、戴小京，《王羲之王獻之書法全集》，上海：上海書畫出版社，1994 年。
2. 江吟、宋行標，《王羲之書法全集》一至十冊，安徽：西泠印社出版社，2008 年。
3. 王林，《王獻之書法全集》，人民美術出版社，2008 年。

參考資料

1.白話二十四史之 5 晉書，http://yw.eywedu.com/24/05/index.htm。

2.王汝濤，《王羲之世家》，長春：吉林人民出版社，1997 年。

3.王春南，《一代書聖王羲之》，臺北：廣達文化，2002 年。

4.劉濤，《中國書法史——魏晉南北朝》，南京：江蘇教育出版社，
  2002 年。

5.楊成寅，《王羲之》，北京：中國人民大學出版社，2005 年。

一代畫聖──顧愷之

《晉書‧文苑傳》

導讀

　　《晉書》是中國的二十五史之一，內容包括〈帝紀〉十卷，〈志〉二十卷，〈列傳〉七十卷，〈載記〉三十卷，共一百三十二卷。敘事起自三國時期司馬懿早期，至東晉恭帝元熙二年（西元 420 年）劉裕廢晉帝自立爲止，所敘時間約爲二百二十餘年。

　　自唐太宗李世民開始設館修前代史，總計完成《晉書》、《梁書》、《陳書》、《北齊書》、《周書》、《隋書》六部史書，《晉書》是第一部。《晉書》從貞觀二十年（西元 646 年）開始撰寫，至貞觀二十二年（西元 648 年）完成，歷時不到三年。《晉書》的撰寫出於衆手，作者總共二十一人，其中房玄齡、褚遂良、許敬宗三人爲監修，其餘十八人爲令狐德棻、敬播、來濟、陸元仕、劉子翼、盧承基、李淳風、李義府、薛元超、上官儀、崔行功、辛丘馭、劉胤之、楊仁卿、李延壽、張文恭、李安期和李懷儼。修史體例爲敬播擬定，可惜未流傳下來。〈天文〉、〈律曆〉、〈五行〉等三志出自李淳風之手。另外李世民也在〈宣帝司馬懿〉、〈武帝司馬炎〉二紀及〈陸機〉、〈王羲之〉兩傳寫了四篇史論，所以又題「御撰」。

　　《晉書》主要依循正史舊有的體例，稍不同的是另立「載記」的形式，記載了中國古代少數民族匈奴、鮮卑、羯、氐、羌建立的十六國政權的事跡，提供了研究北朝可貴的資料。另一方面，在志的部分，多從三國

時期寫起，彌補了《三國志》有紀、傳而無志的缺點。如〈食貨志〉講東漢、三國時代的經濟發展，〈律曆志〉所記幾種曆法，也都是重要的史料。

由於《晉書》成於眾人之手，所費時間不長，存在著不少的錯誤、矛盾、疏漏之處。如〈李重傳〉有「重議之，見百官志」語，《晉書》並無百官志，只有職官志，也未記載李重奏議；〈馮紞傳〉稱「紞兄恢，自有傳」，〈殷顗傳〉稱「弟仲文、叔獻，別有傳」，但《晉書》並無〈馮恢傳〉、〈殷叔獻傳〉。又如〈地理志〉僅詳於西晉，永嘉以後到東晉時期的建置和演變則非常簡略，對於僑置郡縣也不加區分，以致混淆不清。

儘管《晉書》並非一部完善的斷代史，但在修撰時期，參考當時所能見到晉代文獻相當多，除各專史外，還有大量的詔令、儀注、起居注以及文集，因此今人如欲了解兩晉時期的歷史，《晉書》仍然是首要選擇。又加上《晉書》成書之後，唐代以前專言晉史的著作幾乎湮滅，《晉書》更顯現出它的價值。

本篇選自《晉書‧卷九十二‧列傳第六十二‧文苑傳》。

顧愷之（西元 348－409 年），出身名門，父悅之、祖毗都在晉朝任大官，自幼即秉受庭訓，博覽群籍，加上天資聰穎，才氣高，傳統的詩文書畫造詣深厚。綜觀其一生，儘管官位不高，在政治上無多建樹，但以其在藝文方面的成就，足以流傳百世，因此載入〈文苑傳〉。

目前遺留下來顧愷之的資料不多，散見各處的零星紀錄，比較可靠的有劉義慶的《世說新語》、檀道鸞的《續晉陽秋》、丘淵之的《文章錄》、許嵩的《建康實錄》、《晉書》本傳，以及張彥遠的《歷代名畫記》。

本傳以顧愷之的才、畫、癡三絕名於當時為結尾，全篇文章也以此三方面為敘述的重點。才絕方面，著眼於文學，目前顧愷之的文集已佚，但尚可見〈虎丘山序〉、〈風賦〉、〈冰賦〉、〈觀濤賦〉、〈箏賦〉、〈四時詩〉等詩文；畫絕方面，著眼於繪畫，他精於人像、佛像、禽獸、

山水等，在中國美術史上，與曹不興、陸探微、張僧繇合稱六朝四大家。癡絕方面，著眼於慧黠戲謔，描繪出他率眞癡呆、幽默誇張的本色。

本文及註釋

顧愷之，字長康，晉陵無錫[1]人也。父悅之[2]，尚書左丞[3]。愷之博學有才氣，嘗為《箏賦》，成，謂人曰：「吾賦之比嵇康[4]琴，不賞者必以後出相遺，深識者亦當以高奇見貴[5]。」

桓溫[6]引[7]為大司馬參軍[8]，甚見親昵[9]。溫薨[10]後，愷之拜溫墓，賦詩云：「山崩溟海[11]竭，魚鳥將何依！」或問之曰：

---

[1] 晉陵無錫：今江蘇無錫市。

[2] 悅之：顧悅之，字君叔，少有義行。曾任無錫縣令、揚州別駕，官至尚書右丞。《晉書》卷七十七《殷浩傳》附有《顧悅之傳》。

[3] 尚書左丞：官名，漢代設置。分左右丞，尚書左丞佐尚書令，總領綱紀；右丞佐僕射，掌錢穀等事。

[4] 嵇康：西元224-263年，三國魏國人，字叔夜，譙郡銍（今安徽濉溪縣臨渙鎮）人。竹林七賢之一，以文學、音樂、思想著名，有《琴賦》。

[5] 不賞者必以後出相遺，深識者亦當以高奇見貴：不能欣賞《箏賦》的人，會因為我的文章出來的晚而捨棄；能夠深刻認識的人會因為文章的立意高深，見解奇特而可貴。

[6] 桓溫：西元312-373年，字元子，譙國龍亢（今安徽懷遠縣龍亢鎮）人。官至大司馬、錄尚書事。曾三次領導北伐，掌握朝政並曾操縱廢立，更有意奪取帝位，去世時賜諡號宣武，故稱其為「桓宣武」。其子桓玄後來一度篡奪東晉帝位而建立桓楚，追尊桓溫為「楚宣武帝」。

[7] 引：引薦、薦舉。

[8] 大司馬參軍：大司馬是中國古代掌管軍事的最高官員，而參軍是軍隊裡相當於秘書的文職官員或幕僚，大司馬參軍就是軍隊統帥的參謀兼秘書。

[9] 親昵：親密昵愛，非常親愛。

[10] 薨：音ㄏㄨㄥ，古代諸侯或大官死亡稱為薨。

[11] 溟海：大海。

「卿憑重[12]桓公乃爾[13]，哭狀其可見乎？」答曰：「聲如震雷破山，淚如傾河注海。」

　　愷之好諧謔[14]，人多愛狎[15]之。後為殷仲堪[16]參軍，亦深被眷接[17]。仲堪在荊州[18]，愷之嘗因假還，仲堪特以布帆[19]借之，至破冢[20]，遭風大敗。愷之與仲堪箋[21]曰：「地名破冢，真破冢而出。行人安穩，布帆無恙。」還至荊州，人問以會稽山川之狀。愷之云：「千巖競秀，萬壑爭流。草木蒙籠，若雲興霞蔚。」桓玄[22]時與愷之同在仲堪坐，共作了語[23]。愷之先曰：「火燒平原無遺燎。」玄曰：「白布纏根樹旒旐[24]。」仲堪曰：「投魚深泉放飛鳥。」復作危語[25]。玄曰：「矛頭淅米劍頭炊。」仲堪曰：「百歲老翁攀枯枝。」有一參軍云：「盲人騎瞎

---

[12] 憑重：倚靠。

[13] 乃爾：如此、這樣。

[14] 諧謔：用詼諧的語言開玩笑。

[15] 狎：親近。

[16] 殷仲堪：西元？－399 年，陳郡長平人，殷融之孫。官至荊州刺史，曾兩度響應王恭討伐朝臣之起事，王恭死後與桓玄及楊佺期結盟對抗朝廷，逼令朝廷屈服，後來遭受桓玄襲擊，自殺以終。

[17] 眷接：深受愛重款待。

[18] 荊州：古地名，中國古籍所記載的九州之一，漢朝時開始作為實際的行政區劃，在今天的湖北。

[19] 布帆：帆船。

[20] 破冢：地名，在湖北江陵縣東南長江東岸。

[21] 箋：書信。

[22] 桓玄：西元 369－404 年，字敬道，一名靈寶，譙國龍亢（今安徽懷遠）人，東晉名將桓溫之子，東晉末期桓楚政權建立者。

[23] 了語：語意明白的聯句，屬於一種機智的戲言。

[24] 旒旐：音ㄌㄧㄡˊ ㄓㄠˋ，旌銘。

[25] 危語：使人害怕的語言。

馬臨深池。」仲堪眇目[26]，驚曰：「此太逼人！」因罷。愷之每食甘蔗，恒自尾至本。人或怪之，云：「漸入佳境。」

尤善丹青[27]，圖寫特妙，謝安[28]深重之，以為有蒼生以來未之有也。愷之每畫人成，或數年不點目精[29]。人問其故，答曰：「四體妍蚩[30]，本無闕少於妙處[31]，傳神寫照，正在阿堵[32]中。」嘗悅一鄰女，挑[33]之弗從，乃圖其形於壁，以棘針釘其心，女遂患心痛。愷之因致其情，女從之，遂密去針而愈。愷之每重嵇康四言詩，因為之圖，恒云：「手揮五絃易，目送歸鴻難。」每寫起人形，妙絕於時。嘗圖裴楷[34]象，頰上加三毛，觀者覺神明殊勝。又為謝鯤象，在石巖裏，云：「此子宜置丘壑中。」欲圖殷仲堪，仲堪有目病，固辭。愷之曰：「明府[35]正為

[26] 眇目：眼瞎。殷仲堪侍親時，誤中藥物而瞎了一隻眼。

[27] 丹青：中國國古代繪畫常用硃紅色、青色，故稱畫為丹青。

[28] 謝安：西元 320－385 年，字安石，號東山，浙江紹興人，祖籍陳郡陽夏（今河南太康）。歷任吳興太守、侍中兼吏部尚書兼中護軍、尚書僕射兼領吏部加後將軍、颺州刺史兼中書監兼錄尚書事、都督五州、幽州之燕國諸軍事兼假節、太保兼都督十五州軍事兼衛將軍等職，死後追封太傅兼盧陵郡公。世稱謝太傅、謝安石、謝相、謝公。

[29] 目精：眼珠、眼睛。

[30] 四體妍蚩：美好和醜陋。四體，四肢。妍，美。蚩，醜。

[31] 無闕少於妙處：與神妙之處不相關。

[32] 阿堵：眼睛。

[33] 挑：挑逗。

[34] 裴楷：西元 237－291 年，字叔則。河東聞喜（今山西聞喜縣）人。三國曹魏及西晉時期大臣、名士，西晉開國功臣裴秀的堂弟。年少時就有名於世，擅談《老子》、《易經》。

[35] 明府：明府君的略稱。漢代人用為對太守的尊稱，唐以後多用以稱縣令，後世相沿不改。

眼耳[36]，若明點瞳子[37]，飛白[38]拂上，使如輕雲之蔽月，豈不美乎！」仲堪乃從之。愷之嘗以一廚畫糊題其前，寄桓玄，皆其深所珍惜者。玄乃發[39]其廚後，竊取畫，而緘閉如舊以還之，紿云未開。愷之見封題如初，但失其畫，直云妙畫通靈，變化而去，亦猶人之登仙，了無怪色。

　　愷之矜伐[40]過實，少年因相稱譽以為戲弄。又為吟詠，自謂得先賢風制[41]。或請其作洛生詠[42]，答曰：「何至作老婢聲！」義熙[43]初，為散騎常侍[44]，與謝瞻[45]連省[46]，夜於月下長詠，瞻每遙贊[47]之，愷之彌自力忘倦[48]。瞻將眠，令人代己，愷之不覺有異，遂申旦[49]而止。尤信小術[50]，以為求之必得。桓玄嘗以一

---

[36] 正為眼耳：只是因為眼睛不好看罷了。

[37] 明點瞳子：明顯地點出瞳眸。

[38] 飛白：中國畫中一種枯筆露白的線條。

[39] 發：打開。

[40] 矜伐：誇耀。

[41] 風制：風致、風采。

[42] 洛生詠：由於東晉士族多中原舊族，遷至江東仍盛行洛下之諷詠聲，音色重濁，故稱洛生詠。洛，水名，在中國陝西省，此泛指中原地區。

[43] 義熙：東晉安帝司馬德宗的第四個年號（西元405－419年）。

[44] 散騎常侍：漢代置有散騎，屬於皇帝侍從，又有中常侍，二者性質相同。魏文帝時將散騎和中常侍合併，職務是規諫皇帝過失。晉武帝以員外散騎常侍與散騎常侍，稱為通直散騎常侍。

[45] 謝瞻：西元385－421年，字宣遠，一名篇，字通遠，陳郡陽夏人。年六歲，能屬文，著《紫石英贊》、《果然詩》，為當時著名詩人。

[46] 連省：指在同一個單位任職。連，合。省，音ㄒㄧㄥˇ，官署。

[47] 贊：讚，稱人之美。

[48] 彌自力忘倦：更加努力，忘記疲倦。

[49] 申旦：自夜達旦，猶言通宵達旦。

[50] 小術：旁門左道、鬼神之說。

柳葉紿[51]之曰：「此蟬所翳葉[52]也，取以自蔽，人不見己。」愷之喜，引葉自蔽，玄就溺焉，愷之信其不見己也，甚以珍之。

初，愷之在桓溫府，常云：「愷之體中癡黠各半[53]，合而論之，正得平耳。」故俗傳愷之有三絕：才絕，畫絕，癡絕。年六十二，卒於官，所著文集及《啓矇記》行於世。

時代意義

顧愷之以才、畫、癡三絕而名於青史，而真正劃時代改變歷史與讓後人追隨仰慕的則是他的繪畫。

顧愷之的繪畫在世時已享大名，謝安認爲他的繪畫「爲有蒼生以來未之有也」，就是賦予最高的評價。他的繪畫各體皆能，特別擅長人物畫。一生創作出大量的作品，歷代著錄他的作品有上百件之多，可惜真跡都沒有留下來。目前所見的〈女史箴圖〉、〈會稽山圖〉、〈洛神賦圖〉、〈列女仁智圖〉、〈斫琴圖〉都是後人的摹本。其中藏於大英博物館的〈女史箴圖〉，是唐代人精細的摹本，比較忠實的反映顧愷之的畫風。此圖依據張華所作女史箴文，勸戒宮婦操守之德而作；全圖採取敘事的手法，分爲九個的段落，各段以人物爲主，人物姿態以正側或斜側爲主；線條極爲纖細，均勻用力，無頓挫轉折變化，筆勢徐緩沉著，連綿不斷，如同春蠶吐絲的方式。人物造型修長，舉止輕巧，雖然沒有明確的個人特徵，但賦予氣韻生動的特質，傳達出魏晉時期上流社會優雅精緻的氛圍。

顧愷之的繪畫固然出色，但在中國繪畫史上巨擘的地位，更多是他歸納了前人片段的畫論，形成一個比較完整的體系。唐代張彥遠的《歷代名

---

51 紿：音ㄉㄞˋ，通「詒」，欺騙、欺詐。
52 翳葉：蟬躲藏之處，它上面往往有一片葉子遮蔽，謂之蟬翳葉。
53 癡黠各半：癡呆與慧黠各占一半。

畫記》徵引了顧愷之〈論畫〉、〈魏晉勝流畫贊〉、〈畫雲臺山記〉三篇，是繪畫評論與技巧的記錄，其中有「遷想妙得」、「以形寫神」、「緊勁連綿」、「春蠶吐絲」、「輕妙冷然」的論點。特別是魏晉以前的人物畫，主要「以意表形」的思惟，顧愷之提出「以形寫神」並領悟出「遷想妙得」的佳境的明確主張，成爲中國繪畫史上一次重要的轉折，對中國繪畫的發展，產生深遠的影響。

　　總之，在顧愷之之前，畫家幾乎淪爲畫工之流，社會地位不高。到顧愷之時代，文人的身分與畫家的身分往往合而爲一，畫家與繪畫作品受到前所未有的尊崇，而顧愷之是當時成就最突出的文人畫家，因此，風雲際會成爲中國早期以畫聞名而見諸正史之人。

編撰者：鄭國瑞

延伸閱讀

1. 俞劍華、羅叔子、溫肇桐，《顧愷之研究資料》，北京：人民美術出版社，1962 年。
2. 鄒清泉，《顧愷之研究文選》，香港：三聯書店，2011 年。

參考資料

1. 白話二十四史之 5 晉書，http://yw.eywedu.com/24/05/index.htm。
2. 袁有根、蘇涵、李曉庵，《顧愷之研究》，北京：民族出版社，2005 年。

開創典志體之史家——杜佑

《舊唐書・杜佑傳》

導讀

　　此篇節錄《舊唐書》卷一四七〈杜佑傳〉。杜佑（西元 734－812年）是唐朝中葉的人物。他的曾祖、祖父、父三世爲官。早年循廕補制度入仕（這是保障官員子孫成爲公務人員的制度。其條件見《舊唐書・職官志》：「三品以上廕曾孫，五品以上廕孫。孫降子一等，曾孫降孫一等。」）其後歷任御史大夫、嶺南節度史、禮部尚書、淮南節度使、司空、司徒、同平章事（宰相）等職位。至晚年，杜佑諸子在官場皆有不凡的表現，史稱：「諸子咸居朝列，當時貴盛，莫之與比。」（《舊唐書・杜佑傳》）杜佑雖然位極人臣，顯貴無比，但是他勤學不倦，向來手不釋卷。每日「質明視事，接對賓客，夜則燈下讀書，孜孜不怠。」（同上）據〈杜佑傳〉記載，唐代史學家劉知幾（西元 661－721 年）之子劉秩以《周禮》六官的形式，雜取經史百家之言，寫成《政典》一書，受到時賢房琯（西元 696－763 年）等人的稱賞。杜佑讀到此書，認爲其「條目未盡」，決定以劉作爲基礎，寫一部規模完善的政書。後來杜佑一共花了「三紀」（三十六年，一紀十二年）以上的時間，完成一部名爲《通典》的鉅著。

　　此書專記唐、虞三代至唐中葉，三千年來社會重大制度的沿革與影響，稱得上是典章制度的百科全書。《四庫全書總目提要》盛讚此書：「博取五經、群史及漢、魏、六朝人文集、奏疏之有裨得失者，每事以類相從，凡歷代沿革，悉爲記載，詳而不煩，簡而有要，元元本本，爲有用

之實學，非徒資記問者可比。考唐以前之掌故者，茲編其淵海矣。」（卷八十一）在史書體裁上，《通典》開創出中國傳統史學的新體例，稱作「典制體」。典志體解決了紀傳體各史書在典章制度的撰述上，其志互不相銜接（正史大多是斷代史），或缺志書的問題（《三國志》、《梁書》、《陳書》、《北齊書》、《周書》、《南史》、《北史》缺志）。因此杜佑《通典》在中國古代史學界上具有崇高地位。歷來依典制體例編撰的著作共有十本，合稱十通。這些史書貫連起唐、虞三代至清宣統三年（西元 1911 年）溥儀遜位的中國典制發展史。至於民國以來的各項重大新制發展史況，則有待來者的續修。

本文及註釋

　　杜佑，字君卿，京兆萬年[1]人。……佑性敦厚[2]強力[3]，尤精吏職，雖外示寬和，而持身有術。為政弘易，不尚皦察[4]。掌計[5]治民，物便而濟，馭戎[6]應變，即非所長。性嗜學，該涉古今，以富國安人之術為己任。初開元末，劉秩[7]采經史百家之言，取《周禮》六官[8]所職，撰分門書三十五卷，號曰《政典》，大為

---

[1] 京兆萬年：今陝西西安市長安縣。
[2] 敦厚：寬宏厚道。
[3] 強力：做事盡心盡力。
[4] 皦察：明察，引申為苛求。皦，音ㄐㄧㄠˇ。
[5] 掌計：擔任國家財政機構的官員。唐中葉的財政機構分化成兩個部分，一是在都城長安的戶部，二是在揚州城內的鹽鐵轉運使府。杜佑擔任過戶部侍郎及鹽鐵轉運使。他在這兩個財政單位任官的時間頗長。以鹽鐵轉運使而言，長達十六年。
[6] 馭戎：對付邊疆挑起事端的少數民族。戎，泛指西方的少數民族。
[7] 劉秩：《史通》的作者劉知幾的第四子。在唐玄宗、唐肅宗兩朝擔任史官。
[8] 《周禮》六官：《周禮》是中國第一部記載國家政權組織機構及其職能的書籍，相傳是周公所作。今學界認為此書成於戰國晚期，屬於托古之作。該書之官制有天、地、春、夏、秋、冬六種，稱之為六官。

時賢稱賞；房琯[9]以為才過劉更生[10]。佑得其書，尋味厥旨，以為條目未盡，因而廣之，加以開元[11]禮、樂，書成二百卷，號曰《通典》。貞元十七年[12]，自淮南[13]使人詣闕獻之[14]，曰：

　　臣聞太上立德，不可庶幾；其次立功，遂行當代；其次立言，見志後學。由是往哲遞相祖述，將施有政，用父[15]邦家。臣本以門資，幼登官序，仕非遊藝，才不逮人，徒懷自強，頗玩墳籍[16]。雖履歷叨幸，或職劇務殷，竊惜光陰，未嘗輕廢。夫《孝經》、《尚書》、《毛詩》、《周易》、《三傳》，皆父子君臣之要道；十倫[17]五教[18]之宏綱，如日月之下臨，天地之大德，百

---

[9] 房琯：唐朝玄宗、肅宗時代的人物。早年以廕入仕，官至宰相。與杜甫為布衣之交。琯，音ㄍㄨㄢˇ。

[10] 劉更生：即劉向（西元前77年－西元前6年），字子政，本名更生。漢成帝河平三年（西元前26年），劉向領校皇家圖書，其敘錄之作成為中國目錄學之先河。生平見《漢書》卷三十六〈楚元王傳〉。

[11] 開元：唐玄宗李隆基的年號，共計二十九年（西元713-741年）。開元期間，唐朝國力強盛，史稱開元盛世。

[12] 貞元十七年：西元801年。貞元是唐德宗李适年號，共計二十一年（西元785-805年）。

[13] 淮南：杜佑時任淮南節度使，並兼鹽鐵轉運使。淮南，相當於江蘇與安徽長江以北、淮河以南的地區。

[14] 詣闕獻之：獻書給皇帝。詣闕，到天子的宮闕，引申為面見皇帝。詣，拜見。

[15] 父：音ㄧˋ，治理。

[16] 墳籍：古代聖賢所作的經史書籍。

[17] 十倫：祭祀的十項倫理作用。《禮記·祭統》：「夫祭有十倫焉：見事鬼神之道焉，見君臣之義焉，見父子之倫焉，見貴賤之等焉，見親疏之殺焉，見爵賞之施焉，見夫婦之別焉，見政事之均焉，見長幼之序焉，見上下之際焉。此之謂十倫。」倫，先後次序之意。

[18] 五教：父義、母慈、兄友、弟恭、子孝，五種倫常教育。語出《尚書·舜典》。

王[19]是式[20]，終古攸遵。然多記言，罕存法制；愚[21]管窺測[22]，莫達高深，輒肆荒虛，誠為億度[23]。每念懵學[24]，莫探政經，略觀歷代眾賢著論，多陳紊失之弊，或闕匡拯之方。臣既庸淺，寧詳損益，未原其始，莫暢其終。尚賴周氏典禮[25]，秦皇蕩滅不盡[26]，縱有繁雜，且用準繩。至於往昔是非，可為來今龜鏡[27]，布在方冊，亦粗研尋。自頃纘修[28]，年逾三紀[29]，識寡思拙，心昧辭蕪。圖籍實多，事目非少，將事功畢，罔愧乖疏，固不足發揮大猷[30]，但竭愚盡慮而已。書凡九門，計貳百卷，不敢不具上獻，庶明鄙志所之，塵瀆[31]聖聰，兢惶無措。

優詔[32]嘉之，命藏書府。其書大傳于時，禮樂刑政之源，千載如指諸掌，大為士君子所稱[33]。

---

[19] 百王：歷代的帝王。

[20] 式：用，憑藉之意。

[21] 愚：杜佑稱己為愚笨之人，乃是謙詞。

[22] 管窺測：以管窺天之意。比喻見識片面而狹窄。

[23] 億度：揣測。

[24] 懵學：對高深學問一無所知。此乃杜佑謙詞。懵，音ㄇㄥˇ，無知。

[25] 周氏典禮：指《周禮》一書。

[26] 秦皇蕩滅不盡：此指秦始皇二十三年（西元前213年）下令焚書之事。見《史記‧秦始皇本紀》。

[27] 龜鏡：龜甲可占卜吉凶，鏡子可照見美醜；比喻警戒和反省。龜，龜甲。

[28] 纘修：編纂。纘，音ㄗㄨㄢˇ，通「纂」，編寫。

[29] 三紀：三十六年，一紀十二年。

[30] 大猷：大道。

[31] 塵瀆：冒犯，此作謙詞。

[32] 優詔：嘉獎的詔書。此指唐德宗對杜佑作《通典》一事，十分贊賞。

[33] 稱：讚揚。

時代意義

杜佑《通典》共兩百卷，其目錄依次列食貨、選舉、職官、禮、樂、兵、刑、州郡、邊防九門。此書以食貨為首，其所持理由是：「夫理道之先，在乎行教化。教化之本，在乎足衣食。」（《通典》卷一）這是說執政者的首要目標是教育百姓，而教育事業的基礎在經濟。此種政治訴求不僅符合儒家先養而後教，先禮而後刑之思想基調。杜佑倡行低稅的財政主張：「夫欲人安之也，在於薄斂；斂之薄也在於節用。」（《通典》卷十二）其實也與儒家「薄稅斂」之說吻合（《孟子‧梁惠王上》）。書中杜佑的儒者風格十分鮮明。尤其《通典》的禮門有一百卷，佔了全書的一半篇幅，充分彰顯儒者對禮治理想的堅持。是以任何人若想了解中國古代士治之政治體制與其社會民生之關係，杜佑《通典》是一部必讀書冊。

至於民國以來的中國政府在實行現代化政制上，面臨的重大實務難題，也可從這部書找到解答的路徑。例如現代法治的推行，一直成效不彰。除了百姓的法治教育有待加強外，中國歷代對禮治社會的維護也是主因之一。華人社會的主政者如何因地制宜，不單以移植西方法治體制的方式進入現代化社會，杜佑《通典》實在值得仔細研究。另外，建立完善的社會福利制度也是華人社會邁向現代化的指標之一。高稅收的體制勢必難以避免。以 2012 至 2014 年連續三年奪得聯合國「全球幸福指數報告」（World Happiness Report）第一名的丹麥為例（2012 年聯合國首次發表這項報告），該國令人稱羨的社會福利制度奠基於高稅率的所得稅。丹麥個人的邊際稅率高達 56%，個人繳納的所得稅最高可達到收入的 63%，其中有效個人所得稅率在 35% 至 48% 之間。這樣的稅率顯然與儒家「薄稅斂」的低稅主張相左，兩者如何取捨而使人民利益最大化，杜佑《通典》收錄的直接稅（農戶所得稅）與間接稅（鹽鐵稅與雜稅等），均可提供一個反思歷史的觀察點。簡言之，華人社會現代化的歷程實與杜佑《通

典》這類政書息息相關。它們可以向國人說出現代化不等於西化的眞相。

編撰者：陸冠州

延伸閱讀

1. 郭鋒，《杜佑評傳》，南京：南京大學出版社，2011 年。
2. 盧建榮，《聚斂的迷思：唐代財經技術官僚雛形的出現與文化政治》，
　臺北：五南圖書出版公司，2009 年。

參考資料

1.金毓黻，《中國史學史》，臺北：商務印書館，1999 年。
2.王樹民，《史部要籍解題》，臺北：木鐸出版社，1983 年。

中國第一位女皇帝——武則天

《舊唐書‧則天皇后本紀》

導讀

　　古代史書裡，女性常常缺席，能昭留青史者，往往依男性而揚聲，鮮有因個人的行誼表現獲得歷史的發聲權。倘有德者，大抵是貞節不移或教子有方、育子成材等父權社會框架下的婦德懿行，他們甚至沒有自己的姓氏名字，此如《後漢書‧列女傳》中的樂羊子妻、王霸妻、孟母、介之推母等，即使有姓氏者，也多是因夫或因子而得貴，諸如歷代的后妃列傳。但本文的傳主武則天例外，不僅像呂后、慈禧太后一樣臨朝掌權，且在男尊女卑為主流思想的社會裡，橫空而出，革唐命、立武周，君臨天下，成為中國第一位合法的女皇帝。

　　二十四史中有兩部記載唐代歷史的著作，分別為後晉官修之《舊唐書》和宋代歐陽修、宋祁編修的《新唐書》。關於武則天，新、舊唐書都載之，但觀點有別，詳略不同。如：《舊唐書》於本紀書之，《新唐書》載於后妃列傳，兩者對於武后稱帝的看法即有不同；而武則天與高宗新生公主夭折一事，《新唐書》具體生動的詳描細寫武后為了奪后位，不惜殺嬰嫁禍王皇后的過程：「昭儀生女，后就顧弄，去，昭儀潛斃兒衾下，伺帝至，陽為歡言，發衾視兒，死矣。又驚問左右，皆曰：『后適來。』昭儀即悲涕，帝不能察，怒曰：『后殺吾女，往與妃相讒媚，今又爾邪！』由是昭儀得入其訾，后無以自解，而帝愈信愛，始有廢后意。」，而《舊唐書》在其本傳中沒有任何正面提及，僅在史臣曰，寫下這樣的文字：「武后奪嫡之謀也，振喉絕繈褓之兒。」顯見兩部史書都有武后殺親生公

主的說法，但《新唐書》坐實了這樣說法，直接寫入傳記本身，而《舊唐
書》謹守史家客觀的立場，或以為無法證實，故而不錄，僅以「史臣曰」
這種具有個人主觀意見方式表達出來。

　　本篇傳記採用《舊唐書・則天皇后本紀》的說法，乃因舊史雖少有文
采，然其忠於史料，詳實記寫，衡諸章學誠史官四長而言，史才稍嫌不
足，史學、史識與史德已備。史家著眼在武則天改唐為周的歷史事實，強
調她鞏固政權的手腕及其稱帝的政績功過，全傳除史臣曰的歷史評價外，
共分五部分，其一寫其出身背景，其次記唐太宗因聞其美容止，十四歲召
入宮為才人，而在輔佐高宗的時期，改皇帝為天皇，皇后為天后，與高宗
並稱二聖，為自己稱帝鋪平了道路。接著，記寫她如何握權掌政、清洗異
己；繼而說明她為了稱帝改元，將愛子幽之於別宮，且追封其祖、讓諸武
用事，造成唐宗室人人自危，最後寫神龍元年遭遇太子李顯、宰相張柬
之、崔玄暐等大臣的復辟事件，禪讓退位。遺言令去帝號，還政於唐，也
還原了她本來為后的身分，和高宗合葬在乾陵，死後追封為則天大聖皇
后。

本文及註釋

【出身背景】

　　則天皇后武氏，諱曌[1]，并州文水[2]人也。父士彠[3]，隋大業
末為鷹揚府隊正。高祖行軍於汾、晉[4]，每休止其家[5]。義旗初

---

[1] 諱曌：諱，諱名，對尊長避免說寫其名，表示尊敬的心意。此指死去的帝王
　　或尊長的名字。曌，音ㄓㄠˋ，即「照」，武則天所造十九個新字之一，取
　　日月當空之意，用以為己名。
[2] 并州文水：今山西文水縣東。
[3] 武士彠：西元 559－635 年，字信明，唐朝官員，武則天的父親，死後謚號魏
　　忠孝王。彠，音ㄩㄝˋ。
[4] 汾、晉：指汾水流域。亦特指山西太原地區。
[5] 每休止其家：常在他家休息。

起，從平京城。貞觀中，累遷工部尚書、荊州都督，封應國公。

【入宮爲后】

　　初，則天年十四時，太宗聞其美容止 [6]，召入宮，立為才人 [7]。及太宗崩，遂為尼 [8]，居感業寺。大帝 [9] 於寺見之，復召入宮，拜昭儀 [10]。時皇后王氏、良娣 [11] 蕭氏頻與武昭儀爭寵，互讒毀 [12] 之，帝皆不納。進號宸妃。永徽六年，廢王皇后而立武宸妃為皇后。高宗稱天皇，武后亦稱天后。後素多智計，兼涉文史。帝自顯慶已後，多苦風疾 [13]，百司表奏，皆委天后詳決。自此內輔國政數十年，威勢與帝無異，當時稱為「二聖」。

---

[6] 美容止：儀容舉止美。

[7] 才人：漢時，才人爲女官名。魏晉南北朝時設置「才人」，通常兼作妃嬪。掌燕寢更衣之女官。

[8] 遂爲尼：唐太宗逝世後，按照一般的規定，作爲先帝眾多嬪妃之一的武則天到感業寺出家爲尼。這些出家的嬪妃，都是沒有兒子的，如果有兒子就可以隨從兒子生活。武則天年輕，但沒有爲唐太宗生下子女，所以隨眾多的嬪妃進入寺院。

[9] 大帝：唐高宗李治（西元 628－683 年），字爲善，唐朝第三任皇帝，唐太宗李世民第九子、嫡三子。唐代的版圖，以高宗時爲最大，東起朝鮮半島，西臨鹹海（一說裏海），北包貝加爾湖，南至越南橫山，維持了三十二年。李治在位三十四年，於弘道元年（683 年）崩於洛陽紫微宮貞觀殿，年五十五歲，葬於乾陵，廟號高宗，諡號天皇大帝。

[10] 昭儀：中國古代後宮嬪妃的一種。始置於西漢元帝時期，其位相當於丞相，爵比諸侯。

[11] 良娣：皇太子妾稱號。《漢書・武五子傳注》引韋昭曰：「良娣，太子之內官也。太子有妃，有良娣，有孺子，凡三等。」南朝太子妃下置齊良娣、寶林、才人三內職。梁改爲良娣、寶林二內職。唐太子妾也有良娣二人，正三品。

[12] 互讒毀：互相說壞話。

[13] 風疾：風痹，肢體麻痹癱瘓。

【握權掌政】

弘道元年十二月丁巳，大帝崩，皇太子顯即位，尊天后為皇太后。既將篡奪，是日自臨朝稱制[14]。庚午，加授澤州刺史、韓王元嘉為太尉，豫州刺史、滕王元嬰為開府儀同三司，絳州刺史、魯王靈夔為太子太師，相州刺史、越王貞為太子太傅，安州都督、紀王慎為太子太保。元嘉等地尊望重，恐其生變，故進加虛位，以安其心。甲戌，劉仁軌為尚書左僕射，岑長倩為兵部尚書，魏玄同為黃門侍郎，並依舊知政事。劉齊賢為侍中，裴炎為中書令。嗣聖元年春正月甲申朔，改元。

二月戊午，廢皇帝為廬陵王，幽於別所[15]，仍改賜名哲。己未，立豫王輪為皇帝，令居於別殿。大赦天下，改元文明。皇太后仍臨朝稱制。庚午，廢皇太孫重照為庶人。太常卿兼豫王府長史王德眞為侍中，中書侍郎、豫王府司馬劉禕之同中書門下三品。

三月，庶人賢死於巴州。夏四月，滕王元嬰薨。改封畢王上金為澤王，葛王素節為許王。丁丑，遷廬陵王哲於均州。閏五月，禮部尚書武承嗣同中書門下三品。秋七月，突厥骨咄祿、元珍寇朔州，命左威衛大將軍程務挺拒之。彗星見西北方，長二丈餘，經三十三日乃滅。九月，大赦天下，改元為光宅。旗幟改從金色，飾以紫，畫以雜文。改東都為神都，又改尚書省及諸司官名。初置右肅政御史台官員。故司空李勣孫柳州司馬徐敬業偽稱

---

14 是日自臨朝稱制：這天便親自登朝代理國政。
15 幽於別所：軟禁在別的地方。

揚州司馬，殺長史陳敬之，據揚州起兵，自稱上將，以匡復為
辭。冬十月，楚州司馬李崇福率所部三縣以應敬業。命左玉鈐衛
大將軍李孝逸為大總管，率兵三十萬以討之。殺內史裴炎。丁
酉，追削敬業父祖官爵，復其本姓徐氏。十二月，前中書令薛元
超卒。殺左威衛大將軍程務挺。

　　垂拱元年春正月，以敬業平，大赦天下，改元。劉仁軌薨。
三月，遷廬陵王哲於房州。頒下親撰《垂拱格》[16] 於天下。夏四
月，內史騫味道左授青州刺史。五月，秋官尚書裴居道為內史，
納言王德眞配流象州，冬官尚書蘇良嗣為納言。詔內外文武九品
已上及百姓，咸令自舉。是夏大旱。二年春正月，皇太后下詔，
復政於皇帝。以皇太后既非實意，乃固讓。皇太后仍依舊臨朝稱
制，大赦天下。初令都督、刺史並准京官帶魚[17]。

　　三月，初置匭[18] 於朝堂，有進書言事者聽投之，由是人間善
惡事多所知悉。夏四月，岑長倩為內史。六月，蘇良嗣為文昌左
相，天官尚書韋待價為文昌右相，並同鳳閣鸞台三品。右肅政御
史大夫韋思謙為納言。三年春正月，封皇子成義為恆王，隆基為
楚王，隆範為衛王，隆業為趙王。二月，韋思謙請致仕，許之。
夏四月，裴居道為納言，夏官侍郎張光輔為鳳閣侍郎、同鳳閣鸞
台平章事。庚午，劉褘之賜死於家。秋八月，地官尚書魏玄同檢
校納言。

---

16 垂拱格：武則天在平定徐敬業叛亂後，頒佈的法律文書，因垂拱元年（西元
　685 年）頒佈而得名。

17 准京官帶魚：准許京官帶銅魚符。魚，指唐代作為符信用的銅魚符。

18 匭：音ㄍㄨㄟˇ，小箱子，如匭函、匭匣。朝廷接受臣民投書的匣子。

四年春二月，毀乾元殿，就其地造明堂[19]。山東、河南甚饑乏，詔司屬卿王及善、司府卿歐陽通、冬官侍郎狄仁傑巡撫賑給。夏四月，魏王武承嗣偽造瑞石，文云：「聖母臨人，永昌帝業。」令雍州人唐同泰表稱獲之洛水。皇太后大悅，號其石為「寶圖」，擢授同泰遊擊將軍。

　　五月，皇太后加尊號曰聖母神皇。秋七月，大赦天下。改「寶圖」曰「天授聖圖」，封洛水神為顯聖，加位特進，並立廟。就水側置永昌縣。天下大酺五日。八月壬寅，博州刺史、琅邪王沖據博州起兵，命左金吾大將軍丘神勣為行軍總管討之。庚戌，沖父豫州刺史、越王貞又舉兵於豫州，與沖相應。九月，命內史岑長倩、鳳閣侍郎張光輔、左監門大將軍鞠崇裕率兵討之。丙寅，斬貞及沖等，傳首神都，改姓為虺氏。曲赦博州。韓王元嘉、魯王靈夔、元嘉子黃國公譔、靈夔子左散騎常侍范陽王藹、霍王元軌及子江都王緒、故號王元鳳子東莞公融坐與貞通謀，元嘉、靈夔自殺，元軌配流黔州，譔等伏誅，改姓虺氏。自是宗室諸王相繼誅死者，殆將盡矣。其子孫年幼者咸配流嶺外，誅其親黨數百餘家。十二月己酉，神皇拜洛水，受「天授聖圖」，是日還宮。明堂成。

　　永昌元年春正月，神皇親享明堂，大赦天下，改元，大酺[20]七日。三月，張光輔為內史，武承嗣為納言。夏四月，誅蔣王惲、道王元慶、徐王元禮、曹王明等諸子孫，徙其家屬於巂州。

[19]明堂：古代天子舉行朝會、祭祀的地方。
[20]大酺：指帝王為表示歡慶，特許民間舉行大宴飲。酺，音ㄆㄨˊ。

五月，命文昌右相韋待價為安息道大總管以討吐蕃。

六月，令文武官五品已上各舉所知。秋七月，紀王慎被誣告謀反，載以檻車[21]，流於巴州，改姓虺氏。韋待價坐遲留不進，士卒多饑饉而死，配流繡州。八月，左肅政御史大夫王本立同鳳閣鸞台三品。辛巳，誅內史張光輔。九月，納言魏玄同賜死於家。冬十月，春官尚書范履冰、鳳閣侍郎邢文偉並同鳳閣鸞台平章事。改羽林軍百騎為千騎。

【改元稱帝】

載初元年春正月，神皇親享明堂，大赦天下。依周制建子月為正月，改永昌元年十一月為載初元年正月，十二月為臘月，改舊正月為一月，大酺三日。神皇自以「曌」字為名，遂改詔書為制書。春一月，蘇良嗣為特進，武承嗣[22]為文昌左相，岑長倩為文昌右相，裴居道為太子少傅，並依舊同鳳閣鸞台三品。鳳閣侍郎武攸寧為納言，邢文偉為內史。秋七月，殺豫章王亶，遷其父舒王元名於和州。有沙門十人偽撰《大雲經》[23]，表上之，盛言神皇受命之事。制頒於天下，令諸州各置大雲寺，總度僧千人。

---

[21] 檻車：四周設有柵欄的車。用以囚禁犯人或裝載猛獸。

[22] 武承嗣：西元 649-698 年，并州武興縣（文水縣，即今山西文水縣）人，唐荊州都督武士彠之孫，女皇武則天異母兄武元爽之子。

[23] 大雲經：載初元年（西元 690 年）七月，東魏國寺僧法明等撰《大雲經》四卷，上表說經中有兩段文字談到女人可以做國王，這真是正中下懷。其一是說，有一位叫淨光的天女，被佛預言當國王，因為這位天女是菩薩化為女身；其二是說，淨光天女現受女身，天下諸人要奉此女以繼王嗣。這兩段經文被這些和尚加以解釋之後，武后是彌勒佛下世，應當代唐執政，武則天聽完後心花怒放，如獲至寶。

丁亥，殺隨州刺史澤王上金、舒州刺史許王素節並其子數十人。

九月九日壬午，革唐命，改國號為周。改元為天授，大赦天下，賜酺七日。乙酉，加尊號曰聖神皇帝，降皇帝為皇嗣。丙戌，初立武氏七廟於神都。追尊神皇父贈太尉、太原王士彠為孝明皇帝。兄子文昌左相承嗣為魏王，天官尚書三思為梁王，堂姪懿宗等十二人為郡王。司賓卿史務滋為納言，鳳閣侍郎宗秦客為內史。給事中傅遊藝為鸞台侍郎，仍依舊知鳳閣鸞台平章事。令史務滋等十人分道存撫天下。改內外官所佩魚並作龜。冬十月，改并州文水縣為武興縣，依漢豐、沛例，百姓子孫相承給復²⁴。

二年正月，親祀明堂。春三月，改唐太廟為享德廟。夏四月，令釋教在道法之上，僧尼處道士女寇之前。六月，命岑長倩率諸軍討吐蕃。左肅政御史大夫格輔元為地官尚書，鸞台侍郎樂思晦並同鳳閣鸞台平章事。秋七月，徙關內雍、同等七州戶數十萬以實洛陽。分京兆置鼎、稷、鴻、宜四州。夏官尚書歐陽通知納言事。九月，傅遊藝下獄死。右羽林衛大將軍、建昌王攸寧為納言，洛州司馬狄仁傑為地官侍郎、同鳳閣鸞台平章事。

冬十月，制官人者咸令自舉。殺文昌左相岑長倩、納言歐陽通、地官尚書格輔元。

三年正月，親祀明堂。春一月，冬官尚書楊執柔同鳳閣鸞台平章事。三月，五天竺國並遣使朝貢。四月，大赦天下，改元為如意，禁斷天下屠殺。秋七月，大雨，洛水泛溢，漂流居人五千餘家，遣使巡問賑貸。八月，魏王承嗣為特進，建昌王攸寧為冬

---

²⁴ 給復：免除賦稅徭役。

官尚書，楊執柔為地官尚書，並罷知政事。秋官侍郎崔元琮為鸞台侍郎，夏官侍郎李昭德為鳳閣侍郎，檢校天官侍郎姚璹為文昌左丞，地官侍郎李元素為文昌右丞，並同鳳閣鸞台平章事。九月，大赦天下，改元為長壽。改用九月為社，大酺七日。并州改置北都。冬十月，武威軍總管王孝傑大破吐蕃，復龜茲、於闐、疏勒、碎葉鎮。

二年春一月，親享明堂。癸亥，殺皇嗣妃劉氏、竇氏。臘月，改封皇孫成器為壽春郡王，恆王成義為衡陽郡王，隆基為臨淄郡王，衛王隆範為巴陵郡王，隆業為彭城郡王。春二月，尚方監裴匪躬坐[25]潛謁皇嗣，腰斬於都市。秋九月，上加金輪聖神皇帝號，大赦天下，大酺七日。辛丑，司賓卿豆盧欽望為內史，文昌右丞韋巨源同鳳閣鸞台平章事，秋官侍郎陸元方為鸞台侍郎、同鳳閣鸞台平章事。

三年春一月，親享明堂。三月，鳳閣侍郎李昭德檢校內史，鸞台侍郎蘇味道同鳳閣鸞台平章事。韋巨源為夏官侍郎，依舊知政事。四月，夏官尚書王孝傑同鳳閣鸞台三品。五月，上加尊號為越古金輪聖神皇帝，大赦天下，改元為延載，大酺七日。秋八月，司賓少卿姚璹為納言。左肅政御史中丞楊再思為鸞台侍郎，洛州司馬杜景儉為鳳閣侍郎，仍並同鳳閣鸞台平章事。梁王武三思勸率諸蕃酋長奏請大征斂東都銅鐵，造天樞於端門之外，立頌以紀上之功業。九月，內史李昭德左授欽州南賓縣尉。冬十月，文昌右丞李元素為鳳閣鸞台平章事。

---

25 坐：介詞，因、由於、為著。

證聖元年春一月，上加尊號曰慈氏越古金輪聖神皇帝，大赦天下，改元，大酺七日。戊子，豆盧欽望、韋巨源、杜景儉、蘇味道、陸元方並左授趙、郿、集、綏等州刺史。丙申夜，明堂災，至明而並從煨燼[26]。庚子，以明堂災告廟，手詔責躬，令內外文武九品已上各上封事，極言正諫。春二月，上去慈氏越古尊號。秋九月，親祀南郊，加尊號天冊金輪聖神皇帝，大赦天下，改元為天冊萬歲，大辟[27]罪已下及犯十惡常赦所不原者，咸赦除之，大酺九日。

　　萬歲登封元年臘月甲申，上登封於嵩嶽，大赦天下，改元，大酺九日。丁亥，禪於少室山。己丑，又制內外官三品已上通前賜爵二等，四品已下加兩階。洛州百姓給復二年，登封、告成縣三年。癸巳，至自嵩嶽。甲午，親謁太廟。春三月，重造明堂成。夏四月，親享明堂，大赦天下，改元為萬歲通天，大酺七日。以天下大旱，命文武官九品以上極言時政得失。五月，營州城傍契丹首領松漠都督李盡忠與其妻兄歸誠州刺史孫萬榮殺都督趙文翽，舉兵反，攻陷營州。盡忠自號可汗。乙丑，命鷹揚將軍曹仁師、右金吾大將軍張玄遇、右武威大將軍李多祚、司農少卿麻仁節等二十八將討之。秋七月，命春官尚書、梁王三思為安撫大使，納言姚璹為之副。制改李盡忠為盡滅，孫萬榮為萬斬。秋八月，張玄遇、曹仁師、麻仁節與李盡滅戰於西硤石黃麞穀，官軍敗績，玄遇、仁節並為賊所虜。九月，命右武衛大將軍、建安

26 並從煨燼：全部燒為灰燼。
27 大辟：古五刑之一，初謂五刑中的死刑，隋後泛指一切死刑。

王攸宜為大總管以討契丹。并州長史王方慶為鸞台侍郎，與殿中監李道廣並同鳳閣鸞台平章事。吐蕃寇涼州，都督許欽明為賊所執。庚申，王方慶為鳳閣侍郎，仍依舊知政事。李盡滅死，其黨孫萬斬代領其眾。

冬十月，孫萬斬攻陷冀州，刺史陸寶積死之。十一月，又陷瀛州屬縣。

二年正月，親享明堂。鳳閣侍郎李元素、夏官侍郎孫元亨坐與慕連耀謀反，伏誅。原州都督府司馬婁師德為鳳閣侍郎、同鳳閣鸞台平章事。春二月，王孝傑、蘇宏暉等率兵十八萬與孫萬斬戰於硤石谷，王師敗績，孝傑沒於陣，宏暉棄甲而遁。夏四月，鑄九鼎成，置於明堂之庭，前益州大都督府長史王及善為內史。五月，命右金吾大將軍、河內王懿宗為大總管，右肅政御史大夫婁師德為副大總管，右武威衛大將軍沙吒忠義為前軍總管，率兵二十萬以討孫萬斬。

六月，內史李昭德、司僕少卿來俊臣以罪伏誅[28]。孫萬斬為其家奴所殺，餘黨大潰。魏王承嗣、梁王三思並同鳳閣鸞台三品。秋八月，納言姚璹為益州大都督府長史。九月，以契丹李盡滅等平，大赦天下，改元為神功，大酺七日。婁師德為納言。冬十月，前幽州都督狄仁傑為鸞台侍郎，司刑卿杜景儉為鳳閣侍郎，並同鳳閣鸞台平章事。聖曆元年正月，親享明堂，大赦天下，改元，大酺九日。春三月，召廬陵王哲於房州。夏五月，禁

---

[28] 伏誅：伏，趴，臉向下，體前屈（屈服，承認錯誤或受到懲罰）。誅，把罪人殺死。

天下屠殺。突厥默啜上言，有女請和親。秋七月，令淮陽王武延秀往突厥，納默啜女為妃。遣右豹韜衛大將軍閻知微攝春官尚書，赴虜庭。

八月，突厥默啜以延秀非唐室諸王，乃囚於別所，率眾與閻知微入寇媯、檀等州。命司屬卿高平王重規、右武威衛大將軍沙吒忠義、幽州都督張仁亶、右羽林衛大將軍李多祚等率兵二十萬逆擊，乃放延秀還。己丑，默啜攻陷定州，刺史孫彥高死之，焚燒百姓廬舍，遇害者數千人。魏王承嗣卒。庚子，梁王三思為內史，狄仁傑為納言。九月，建昌王攸寧同鳳閣鸞台平章事。默啜攻陷趙州，刺史高睿遇害。丙子，盧陵王哲為皇太子，令依舊名顯，大赦天下，大酺五日。令納言狄仁傑為河北道行軍元帥。辛巳，皇太子謁太廟。天官侍郎蘇味道鳳閣侍郎、同鳳閣鸞台平章事。癸未，默啜盡殺所掠趙、定州男女萬餘人，從五回道而去，所至殘害，不可勝紀。

冬十月，夏官侍郎姚元崇、麟台少監李嶠並同鳳閣鸞台平章事。是月，閻知微自突厥叛歸，族誅之。

二年春二月，封皇嗣旦為相王。初為寵臣張易之及其弟昌宗[29]置控鶴府官員，尋改為奉宸府，班在御史大夫下。左肅政御史中丞魏元忠為鳳閣侍郎，吉頊為天官侍郎，並同鳳閣鸞台平章

---

[29]張易之及其弟昌宗：二人是定州義豐縣（今河北安國市）人，為唐太宗宰相張行成的族孫，貌美且善於音樂詞律。學者多認為他們是武后的男嬪妃（男寵，又稱面首）。萬歲通天二年（西元697年），張昌宗經太平公主推薦入宮侍奉武則天，張昌宗隨後推薦哥哥張易之。二人得到武則天的極度寵愛。朝內高官和宗室並稱易之、昌宗二人為五郎、六郎。史家多認為這二人的受寵與其美貌有關。

事。戊子，幸嵩山，過王子晉廟。丙申，幸緱山。丁酉，至自嵩山。

夏四月，吐蕃大論贊婆來奔。秋七月，上以春秋高，慮皇太子、相王與梁王武三思、定王武攸寧等不協，令立誓文於明堂。八月，王及善為文昌左相，豆盧欽望為文昌右相，仍並同鳳閣鸞台三品。冬十月乙亥，幸福昌縣。王及善薨。

三年正月戊寅，梁王三思為特進，天官侍郎吉頊配流嶺表。臘月辛巳，封皇太子男重潤為邵王。狄仁傑為內史。戊寅，幸汝州之溫湯。甲戌，至自溫湯、造三陽宮於嵩山。春三月，李嶠為鸞台侍郎，知政事如故。

夏四月戊申，幸三陽宮。五月癸丑，上以所疾康復，大赦天下，改元為久視，停金輪等尊號，大酺五日。六月，魏元忠為左肅政御史大夫，仍舊知政事。是夏大旱。秋七月，至自三陽宮。天官侍郎張錫為鳳閣侍郎、同鳳閣鸞台平章事；其甥鳳閣鸞台平章事李嶠為成均祭酒，罷知政事。壬寅，制曰：「隋尚書令楊素，昔在本朝，早荷殊遇。稟凶邪之德，有諂佞之才，惑亂君上，離間骨肉。搖動塚嫡[30]，寧唯掘蠱之禍[31]；誘扇後主，卒成請躏[32]之釁。隋室喪亡，蓋惟多僻[33]，究其萌兆，職此之由。生為不忠之人，死為不義之鬼，身雖倖免，子竟族誅。斯則奸逆之

---

[30] 塚嫡：嫡長子。
[31] 掘蠱之禍：漢武帝患病，江充說是巫蠱為祟，並預埋桐木人於太子宮地下，然後掘起，以誣陷戾太子。見《漢書・江充傳》。後以「掘蠱」為誣陷帝位繼承人的典故。
[32] 請躏：音ㄑㄧㄥˇ ㄈㄢˊ，指弒逆行為。
[33] 多僻：多邪僻。

謀，是為庭訓；險薄之行，遂成門風。刑戮雖加，枝胤[34]仍在，何得肩隨近侍，齒列朝行？朕接統百王，恭臨四海，上嘉賢佐，下惡賊臣。常欲從容於萬機之餘，褒貶於千載之外，況年代未遠，耳目所存者乎！其楊素及兄弟子孫已下，並不得令任京官及侍衛。」九月，內史狄仁傑卒。冬十月甲寅，復舊正朔，改一月為正月，仍以為歲首，正月依舊為十一月，大赦天下。韋巨源為地官尚書，文昌左丞韋安石為鸞台侍郎、同鳳閣鸞台平章事。丁卯，幸新安，曲赦其縣。壬申，至自新安。十二月，開屠禁，諸祠祭令依舊用牲牢。

大足元年春正月，制改元。二月，鸞台侍郎李懷遠同鳳閣鸞台平章事。三月，姚元崇為鳳閣侍郎，依舊知政事。丙申，鳳閣侍郎張錫坐贓配循州。夏五月，幸三陽宮。命左肅政御史大夫魏元忠為總管以備突厥。天官侍郎顧琮同鳳閣鸞台平章事。六月，夏官侍郎李迴秀同鳳閣鸞台平章事。辛未，曲赦告成縣。秋七月甲戌，至自三陽宮。九月，邵王重潤為易之讒構[35]，令自死。

冬十月，幸京師，大赦天下，改元為長安。

二年春正月，突厥寇鹽、夏等州，殺掠人吏。秋九月乙丑，日有蝕之，不盡如鉤，京師及四方見之。冬十月，日本國遣使貢方物。十一月，相王旦為司徒。戊子，親祀南郊，大赦天下。

三年春三月壬戌，日有蝕之。夏四月庚子，相王旦表讓司徒，許之。改文昌台為中台。李嶠知納言事。六月，寧州雨，山

[34] 枝胤：後代子孫。
[35] 讒構：讒害構陷。

水暴漲,漂流二千餘家,溺死者千餘人。秋七月,殺右金吾大將軍唐休璟。秋九月,正諫大夫硃敬則同鳳閣鸞台平章事。戊申,相王旦為雍州牧。是月,御史大夫兼知政事、太子右庶子魏元忠為張昌宗所譖,左授端州高要尉。京師大雨雹,人畜有凍死者。冬十月丙寅,駕還神都。乙酉,至自京師。

四年春正月,造興泰宮於壽安縣之萬安山。天官侍郎韋嗣立為鳳閣侍郎、同鳳閣鸞台平章事。硃敬則請致仕,許之。三月,進封平恩郡王重福為譙王,夏官侍郎宗楚客同鳳閣鸞台平章事。夏四月,韋安石知納言事,李嶠知內史事。丙子,幸興泰宮六月,天官侍郎崔玄暐同鳳閣鸞台平章事;李嶠為國子祭酒,知政事如故。七月丙戌,楊再思為內史。甲午,至自興泰宮。宗楚客左授原州都督。

八月,姚元崇為司僕卿,知政事;韋安石檢校揚州大都督府長史。冬十月,秋官侍郎張柬之同鳳閣鸞台平章事。十一月,李嶠為地官尚書,張柬之為鳳閣鸞台平章事。自九月至於是,日夜陰晦,大雨雪,都中人有饑凍死者,令官司開倉賑給。

【退位還政】

神龍元年春正月,大赦,改元。上不豫,制自文明元年已後得罪人,除揚、豫、博三州及諸逆魁首,咸赦除之。癸亥,麟台監張易之與弟司僕卿昌宗反,皇太子率左右羽林軍桓彥範、敬暉等,以羽林兵入禁中誅之。甲辰,皇太子監國,總統萬機,大赦天下。是日,上傳皇帝位於皇太子,徙居上陽宮。戊申,皇帝上

尊號曰則天大聖皇帝。冬十一月壬寅，則天將大漸，遺制祔廟 36、歸陵，令去帝號，稱則天大聖皇后；其王、蕭二家及褚遂良、韓瑗等子孫親屬當時緣累者 37，咸令復業。是日，崩於上陽宮之仙居殿，年八十三，諡曰則天大聖皇后。二年五月庚申，祔葬 38 於乾陵。睿宗即位，詔依上元年故事，號為天后，未幾，追尊為大聖天后，改號為則天皇太后。太后嘗召文學之士周思茂、履冰、衛敬業，令撰《玄覽》及《古今內範》各百卷，《青宮紀要》、《少陽政範》各三十卷，《維城典訓》、《鳳樓新誡》、《孝子列女傳》各二十卷，《內軌要略》、《樂書要錄》各十卷，《百僚新誡》、《兆人本業》各五卷，《臣範》兩卷，《垂拱格》四卷，並文集一百二十卷，藏於秘閣。

【史家評價】

史臣曰：治亂，時也，存亡，勢也。使桀、紂在上，雖十堯不能治；使堯、舜在上，雖十桀不能亂；使懦夫女子乘時得勢，亦足坐制群生之命，肆行不義之威。觀夫武氏稱制之年，英才接軫 39，靡不痛心於家索，扼腕於朝危 40，竟不能報先帝之恩，衛吾君之子。俄至無辜被陷，引頸就誅，天地為籠，去將

---

36 祔廟：讓子孫死後附在祖廟裡祭祀。
37 緣累者：受到牽累的人。
38 祔葬：合葬。
39 英才接軫：形容人才濟濟。軫，音ㄓㄣˇ，車輛相銜接而行，形容其多。
40 靡不痛心於家索，扼腕於朝危：無不由於牝雞司晨而痛心，因朝廷的危亡而憤怒。

安所？悲夫！昔掩鼻之讒[41]，古稱其毒；人彘之酷[42]，世以為冤。武后奪嫡之謀也，振喉絕繦褓之兒，菹醢[43]碎椒塗[44]之骨，其不道也甚矣，亦奸人妒婦之恆態也。然猶泛延讜議[45]，時禮正人。初雖牝雞司晨[46]，終能復子明辟[47]，飛語辯元忠之罪，善言慰仁傑之心，尊時憲而抑幸臣，聽忠言而誅酷吏。有旨哉，有旨哉！

贊曰：龍漦易貌[48]，丙殿[49]昌儲。胡為穹昊，生此夔魖[50]？奪攘神器，穢褻皇居。窮妖白首，降鑒何如。

時代意義

武則天是個非常顛覆性的人物，她衝破傳統觀念的束縛，在男性為尊的社會中競逐最高權力，不僅顛覆了我們對傳統女性的形象，更以女皇之姿雄視八方，號令天下，讓滿朝武將文臣，都俯首稱臣。

歷來論者常常圍繞著武則天的「荒淫」、「殘暴」等負面評價，趙翼

[41] 掩鼻之讒：指武則天就像當年鄭袖使用掩鼻計害魏女一樣陰險、善進讒言；慣用一些狐媚手段迷惑君主。掩鼻，典故出自《戰國策》，指鄭袖讓魏女掩鼻這件事。工讒，是「善於讒媚」的意思。

[42] 人彘之酷：這是呂后發明用來對付戚夫人的一種非常殘忍酷刑之一。彘，豕，即豬。人彘，是指把人變成豬的一種酷刑。

[43] 菹醢：音ㄗㄨˇ ㄏㄞˇ，古代酷刑，把人剁成肉醬。

[44] 椒塗：皇后居住的宮室。因用椒和泥塗壁，故名。此指后妃。

[45] 讜議：正直的言論。讜，音ㄉㄤˇ。

[46] 牝雞司晨：母雞報曉。舊時比喻婦女竊權亂政。

[47] 復子明辟：謂還政或讓位。

[48] 龍漦易貌：用以指禍國殃民之女子。龍漦，古代傳說中神龍所吐唾沫。漦，音ㄌㄧˊ。

[49] 丙殿：指太子。

[50] 夔魖：音ㄎㄨㄟˊ ㄒㄩ，神話傳說中的山怪。

還說她是「千古未有之忍人」（《廿二史劄記》）認爲武則天生活腐化，荒淫無度，濫用刑法，極爲殘暴。平情而論，武后殺人一如歷代皇帝，乃是爲了君政大權，爲了鞏固自己的地位，要用人的鮮血爲其帝王皇位鋪路，達到目的後，便福國利民了。曾有學者統計發現她主要殺戮階段是在永昌元年（西元 689 年）至天授二年（西元 691 年）之間，這三年之前或後，殺戮都比較有節制，且其稱帝後，曾大赦天下多次，甚至有過去的罪臣重新出將入相的機會。至於說她荒淫無度，比起歷史上妃嬪動千百的男性皇帝，武則天的後宮已經算小了，連趙翼都說：「人主富有四海，妃嬪動千百，后旣爲女王，而所寵幸不過數人，固亦未足深怪。」（《廿二史劄記》）

綜觀武則天政治生涯，她先是以皇后身分輔政、執政二十多年，再以太后資格臨朝稱制七、八年，而自己開朝建國、正式稱帝有十五年，整個加起來，執掌朝政將近半個世紀。武則天在參政和當政年間，不僅政治清明，經濟勃發，且文化振興，扶植人才，樹立了上承貞觀、下啓開元的「貞觀遺風」之治，誠爲趙翼所說的「女中英主」，這樣的政績完全得力於她個人勇於突破的領導風格，以下提出幾點：

首先是她知人善任、廣開言路的用人政策。則天稱帝後，重視人才的選拔和使用，她不計門第、身分、種族，甚至不避仇恨，放手招賢，允許自舉爲官，吸收許多如狄仁傑、張柬之、桓彥範、敬暉、姚崇等名臣輔弼。即使駱賓王在討伐她的檄文中對她多加指責，她仍對他的文才稱讚有加。尤其讀到「一抔之土未乾，六尺之孤安在」時，竟責問宰相道：「有如此才，而使之淪落不偶，宰相之過也！」惜才愛才可見一斑。再者是，善於文化行銷包裝，樹立自我形象。據史載，武則天能詩善文，並且十分重視學術文化的發展，在她任內便曾主持編撰了《古今內範》、《玄覽》、《靑宮紀要》、《少陽正範》、《維誠典訓》、《鳳樓新誡》、《孝子烈女傳》、《內範要略》、《樂書要錄》、《百僚新誡》、《臣軌》、《垂拱格》、《三敎珠英》等多部作品。這些書很多都是在宣揚自己的政治理念，爲自己的領導政策背書。此外她還創「則天文字」，不僅

爲自己造字改名爲「武曌」，宣示自己的主權和地位，還不斷改年號，年號是歷代帝王紀年的名號，也是時代的標誌。此雖出於漢武帝的創舉，但武則天在位五十五年，共用了十七個年號，成爲中國歷史上年號最多的皇帝。這在沒有媒體文宣的古代，無疑是最好的自我行銷手法。

　　作爲中國第一位女皇帝，雖然在政治手段上，武則天仍未脫無情、殘酷的作風才取得帝王寶座，但如果撇開男性觀點，撥除牝雞司晨的迷霧，還原武則天是個政治領袖，那麼她陵墓前的無字碑上，應該有很多值得刻錄記存的事功，留給後代子子孫孫用爲世寶吧！

編撰者：王季香

延伸閱讀

1. 林語堂，《武則天傳》，臺北：遠景，2006 年。
2. 黃晨淳，《女人天下的大謀略家武則天》，臺北：好讀，2003 年。

參考資料

1.《新唐書》卷 76〈則天順聖皇后武氏〉。
2.趙翼，《二十二史劄記》，臺北：世界書局，2001 年。
3.蒙曼，《蒙曼說唐：武則天》，臺北：麥田出版社，2012 年。
4.蕭讓，《武則天—女皇之路》，臺北：遠流出版社，2009 年。
5.武則天的功過得失：http://www.world10k.com/blog/?p=422。
6.維基百科—武則天：http://zh.wikipedia.org/wiki/%E6%AD%A6%E5%88%99%E5%A4%A9#.E5.8F.83.E8.A6.8B。
7.空前絕後的女皇—武則天：http://tw.epochtimes.com/b5/1/10/7/c6502.htm。

開創禪宗中國化的傳奇人物——六祖惠能

《六祖壇經》

　　這是一個出家人的故事。這個人，從小不識文字，砍柴維生，卻在聽聞某人誦讀某部經典後，毅然拋下他僅以糊口的工作、辭別相依爲命的娘親，走向一條成佛作祖的道路。路的這一端，是他世俗的家；路的那一端，是生命的另一個家。他出家了嗎？也許從某個角度說：他回家了。

　　這樣的故事在宗教界裏並不少見，只是六祖惠能的事蹟不只經典，還眞寫成了經典。浩瀚無盡的《大藏經》中，宣說眞理、示現奇蹟的比比皆是，但出盡鋒頭的主角不是佛祖便是菩薩。獨獨《六祖壇經》，開頭不是「如是我聞」，到尾也沒有釋迦彌陀、觀音勢至，但卻劇力磅礴、翻轉乾坤。作爲名人傳記來讀，它曲折有味；作爲禪門公案來悟，它淺出深入；作爲創意範例來學，顛覆跳脫；作爲生命哲理來修，豁然開朗。一個出家衆，獨挑只有佛菩薩才能擔綱的大樑，成爲佛藏舞台的一則長青戲碼，也算是個異數了。

　　從一個素人到熠熠巨星，對六祖惠能來說似乎絲毫不需要準備、學習或適應。拋開一切、求法遠行，在他的人生過程中竟只是小菜一碟。面對五祖「獦獠」的諷刺，他的回答讓人覺得該把兩人「五」與「六」的順序顛倒才對。這是一幕配角讓主角黯然失色的演出，絕大多數的出家人窮其累世之修行都不敢想像有這種求道的法門。

　　重點在於惠能一再強調的「不二」。把人分南、北便是「二」，佛性

無分南北是「不二」；自以爲和尚與獦獠不同，是「二」，佛性並無差別是「不二」。這個道理，後來在面對印宗法師時再度闡明了一遍，這又是另一個當世大師，他的弟子糾結在風動、幡動的「二」中喋喋不休，而大師自己則著意於師承禪定、解脫的「二」之教法而疑惑不解，而惠能一貫的是用否定（「不」）的態度去面對俗見的「二」。這個「不」，太珍貴、也眞勇敢！原來一切都是可以質疑的，一切都是必須重新思考的，一切，都不是一切……。笛卡兒說：「我思，故我在。」惠能應該會說：「我不，故我在。」無法謹守「不」的態度，那只能道聽塗說、只是無魂傀儡，如何能有眞實的存在感？這是演員和巨星最大的差別，演員是演技訓練班的產物，而巨星則是用來挑戰演技的。

惠能與神秀的那兩偈，更是禪宗與佛教赫赫知名的橋段。這個擂台擺得無形，但這兩偈的過招卻有如武當、少林爭盟主般，驚動視聽，因爲輸贏結果將決定未來武林大勢。而當「時時勤拂拭」不敵「本來無一物」，惠能其實爲佛法頓教打下了最關鍵性的一役。試著慢動作重播兩人使用的招式：神秀前兩句都用比喻，而菩提、明鏡也都是佛教慣用語，可謂出招平凡。勤拂拭、不染塵更是佛教常識，入門便會的粗淺功夫，無怪連五祖弘忍也不覺驚艷。

再看惠能的出手：前兩句「本無」、「亦非」，一開始便見招拆招痛擊對手，連佛教通喻菩提樹、明鏡臺也陷入攻擊範圍，惠能簡直把全佛教當成假想敵了，神秀在其眼中，何足道哉！再來「本來無一物」劈空而下，像極了無差別攻擊的毀滅性必殺技，此招一出，天地間靡有孑遺矣。最後竟還來個「何處惹塵埃」，用問句反詰對手，彷彿戰勝後還譏笑著對方，全然讓人無地自容。

這樣一個人，讓尊長前輩、法理教義都要肅然戰兢、翻轉倒懸，憑藉什麼？文中一再提到的識自性、見本心便是答案。若覺得用佛教的自性、本心等專有名詞太過艱澀，那麼用惠能自己對惠明所說的「本來面目」，便直接了當矣。原來，六祖是看到自己的本來面目了，也就是說，他「找回自己」了。希臘學者托勒密（Claudius Ptolemy）說：「地球，是宇宙

的中心。」惠能則說：「自我，是宇宙的中心。」一旦找回自己，天地都隨你而運轉。

至於傳衣、追殺、隱遁等情節，對一個找回自己的人而言，無需承接他人衣缽、無人殺得了他、最終也隱藏不了他耀人的光芒。這樣一個人，你得用你自己，才能看得到他自己，又也許，他正是你～自己……

本文及註釋

時，大師至寶林[1]，韶州韋刺史[2]與官僚，入山請師，出於城中大梵寺講堂，為眾開緣說法。師升座次，刺史官僚三十餘人、儒宗學士二十餘人、僧尼道俗一千餘人，同時作禮，願聞法要。大師告眾曰：「善知識！菩提[3]自性[4]，本來清淨，但用此心，直了成佛。善知識！且聽惠能行由[5]得法事意。」

惠能[6]嚴父[7]，本貫[8]范陽，左降[9]流[10]于嶺南，作新州百

---

[1] 寶林：指廣東曹溪的寶林寺，即現今南華寺的前身，六祖在法性寺受印宗法師剃度後（詳見本文最後）不久，便到寶林寺傳教說法。

[2] 韋刺史：姓韋，名璩。因仰慕六祖的宗風，故率同僚到寶林寺聽聞禪法，並邀六祖至城中宣揚佛法。

[3] 菩提：梵文 bodhi 的音譯，中文除了音譯外，也常意譯為覺、悟或道。

[4] 自性：佛法認為自性清淨，但受後天蒙蔽污染，若識得本性清淨，便知自己本來是佛。所以在《壇經》中，自心、自性、本心、本性，指的都是這種本來清淨的生命狀態。

[5] 行由：行為、經歷。

[6] 惠能：六祖的法號，一般也作慧能，但依《壇經》及為《壇經》作序的法海（惠能弟子）所言，應以「惠能」為是。

[7] 嚴父：父嚴母慈，所以父親稱為嚴父。

[8] 貫：籍貫。

[9] 左降：降職、貶官叫左降。

[10] 流：流放。

姓。此身不幸，父又早亡，老母孤遺，移來南海，艱辛貧乏，於
市賣柴。

　　時，有一客買柴，使令送至客店。客收去，惠能得錢，卻[11]
出門外，見一客誦經。惠能一聞經語，心即開悟，遂問：「客誦
何經？」客曰：「《金剛經》。」復問：『從何所來，持此經
典？』客云：「我從蘄州黃梅縣東禪寺來。其寺是五祖忍大師[12]
在彼主化，門人一千有餘，我到彼中禮拜，聽受此經。大師常勸
僧俗，但持金剛經，即自見性，直了成佛。」

　　惠能聞說，宿昔有緣，乃蒙[13]一客，取銀十兩與[14]惠能，令
充老母衣糧，教便往黃梅參禮五祖。惠能安置母畢，即便辭違
[15]，不經三十餘日，便至黃梅，禮拜五祖。

　　祖問曰：「汝何方人。欲求何物？」惠能對曰：「弟子是嶺
南新州百姓，遠來禮師，惟求作佛，不求餘物。」祖言：「汝是
嶺南人，又是獦獠[16]，若[17]為堪作佛？」惠能曰：「人雖有南
北，佛性本無南北；獦獠身與和尚不同，佛性有何差別？」五祖

---

[11] 卻：退。

[12] 五祖忍大師：禪宗有祖師傳承的說法與傳統，在印度有「西天二十八祖」之
　　說（從初祖摩訶迦葉到菩提達摩），在中國則從初祖達摩傳承到六祖惠能。
　　五祖弘忍是蘄州黃梅人，師承四祖道信，四祖後來將本文中的法衣袈裟傳給
　　他，成爲中國禪宗五祖。

[13] 蒙：承、受。

[14] 與：給。

[15] 辭違：辭去。

[16] 獦獠：原意皆指獸類。古代對南方人少數民族或南方人的稱呼，譏其文明未
　　開化。

[17] 若：你。

更欲與語，且見徒眾總[18]在左右，乃令隨眾作務[19]。

惠能曰：「惠能啓[20]和尚，弟子自心，常生智慧，不離自性，即是福田[21]。未審和尚教作何務？」祖云：「這獦獠根性大利[22]，汝更勿言，看槽廠去。」惠能退至後院，有一行者，差惠能破柴踏碓[23]。

經八月餘，祖一日忽見惠能曰：「吾思汝之見可用，恐有惡人害汝，遂不與汝言，汝知之否？」惠能曰：「弟子亦知師意，不敢行至當前，令人不覺。」

祖一日喚諸門人總來：「吾向汝說，世人生死事大，汝等終日只求福田，不求出離生死苦海，自性若迷，福何可救？汝等各去自看智慧，取自本心般若[24]之性，各作一偈[25]，來呈吾看。若悟大意，付汝衣法[26]，為第六代祖。火急速去，不得遲滯。思量

---

[18] 總：皆、都。

[19] 隨眾作務：隨僧眾操持寺中工作。

[20] 啓：稟告。

[21] 福田：為善得福，如同田中播種、耕耕而得稻。

[22] 根性大利：人的悟性大致可分利、鈍兩種不同的差別，此指天生悟性極佳。

[23] 破柴踏碓：砍柴、舂米。碓，舂米的器具。踏碓，則是用人力踩踏使木椿搗米。

[24] 般若：梵語 praj 的音譯，中文除音譯外，常意譯為「智慧」。佛教認為眾生執迷，所以輪迴受苦，只有用智慧證悟空理，方能解脫。

[25] 偈：佛教的詩句，類似中國的贊頌，通常以四句為一首，用來傳述故事或闡提佛理。

[26] 衣法：禪宗傳法，常以衣鉢為記。衣指袈裟，授與袈裟便是傳法的象徵，所以此處衣、法合稱。但在《壇經》中的傳衣，另有傳承祖師法統、寺院住持的特別涵意，所以成為爭奪的對象。

即不中用，見性之人，言下須見[27]，若如此者，輪刀上陣[28]，亦得見之。」

眾得處分[29]，退而遞相謂曰：「我等眾人，不須澄心用意作偈，將[30]呈和尚，有何所益？神秀上座[31]，現為教授師，必是他得。我輩謾[32]作偈頌，枉用心力。」諸人聞語，總皆息心，咸言：「我等已後[33]依止秀師，何煩作偈？」

神秀思惟：「諸人不呈偈者，為我與他為教授師，我須作偈，將呈和尚，若不呈偈，和尚如何知我心中凡解深淺？我呈偈意，求法即善，覓祖[34]即惡，卻同凡心奪其聖位奚別[35]？若不呈偈，終不待法[36]。大難大難！」

五祖堂前，有步廊三間，擬請供奉盧珍[37]，畫楞伽[38]變相[39]，及五祖血脈圖[40]，流傳供養。神秀作偈成已，數度欲呈，行至

---

[27] 言下須見：言語中便可看出已明心見性悟道。

[28] 輪刀上陣：指兵刃交鋒、性命交關的緊要關頭。輪，指掄。掄刀，揮刀。

[29] 處分：在這裏指交代、囑咐。

[30] 將：持、拿。

[31] 上座：依禮，地位越高者座次越前、越高。神秀是五祖弘忍的首座弟子，當時已是教授師，地位僅在弘忍之下。

[32] 謾：通漫，空、徒的意思。

[33] 已後：以後。

[34] 覓祖：想承接祖師之位。

[35] 奚別：有何差別。奚，何。

[36] 終不待法：始終等不到印證自己佛法見解的機緣。

[37] 供奉盧珍：唐時凡有一材一藝者，都可以入內廷任職，稱為供奉。盧珍善長人物及佛經之畫，所以被五祖請來寺中作畫。

[38] 楞伽：指《楞伽經》，是初祖達摩以來，禪宗傳法的重要經典。

[39] 變相：將佛經內容或佛教故事用圖畫方式呈現出來，叫變相。

[40] 五祖血脈圖：五祖，指初祖達摩、二祖慧可、三祖僧璨、四祖道信、五祖弘忍。血脈圖，即將五位祖師的傳承以圖畫出。

堂前，心中恍惚，遍身汗流，擬呈不得。前後經四日，一十三度呈偈不得。秀乃思惟：「不如向廊下書著[41]，從他和尚看見。忽若道好，即出禮拜，云是秀作；若道不堪，枉向山中數年，受人禮拜，更修何道？」是夜三更，不使人知，自執燈，書偈於南廊壁間，呈心所見。

偈曰：「身是菩提樹，心如明鏡臺，時時勤拂拭，勿使惹塵埃。」

秀書偈了，便卻歸房，人總不知。秀復思惟：「五祖明日見偈歡喜，即我與法有緣；若言不堪，自是我迷，宿業障重[42]，不合[43]得法。」聖意難測，房中思想，坐臥不安，直至五更。

祖已知神秀入門未得[44]，不見自性。天明，祖喚盧供奉來，向南廊壁間繪畫圖相，忽見其偈，報言：「供奉卻不用畫，勞爾[45]遠來。經[46]云：『凡所有相，皆是虛妄。』但留此偈，與人誦持，依此偈修，免墮惡道[47]，依此偈修，有大利益。」

令門人炷香[48]禮敬，盡誦此偈，即得見性。門人誦偈，皆歎善哉。

---

[41] 書著：寫上。

[42] 宿業障重：佛教講三世因果，過去所造之因，便是宿業。惡業有礙悟法成佛，又叫業障。

[43] 不合：不應、不該。合，應該。

[44] 入門未得：指「未入門」，即下文五祖評斷神秀「只到門外，未入門內」的意思。

[45] 爾：你。

[46] 經：下面引文出自《金剛經》。

[47] 惡道：佛教有六道輪迴之說。六道為天、人、阿修羅、地獄、畜生、餓鬼這六種生命型態。其中地獄、畜生、餓鬼合稱三惡道。

[48] 炷香：點香。炷，點燃。

祖，三更喚秀入堂，問曰：「偈是汝作否？」秀言：「實是秀作，不敢妄求祖位，望和尚慈悲，看弟子有少[49]智慧否？」祖曰：「汝作此偈，未見本性，只到門外，未入門內。如此見解，覓無上菩提，了不可得。無上菩提，須得言下識自本心。凡自本性，不生不滅[50]，於一切時中，念念自見，萬法無滯[51]，一眞一切眞[52]，萬境自如如[53]。如如之心，即是眞實，若如是見，即是無上菩提之自性也。汝且去，一兩日思惟，更作一偈，將來吾看，汝偈若入得門，付汝衣法。」神秀作禮而出。又經數日，作偈不成，心中恍惚，神思不安，猶如夢中，行坐不樂。

一復兩日，有一童子於碓坊過，唱誦其偈，惠能一聞，便知此偈未見本性，雖未蒙教授，早識大意[54]。遂問童子曰：「誦者何偈？」童子曰：「爾這獦獠不知，大師言，世人生死事大，欲得傳付衣法，令門人作偈來看。若悟大意，即付衣法為第六祖。神秀上座，於南廊壁上，書無相[55]偈，大師令人皆誦，依此偈

---

[49] 少：通「稍」，稍微、一些。

[50] 凡自本性，不生不滅：佛性（自性）不是由無到有（本來沒有而如今才有），所以不生；也不會由有而無（本來有卻因故消失），所以不滅。

[51] 萬法無滯：指悟道之人，可於世間一切事物中悟得本心自性，類似上文「一切時中，念念自見」之意。差別在於，上文所指的是在時間上，無時無刻能見本心自性；本句所指的是在廣度上，世間萬法皆能見到本心自性。萬法，指世界一切人事物。

[52] 一眞一切眞：一眞，指本心眞，即是下文所謂「如如之心，即是眞實」。一切眞，本心眞，則世間萬法皆眞，不被癡迷、執著的假相所惑。

[53] 如如：世間萬物的眞實面貌。如，如其本來狀態、回歸本來面目的意思。

[54] 大意：佛法奧旨。

[55] 無相：佛教講空，認爲世間萬物皆屬假相。如上文弘忍引《金剛經》所說：「凡所有相，皆是虛妄。」因此無相才是世間萬物的本來面目。童子以爲神秀的偈已探得佛法眞義，所以用「無相偈」來形容之，若就神秀偈中以菩提有樹、鏡台蒙塵的說法，那就是有相，而非無相了。

修，免墮惡道，依此偈修，有大利益。」

惠能曰：「我亦要誦此，結來生緣，同生佛地。上人[56]！我此[57]踏碓，八箇餘月，未曾行到堂前，望上人引至偈前禮拜。」童子引至偈前禮拜，惠能曰：「惠能不識字，請上人為讀。」

時，有江州別駕[58]，姓張名日用，便高聲讀。惠能聞已，遂言：「亦有一偈，望別駕為書。」別駕言：「汝亦作偈，其事希[59]有！」惠能向別駕言：「欲學無上菩提，不得輕於初學。下下人有上上智，上上人有沒意智[60]。」別駕言：「汝但誦偈，吾為汝書。汝若得法，先須度吾，勿忘此言。」

惠能偈曰：「菩提本無樹，明鏡亦非臺[61]，本來無一物，何處惹塵埃。」

書此偈已，徒眾總驚，無不嗟訝，各相謂言：「奇哉！不得以貌取人，何得多時，使他肉身菩薩[62]。」祖見眾人驚怪，恐人

---

[56] 上人：對於出家眾的敬稱，通常用於高僧大德、長老首座，此處是對童子的恭維。

[57] 此：來此。

[58] 別駕：官職名，始於漢代，是州刺史的幕僚官，因隨刺史巡行視察時另乘車駕，故稱為別駕。唐時一度改為長史，後又改回別駕。其執掌事務不一，相當於今天的秘書長一職。

[59] 希：通「稀」。

[60] 沒意智：指因愚痴欲念等因素而使智慧蒙蔽、淹沒、沉埋之意。

[61] 菩提本無樹，明鏡亦非臺：這兩句便是闡揚「無相」的奧旨。菩提的樹相、明鏡的鏡相，都屬於表相、假相，就佛法而言，都是因緣、條件聚合下的產物，緣散則滅，虛幻不真，正所謂「本來無一物」。

[62] 肉身菩薩：菩薩，梵文 bodhisattva，中文音譯為菩提薩埵，簡稱菩薩。菩提為「覺」，薩埵指「有情（眾生）」，故菩薩的意思為覺悟的有情眾生。佛教中已悟道覺悟的果位，皆可稱為菩薩。至於覺悟果位中，次於佛的，也叫菩薩，這是專稱。在此專稱下，菩薩是佛位的繼承人，因此也稱之為「法王子」。而一般對於修行者、信徒或一般人，也常以菩薩來稱呼，則屬泛稱。肉身菩薩，即以「人身」且「當世」而成就菩薩果位者。佛教認為菩提道遠，往往要累世修行，依次晉升果位才能成佛，若當身成菩薩、成佛，那是極殊勝難得的，故寺中徒眾以此讚歎六祖。而六祖後來果真也成為肉身菩薩。

損害，遂將鞋擦了偈，曰：「亦未見性。」眾以為然。

次日，祖潛[63]至碓坊，見能腰石舂米[64]，語曰：「求道之人，為法忘軀，當如是乎？」乃問曰：「米熟也未？」惠能曰：「米熟久矣，猶欠篩在[65]。」

祖以杖擊碓三下而去。惠能即會[66]祖意。三鼓[67]入室，祖以袈裟遮圍，不令人見，為說《金剛經》。至「應無所住而生其心[68]」，惠能言下大悟：一切萬法，不離自性[69]。遂啟祖言：「何期[70]自性，本自清淨；何期自性，本不生滅；何期自性，本自具足[71]；何期自性，本無動搖；何期自性，能生萬法。」祖知悟本性，謂惠能曰：「不識本心，學法無益；若識自本心，見自

---

[63] 潛：暗中、私下，不使人知。

[64] 腰石舂米：據《曹溪大師別傳》的說法，六祖惠能到東禪寺充任雜役，在廚房負責踏碓舂米，因體重太輕，所以將一塊大石綁在腰間，以增加踏碓的力道，這也是下文五祖看了讚揚他「為法忘軀」的緣故。

[65] 猶欠篩在：全句指米穀雖成熟，但未精選。篩，一種有密孔的竹器，用來將粗細不同的顆粒加以過濾。篩、師兩字音近，又暗指惠能自我了悟，但猶欠祖師印證。

[66] 會：領會。

[67] 三鼓：半夜三更。

[68] 應無所住而生其心：乃是指應生「無所住」之心。住，停止、定著、執迷之意。無所住，即是無住，也就是不執著的意思。

[69] 一切萬法，不離自性：與上文「一真一切真」的涵義相通。自性悟，則萬法皆真、萬法無滯。

[70] 何期：料不到、想不到。

[71] 本自具足：本句可與下面「何期自性，能生萬法」合看。世間萬法虛幻不真，變動無常，若不悟自性，便只見其表相、假相，如此則萬法滯礙；若悟自性，則萬法歸真，恆常不變。所以自性是讓萬法呈現（能生萬法）的唯一條件，自性真，一切真，一即一切（本自具足）。

本性，即名丈夫、天人師、佛[72]。」

三更受法，人盡不知，便傳頓教[73]及衣缽。云：「汝為第六代祖，善自護念，廣度有情[74]，流布將來，無令斷絕。聽吾偈曰：『有情來下種，因地果還生[75]，無情亦無種，無性亦無生[76]。』」

祖復曰：「昔達摩大師，初來此土，人未之信，故傳此衣，以為信體[77]，代代相承。法則以心傳心，皆令自悟自解。自古，佛佛惟傳本體[78]，師師密[79]付本心。衣為爭端，止汝勿傳，若傳

---

[72] 丈夫、天人師、佛：佛有十大名號，分別為如來、應供、正遍知、明行足、善逝、世間解、無上士、調御丈夫、天人師、佛、世尊。五祖在此舉其中三個，告訴六祖若能識本心、見本性便能成佛。

[73] 頓教：禪宗開啓了漸、頓兩種教法。漸法，視修道成佛是一種有方法、可循序漸進的過程，如神秀所言的「時時勤拂拭」，便成佛道；頓法，視修道成佛只是一悟，悟前萬般方法、過程皆只是次要或不相干，一悟便是佛、甚至本來便是佛，當下即是。

[74] 有情：含有一切感情、欲念的生命，泛指眾生。佛教認為眾生沈淪、六道輪迴，其因便是由於眾生有情，故佛教常稱所有生命為有情眾生。也因如此，有情是需要被度化的對象。

[75] 有情來下種，因地果還生：有情是眾生之所以造業的因，就像在田裏種下種子一般，這個種子是因，最後會長出果來。這兩句是說明因果業報之所以輪迴流轉的過程。

[76] 無情亦無種，無性亦無生：若能看破情欲、念想，則就不會有造業的種子，前句是就斷絕因果業報的輪迴而說。後一句講頓教的思維與境界，那便是無情、無種、無性、無生。眾生痴迷，執著成情，因情得種，依種結果，殊不知一切都是虛幻不眞，只要一念了悟，一切便霎時消滅，就如大夢初醒，夢中所有境物皆應時消散一樣，就連自性、佛法也是如此。

[77] 信體：取信於人的標記。

[78] 本體：即下句的「本心」。

[79] 密：非公開。禪宗多半視傳法為心心相印，既是一對一的個別關係，無法對大衆宣講；又是只能意會不可言傳的神秘體驗，故用「密」來形容。

此衣，命如懸絲，汝須速去，恐人害汝。」惠能啓曰：「向甚處去？」祖云：「逢懷則止，遇會則藏[80]。」

三更，領得衣鉢，五祖送至九江驛，祖令上船，惠能隨即把艣[81]自搖。祖云：「合是吾渡汝。」惠能云：「迷時師度，悟了自度，度名雖一，用處不同。惠能生在邊方，語音不正，蒙師付法！今已得悟，只合向性自度[82]。」祖云：「如是，如是。以後佛法，由汝大行矣。汝今好去，努力向南，不宜速說，佛法難起[83]。」

惠能辭違祖已，發足南行，兩月中間，至大庾嶺逐後數百人來，欲奪衣鉢。一僧俗姓陳，名惠明，先是四品將軍，性行麤燥[84]，極意參尋[85]，為眾人先，趨及惠能。惠能擲下衣鉢，隱[86]草莽中。惠明至，提不動，乃喚云：「行者[87]！行者！我為法來，不為衣來。」惠能遂出，坐盤石上。惠明作禮云：「望行者為我說法。」惠能曰：「汝既為法而來，可屛息諸緣，勿生一念[88]，吾為汝說。」

---

[80] 逢懷則止，遇會則藏：懷、會是兩處地名，分別指現今廣西懷集縣、廣東四會縣。

[81] 把艣：把，持、拿、控。艣，通「櫓」，划船的器具，大者為櫓，小者為槳。

[82] 向性自度：度化自己，回歸本性（佛性）。

[83] 不宜速說，佛法難起：五祖提醒六祖，宣揚佛法應等待機緣，不宜太早暴露自己已承繼衣鉢，上文所謂「恐人害汝」，反而使得禪法難以發揚。

[84] 麤燥：指脾氣粗魯暴躁。麤，通「粗」。燥，通「躁」。

[85] 參尋：尋找。

[86] 隱：藏。

[87] 行者：修行者。

[88] 屛息諸緣，勿生一念：屛，通「摒」。屛息，放下、斷絕之意。諸緣，指各種干擾、影響自己的事物、念想。六祖要惠明摒除雜思、心念澄明。

明良久，惠能曰：「不思善，不思惡，正與麼時[89]，那個是明上座[90]本來面目[91]？」惠明言下大悟。復問云：「上來[92]密語密意外，還更有密意否？」惠能云：「與汝說者，即非密也。汝若返照，密在汝邊[93]。」明曰：「惠明雖在黃梅，實未省自己面目，今蒙指示，如人飲水，冷暖自知。今行者，即惠明師也。」惠能曰：「汝若如是，吾與汝同師黃梅，善自護持。」明又問：「惠明今後向甚處去？」惠能曰：「逢袁則止，遇蒙則居[94]。」明禮辭。

　　惠能後至曹溪，又被惡人尋逐，乃於四會，避難獵人隊中[95]，凡經一十五載，時與獵人隨宜說法。獵人常令守網，每見生命，盡放之。每至飯時，以菜寄煮肉鍋。或問，則對曰：「但喫肉邊菜。」

　　一日思惟：「時當弘法，不可終避。」遂出至廣州法性寺，值[96]印宗法師[97]講《涅槃經》。因二僧論風幡義[98]，一曰風動，

---

[89] 正與麼時：就在此時。

[90] 明上座：六祖對惠明的敬稱。

[91] 本來面目：佛教認為生命原本清淨，只是後天污染，因此本來面目便是原本清淨無染的生命狀態。而六祖要惠明回答的問題，其實已將答案含藏在問題之中。不思善、不思惡，正是生命的本來面目，也就是他在東禪寺那首偈中所云「本來無一物」的深義。

[92] 上來：剛剛。

[93] 汝若返照，密在汝邊：指你若自我體察，則其中奧義你自己本來就知，只是被蒙蔽而已。返照，反思、反省。

[94] 逢袁則止，遇蒙則居：袁、蒙仍是地名。袁，即袁州，現今江西宜春縣。蒙，即江西蒙山。

[95] 乃於四會，避難獵人隊中：此便是五祖所謂「遇會則藏」。

[96] 值：正當、恰遇。

[97] 印宗法師：唐朝吳郡（今江蘇吳縣）人，出家為僧。後來在嶺南一帶傳教，歸依其下的僧俗信眾頗多。

[98] 風幡義：據《景德傳燈錄》的記載，六祖前往法性寺，暮夜風颺幡動，有二僧因此往復辯議，六祖因而出言語驚眾人。幡，長條、垂掛的旗幟。

一日幡動，議論不已。惠能進曰：「不是風動，不是幡動，仁者[99] 心動。」一眾駭然，印宗延[100] 至上席，徵詰[101] 奧義，見惠能言簡理當，不由文字[102]。

宗云：「行者定非常人，久聞黃梅衣法南來，莫是行者否[103]？」惠能曰：「不敢！」宗於是作禮，告請傳來衣缽，出示大眾。

宗復問曰：「黃梅付囑，如何指授[104]？」惠能曰：「指授即無，惟論見性，不論禪定解脫[105]。」宗曰：「何不論禪定解脫？」謂曰：「為是二法，不是佛法，佛法是不二之法[106]。」宗又問：「如何是佛法不二之法？」惠能曰：「法師講《涅槃

---

[99] 仁者：對他人的敬稱。

[100] 延：引領、邀請。

[101] 徵詰：詢問。

[102] 不由文字：不拘守經文句義。

[103] 莫是⋯否：莫非是⋯。

[104] 黃梅付囑，如何指授：有將此兩句分開解釋，認為前句「付囑」是指五祖對於六祖未來弘法行為的指示；「指授」是指五祖傳法於六祖的內容與要領。有將此兩句視為同一事，「付囑」即是「指授」，指的都是五祖傳法的內容與要領。若依後文六祖的回答，應以第二種說法為宜。

[105] 不論禪定解脫：禪宗自初祖達摩以來，便重禪定工夫，由（禪）定而生慧，最終目的便是求解脫。六祖在此說出五祖的教法不重禪定解脫，自然與禪宗歷來教法有異，因此下文印宗聞言詫異。

[106] 佛法是不二之法：這是直指佛法的本意。六祖認為佛法無他，只是識自性、明本心而已，也就是上文五祖三更為六祖說法，使六祖領悟到「自性」能生萬法、不生不滅、本自具足的道理，同時也呼應下文六祖引《涅槃經》所云「明佛性」是佛法不二之法。在這種角度下，禪定只是悟自性的一種方法、媒介，不是佛法本身；解脫只是悟自性後的一種成果、狀態，也不是佛法本身。佛法本身就只是佛法，是一；其他的都是周邊、附屬的技術、狀態，所以是多或二。執著禪定或解脫為佛法，並以之為目標，那只是逐末忘本，反而是一種偏執、妄見。

經》，明佛性是佛法不二之法。如高貴德王菩薩[107]白佛言：『犯四重禁[108]，作五逆罪[109]，及一闡提[110]等，當斷善根佛性否？』佛言：『善根有二：一者常，二者無常。佛性非常非無常[111]，是故不斷[112]，名為不二。一者善，二者不善；佛性非善非不善，是名不二。』蘊之與界[113]，凡夫見二，智者了達其性無二[114]；無二之性，即是佛性。」印宗聞說，歡喜合掌，言：「某甲[115]講經，猶如瓦礫；仁者論義[116]，猶如其金。」於是為惠能剃髮，願事為

---

[107] 高貴德王菩薩：《涅槃經》第二十二〈光明遍照高貴德王菩薩品〉第十之二，記載高貴德王菩薩與佛議論世間是否有「無佛性」、「斷善根」的眾生。六祖所引，便是《涅槃經》經文的大要。

[108] 四重禁：佛教以「殺」、「盜」、「（邪）淫」、「妄（語）」四戒，為四重禁。若加「（飲）酒」戒，則是五戒。

[109] 五逆罪：佛教以「殺母」、「殺父」、「殺阿羅漢」、「出佛身血」（殺佛）、「破和合僧」（破壞僧侶和諧）為五逆罪。

[110] 一闡提：梵文 Icchantika 的音譯，意思乃指「斷滅善根的人」。對於世間是否有一闡提，以及一闡提能不能成佛，這個問題的答案在《涅槃經》裏有重大的轉折，因此六祖以之為例。

[111] 佛性非常非無常：用「常」或「無常」來論斷人的根性，在佛法看來皆是一偏之見。若根性是常，惡者恆惡、善者恆善，則修道成佛便不可能；若根性無常，忽惡忽善、渾無定則與歸趨，則修道成佛也不可能。下文的對「善」、「不善」的看法也是雷同。

[112] 不斷：承上文，佛教強調不二，故善根、佛性不能說有，也不能說無，既然非有也非無，那麼如何能說世間有「斷善根者」？此處所謂「不斷」，是指《涅槃經》不同意世間有「斷善根者」。

[113] 蘊之與界：由透過自我身心（蘊），去認識外在事物（界），在認識論上，這是主（蘊）、客（界）對立的關係，所以下文說「凡夫見二」，也就是主、客兩者是不同的。蘊，指眾生自我的身心。界，泛指外在環境。

[114] 智者了達其性無二：承上文，就佛法而言，蘊即含界，界包含蘊，兩者不可分、亦無法分。例如嗅聞花香，嗅覺（蘊）中便含有花之香（界），否則嗅的是何物？香氣（界）中便含有嗅覺（蘊）的作用，否則何以知其香？佛教常用此種思維，跳脫凡常二元對立的習慣模式，此即「不二」。

[115] 某甲：指一般人。

[116] 義：道理。

師。

惠能遂於菩提樹下，開東山法門。惠能於東山得法，辛苦受盡，命似懸絲，今日得與使君、官僚、僧尼、道俗同此一會，莫非累劫[117]之緣？亦是過去生中，供養諸佛，同種善根，方始得聞如上頓教得法之因。教是先聖所傳，不是惠能自智。願聞先聖教者，各令淨心。聞了，各自除疑，如先代聖人無別。

一眾聞法，歡喜作禮而退。

時代意義

日本學者春山茂雄在其著作中提出一個新鮮名詞：「腦內革命」。他認為大腦是個奇妙的事物，人的健康是「想」出來的，你的思想決定你的健康，而負面思想是一切疾病的根源。

果真如此，從健康延伸到人生，則人生的所有問題也是「想」出來的，你的思想決定你的人生，人生一切的困境、成就全都是腦內製造，因此當你腦筋一轉，鐵定困境立時就變為成就、苦惱馬上化為歡樂。用在佛教上，透過腦內革命，則煩惱變成菩提、凡夫當下成佛。

六祖惠能的故事其實演繹的就是這個道理。他那從醜小鴨變天鵝的魔法，說穿了就這麼簡單，告訴自己：我是天鵝！我是天鵝！於是一隻雪白美禽便展翅飛起……

這看似簡單的想法轉換，卻是千苦萬險，可能百千億劫都難以辦到。革命，是必須流血斷頭的，就算是腦內革命，其凶險與慘烈未必亞於真正的政治革命。試看惠能的經驗，一個已悟大法的人，猶且廚房踏碓；承接

117 劫：梵文 kalpa 的音譯，是印度及佛教的時間單位，乃是一段對人類來說極長的時間。

衣鉢之後，便是十餘年的亡命天涯。說這是天將降大任之前的磨難，倒不如說這是革命的代價：他干犯了眾人的思維模式、挑戰了眾人的生存法則、阻礙了眾人的既得利益，他人豈不群起而攻之？

修道成佛，便是一趟「腦內革命」的歷程。單以自身為例，多少人肯承認昨是今非？慈母可以淡漠親情嗎？情人能夠無視背叛乎？賣瓜的老王必然自誇瓜甜、公豈會說婆是有理？要學惠能，首先學他革命的氣概，他出家求道、與師論辯、挑戰成說，無不在昭示「本來無一物」的意旨。沒這推倒一切的氣概，成佛絕不可能，天鵝也將成絕響。

這是屬於中國式的宗教革命，佛教之所以中國化，靠的便是許多高僧大德進行了「腦內革命」，用一種破壞式、創造式的詮釋，將天竺傳來的浮圖之法轉變為屹立於今的世界三大教之一。時至今日，惠能不出，中國佛教還有明日嗎？

編撰者：施忠賢

延伸閱讀

1. 楊惠南，《中國歷代經典寶庫—六祖壇經：佛學的革命》，臺北：時報文化，2012 年。

2. 葛兆光導讀，李志清故事漫畫，《明鏡與風幡—六祖壇經》，臺北：大塊文化，2010 年。

3. 蔡志忠，《曹溪的佛唱—六祖壇經》，臺北：時報文化，1994 年。

4. 蘇仁和，《六祖壇經》，臺大經典閱讀計畫，網址：
   http://reading_classics.cl.ntu.edu.tw/cate/%E3%80%8A%E5%85%AD%E7%A5%96%E5%A3%87%E7%B6%93%E3%80%8B。

參考資料

1.丁福保箋注，一葦整理，《六祖壇經箋注》，山東：齊魯書社，
 2012 年。
2.楊惠南，《禪史與禪思》，臺北：東大圖書，2008 年。

宋代理學的開山人物——周敦頤

《宋史·周敦頤傳》

導讀

　　此篇節錄《宋史》卷四二七〈道學一〉列傳。《宋史·道學》列傳一共四篇，名列其中的人物共計二十四人：周敦頤、程顥、程頤、張載、張戩、邵雍、劉絢、李籲、謝良佐、游酢、張繹、蘇昞、尹焞、楊時、羅從彥、李侗、朱熹、張栻、黃榦、李燔、張洽、陳淳、李方子、黃灝。《宋史》開設道學傳的目的，旨在說明上述人物不僅有傳經之功，也肩負傳道的使命。《宋元學案》卷十一〈濂溪學案上〉對宋代這一段學術發展作如下敘述：「孔孟而後，漢儒止有經傳之學。性道微言之絕久矣。元公（案：周敦頤諡元，世稱元公，西元 1017–1073 年）崛起，二程嗣之，又復橫渠（案：張載，西元 1020–1077 年）諸大儒輩出，聖學大昌。故安定（案：胡瑗，西元 993–1059 年）、徂徠（案：石介，西元 1005–1045 年）卓乎有儒者之矩範，然僅可謂有開之必先。若論闡發心性義理之精微，端數元公之破暗也。」這說明周敦頤作爲宋儒傳道史的開山人物，端在他對孔孟心性義理之學的闡揚，讓這一套久絕於世的儒家思想體系得以在宋代發揚光大。

　　《宋史·道學一》列傳對周敦頤傳道的事蹟，指向他教導程顥、程頤兄弟「尋孔、顏樂處，所樂何事」。此事原載於《二程集》卷二上：「昔受學於周茂叔，每令尋顏子、仲尼樂處，所樂何事。」文中所謂「顏子、

仲尼樂處」，指的是《論語》記載聖賢之志的三則內容，皆出自孔子之言。其中兩則言孔子之樂，見於〈述而〉篇。一曰：「飯疏食、飲水，曲肱而枕之，樂亦在其中矣。不義而富且貴，於我如浮雲。」二曰：「其爲人也，發憤忘食。樂以忘憂，不知老之將至云爾。」三則言顏回之樂，見於〈雍也〉篇：「賢哉！回也，一簞食，一瓢飲，在陋巷，人不堪其憂，回也不改其樂。賢哉！回也。」這三則內容旨在強調志節與成學乃是士人實現自我的必備條件。透過這兩項條件，湧現於孔子與顏回內心之歡樂，乃是孔、顏兩人在現實困境中彰顯其身爲人的內存價值（intrinsic value）的一種愉悅感。

這種教導對二程志業的影響不小。程頤在〈明道先生行狀〉提到：「先生爲學，自十五六時，聞汝南周茂叔論道，遂厭科舉之業，慨然有求道之志。」該文又說其兄「謂孟子沒而聖學不傳，以興起斯文爲己任。」（《二程集·河南程氏文集》卷十一）這篇行狀證明程顥受業周敦頤之後，踏上傳道之路。至於程頤擔任崇政殿說書期間（西元 1086 – 1087 年），爲哲宗講授孔孟聖賢著作及修身要領，在經筵上展現「以天下自任」的風範，同樣也如其兄般，爲傳道盡一份力。（見《伊洛淵源錄》卷四）

更重要的是，二程從心性的角度，提出一些令學界感到興趣的理學命題。例如上述孔、顏之愉悅感究竟是個人被動地因應外在之際遇而生，還是主動地感受內心之廓然充實？抑或人之氣質差異對此間的心理感應有一定之影響？若從道心與人心的區分言，上述聖賢之樂是個人主觀情感之流露，還是人性對天理的一種展現？二程對此間涉及的心性問題進行相當縝密地論述，此見程顥〈定性書〉、程頤〈顏子所好何學論〉等著作。由於二程在這方面的思想趨向與周敦頤的著作《太極圖說》「主靜立人極」以及《通書》「無欲則靜虛動直」之觀點有共通處，這使得宋代理學之內在理路上溯至周敦頤之學說。連帶二程爲宋代理學建構之學術路徑也淵源於

周敦頤對二程的教導。是以在諸多研究理學史的著作中,周敦頤名列宋代理學的開山人物。其中尤以朱熹的《伊洛淵源錄》最爲重要。此書對北宋理學之發展有一套完整的說法,對當時學界的影響極深。《四庫全書總目提要》卷五十七便稱:「宋人談道學宗派,自此書始。」《宋史‧道學》列傳對理學發展的陳述,正是套用《伊洛淵源錄》的理學史觀而來。

本文及註釋

　　「道學」[1] 之名,古無是也。三代[2] 盛時,天子以是道為政教,大臣百官有司以是道為職業,黨庠[3]、術序[4] 師弟子以是道為講習,四方百姓日用[5] 是道而不知。是故盈[6] 覆載[7] 之間,無一民一物不被[8] 是道之澤,以遂[9] 其性。於斯時也,道學之名,何自而立哉。

　　文王、周公既沒,孔子有德無位[10],既不能使是道之用漸被

---

[1] 道學:宋代理學的別稱。

[2] 三代:夏、商、周三個朝代。語出《論語‧衛靈公》:「斯民也,三代之所以直道而行也。」

[3] 黨庠:五百戶爲黨。「黨庠」與「術序」出自《禮記‧學記》。庠,音ㄒㄧㄤˊ,設在黨中的學校。

[4] 術序:術,一萬二千五百戶爲術。序,設在術中的學校。

[5] 百姓日用:指一般平民日常生活不可或缺者。出自《易經‧繫辭上》第五章:「百姓日用而不知,故君子之道鮮矣。」

[6] 盈:充滿。

[7] 覆載:天地。語本《禮記‧中庸》:「天之所覆,地之所載。」

[8] 被:蒙受。

[9] 遂:通達之意。

[10] 孔子有德無位:孔子有王者之道卻無王者之位。

斯世，退而與其徒定禮樂，明憲章[11]，刪《詩》[12]，修《春秋》，贊《易象》[13]，討論《墳》、《典》[14]，期使五三聖人[15]之道昭明於無窮。故曰：「夫子賢於堯、舜遠矣。」孔子沒，曾子[16]獨得其傳，傳之子思[17]，以及孟子[18]，孟子沒而無傳。兩漢而下，儒者之論大道，察焉而弗精，語焉而弗詳，異端邪說[19]起而乘之，

---

[11] 明憲章：指孔子取法周文王、周武王治國處世之原則，並向大眾闡述其道理。出自《禮記·中庸》：「仲尼祖述堯舜，憲章文武。」。

[12] 刪《詩》：刪除《詩經》重複的篇章。孔子「刪詩」之說出自《史記·孔子世家》。此說與史實不合，不可信。

[13] 贊《易象》：從事易傳的撰述。孔子「贊易象」之說出自《史記·孔子世家》。此說與史實不合，不可信。

[14] 討論《墳》、《典》：剖析三墳五典之要旨及其成書年代。墳，三墳，指伏羲、神農、黃帝時代之書。典，五典，指少昊、顓頊、高辛、唐、虞時代之書。三墳五典是中國最古老的書籍。孔子「討論墳典」之說出自西漢孔安國〈尚書序〉。

[15] 五三聖人：指三皇五帝。據《史記》記載，三皇是伏羲、神農、女媧，五帝是黃帝、顓頊、嚳、堯、舜。

[16] 曾子：曾參（西元前505–前436年），字子輿。魯國人。他是孔子弟子，少孔子四十六歲，世稱「宗聖」。宋儒認為孔門弟子僅顏淵與曾參兩人得孔子之道。程顥曰：「顏子默識，曾子篤信，得聖人之道者，二人也。」（《二程遺書》卷十一〈明道先生語一〉）然而顏淵（西元前521–前481年）先孔子（西元前551–前479年）而卒，故以曾子獨傳孔子之道。

[17] 子思：孔伋（音ㄐㄧˊ）（西元前492–前431年），字子思。孔子之孫，世稱「述聖」。程頤認為〈中庸〉一文是「孔門傳授心法，子思恐其久而差也，故筆之於書，以授孟子。」見《中庸章句》序。子思因此在儒學發展史上被視為有傳道之功

[18] 孟子：孟軻（西元前390–前305年），戰國鄒人。受學於子思之門人，世稱「亞聖」。孟子對當時「不歸楊則歸墨」的思想界提出嚴厲的批判，強調「楊墨之道不息，孔子之道不著。」見《孟子·滕文公下》。孟子因此在儒學發展史上被視為有傳道之功。

[19] 異端邪說：異於正統思想的學說。

幾至大壞。

　　千有餘載，至宋中葉，周敦頤[20]出於舂陵[21]，乃得聖賢不傳之學，作《太極圖說》、《通書》，推明陰陽五行之理，命於天而性於人者，瞭若指掌[22]。張載[23]作〈西銘〉，又極言理一分殊[24]之旨，然後道之大原出於天者，灼然[25]而無疑焉。仁宗明道[26]

[20] 周敦頤：原名惇實，因避宋英宗（本名趙宗實）舊名諱而改名惇頤。道州營道人（今湖南永州市南部）。年十五，偕母入京師，依舅氏龍圖閣直學士鄭向。年二十，鄭向依例補廕子，乃奏補惇頤。他一生皆仕地方官吏，如縣主簿、縣令、州判官、州通判、知州軍。諡元，世人稱元公。學者稱濂溪先生。

[21] 舂陵：今湖南寧遠縣東北。隋朝併入營道縣。這一帶地方唐宋屬於爲道州，所以《宋史・道學傳》稱周敦頤是「道州營道人」。

[22] 瞭若指掌：比喻對事情了解得非常清楚。

[23] 張載：北宋陝西鳳翔郿縣（今陝西寶雞市眉縣）橫渠鎮人。字子厚，世稱橫渠先生。他是程顥、程頤的表叔。宋仁宗嘉祐二年（西元 1057 年）進士，歷授崇文院校書、知太常禮院。後其弟監察御史張戩，因反對王安石變法遭貶爲司竹監，張載深感不安，遂辭官。歸家後，專注於讀書講學，開創「關學」。

[24] 理一分殊：指張載〈西銘〉內含「理一分殊」之觀點。這項說法其實是出自一封程頤回應門人楊時（西元 1053–1135 年）提問的信。在〈答楊時論西銘書〉中，程頤稱：「〈西銘〉明理一而分殊」（《河南程氏文集》卷九）。事實上，張載並沒有在〈西銘〉中提出「理一分殊」的命題，這完全是程頤引申〈西銘〉「民吾同胞，物吾與也。天地之塞吾其體，天地之帥吾其性」之義理的結果。理一分殊指的是宇宙萬物皆有一相通之天理。理，天理。理一，指萬象紛錯中，可尋得一相通之公理。分殊，從天地萬物千差萬殊的現象，可以看出天理流行的情形。

[25] 灼然：明白、清楚。

[26] 明道：北宋仁宗趙禎的第二個年號，共計兩年（西元 1032–1033 年）。

初年，程顥[27]及弟頤[28]實生，及長，受業周氏[29]，已乃擴大其所聞，表章〈大學〉、〈中庸〉二篇[30]，與《語》、《孟》並行，於是上自帝王傳心之奧，下至初學入德之門。融會貫通[31]，無復餘蘊[32]。

迄宋南渡[33]，新安朱熹[34]得程氏正傳，其學加親切焉。大抵以格物致知為先，明善誠身為要，凡《詩》、《書》，六藝之

---

[27] 程顥：西元 1032–1085 年，北宋洛陽伊川（今河南省洛陽市南部）人，字伯淳，號明道。世稱明道先生。程顥與其弟程頤皆理學大師，世稱「二程」。他是北宋嘉祐二年（西元 1057 年）進士，歷官鄠縣主簿、上元縣主簿、澤州晉城令、太子中允、監察御史、監汝州酒稅等職。後追封「豫國公」，配祀孔廟。

[28] 頤：西元 1033–1107 年，字正叔，世稱伊川先生。他由司馬光、呂公著薦舉入仕，歷官汝州團練推官、西京國子監教授等職。與其胞兄程顥共創「洛學」，為北宋理學奠定基礎。後追封洛國公，配祀孔廟。

[29] 受業周氏：宋仁宗慶曆六年（西元 1046 年），程顥、程頤的父親程珦在南安認識了周敦頤。見他「氣貌非常人」，與之交談，更知其「為學知道」，與他結為朋友，隨即將兩個兒子送至南安拜敦頤為師。當時周敦頤三十歲，程顥十五歲，程頤十四歲。

[30] 表章〈大學〉、〈中庸〉二篇：在儒學典籍中，程顥與程頤認為〈大學〉、〈中庸〉這兩篇出自《禮記》的文章，其重要性與《論語》、《孟子》並稱。表章，顯揚、表揚。

[31] 融會貫通：將各種知識及義理加以融合、統整，進而獲得全面通徹的領會。

[32] 餘蘊：未闡明的深奧義理。

[33] 南渡：宋欽宗靖康元年（西元 1126 年），金國軍隊兩度南下渡黃河圍宋朝京都東京（今開封市）。隔年（西元 1127 年）四月，金人劫宋徽宗、宋欽宗及其后妃太子宗戚三千人北去。北宋滅亡。五月欽宗的弟弟康王趙構在南京即皇帝位，改元建炎，史稱「建炎南渡」。

[34] 朱熹：西元 1130–1200 年，字元晦，號晦庵，南宋江南東路徽州婺源人（今江西婺源縣）。南宋高宗紹興十八年（西元 1148 年）進士，歷仕高、孝、光、寧四朝。他是程顥、程頤的三傳弟子李侗的學生，後來成為宋代理學集大成者，世稱朱子。

文，與夫孔、孟之遺言，顛錯於秦火 ³⁵，支離於漢儒 ³⁶，幽沉于魏、晉六朝 ³⁷ 者，至是皆煥然 ³⁸ 而大明，秩然 ³⁹ 而各得其所。此宋儒之學所以度越 ⁴⁰ 諸子，而上接孟氏者歟。其於世代之汙隆 ⁴¹，氣化之榮悴 ⁴²，有所關係也甚大。道學盛于宋，宋弗究於用，甚至有厲禁 ⁴³ 焉。後之時君世主，欲復天德 ⁴⁴ 王道之治，必來此取法矣。

邵雍 ⁴⁵ 高明英悟，程氏實推重之，舊史列之隱逸 ⁴⁶，未當，

---

³⁵ 錯顛於秦火：秦始皇下焚書令後，除了醫藥、卜筮與種樹之書外，大量周代古籍因而殘缺不全。秦火，此指秦始皇二十三年（西元前 213 年）下令焚書之事。見《史記‧秦始皇本紀》。

³⁶ 支離於漢儒：漢儒重在傳經，對於孔孟之義理學說缺乏深入的探討。支離，散亂而無條理。

³⁷ 幽沉于魏、晉六朝：魏、晉六朝盛行玄學，孔孟儒學不受學界重視。

³⁸ 煥然：光明的樣子。

³⁹ 秩然：整飭的樣子。

⁴⁰ 度越：超過。

⁴¹ 世代之汙隆：各朝之間的盛衰。世代，朝代。汙隆，盛衰、興替。

⁴² 氣化之榮悴：宇宙萬物之生滅變化。氣化，指宇宙萬物。榮悴，草木的盛衰變化。

⁴³ 厲禁：南宋寧宗慶元三年（西元 1197 年），權臣韓侂冑專政，將朱熹、趙汝愚、周必大等人所倡導之理學稱爲「僞學」，把「四書」、「六經」皆列爲禁書，誣奏僞學黨羽共五十九人。朱熹因此被冠上「僞學魁首」的罪名，遭到罷黜。慶元四年（西元 1198 年）五月，朝廷再次下詔厲禁「僞學」，一直至寧宗嘉泰二年（西元 1202 年）才開始弛禁。

⁴⁴ 天德：上天化育萬物的恩澤。

⁴⁵ 邵雍：西元 1011–1077 年，字堯夫，又稱安樂先生、百源先生，諡康節，後世稱邵康節。他一生隱居不仕，其著作《皇極經世書》受到朱熹的極力推崇。朱熹將邵雍、周敦頤、張載、二程和司馬光並稱爲北宋「六先生」。

⁴⁶ 舊史列之隱逸：此句意指邵雍原本列於宋代國史的隱逸傳。元修《宋史》，主要是以宋代官方修撰的史書爲底本。

今置張載後。張栻[47]之學，亦出程氏[48]，既見朱熹[49]，相與博約
又大進焉。其他程、朱門人，考其源委，各以類從，作《道學
傳》。

　　周敦頤，字茂叔，道州營道[50]人。……掾南安[51]時，程珦[52]
通判軍事，視其氣貌非常人，與語，知其為學知道，因與為友，
使二子顥、頤往受業焉。敦頤每令尋孔、顏樂處[53]，所樂何事，
二程之學源流乎此矣。故顥之言曰：「自再見周茂叔後，吟風弄
月[54]以歸，有『吾與點也』[55]之意。」侯師聖學於程頤，未悟。
訪敦頤，敦頤曰：「吾老矣，說不可不詳。」留對榻夜談，越三
日乃還。頤驚異之，曰：「非從周茂叔來耶？」其善開發[56]人類

---

[47] 張栻：西元 1133–1180 年，字敬甫，號南軒，漢州綿竹（今四川廣漢縣）
人。他是南宋著名的理學家。南宋孝宗乾道元年（西元 1165 年），受湖南
安撫使劉珙之聘，主嶽麓書院（位於湖南長沙市嶽麓山東麓）教事，成為
「湖湘學派」的代表人物。

[48] 出程氏：張栻之理學師承程顥、程頤。

[49] 既見朱熹：張栻主嶽麓書院教事期間，朱熹曾專程自福建拜訪，與其討論
〈中庸〉之義理問題。事在南宋孝宗乾道三年（西元 1167 年）八月。

[50] 道州營道：營道縣是道州之行政中心，今湖南永州市南部。

[51] 掾南安：周敦頤任南安軍司理參軍，專管司法。掾，音ㄩㄢˋ，佐助。

[52] 程珦：西元 1006–1090 年，原名珦，字君玉。宋仁宗慶曆四年（西元
1044 年）任官後改名珦，改字伯溫。他是程顥、程頤的父親。珦，音
ㄒㄧㄤˋ。

[53] 孔、顏樂處：指《論語》有關聖賢之志的三則內容。兩則記孔子之樂，一則
記顏回之樂。詳見本篇導讀之說明。

[54] 吟風弄月：原指詩人吟詠為吟風弄月，此處意指領略自然之美。

[55] 吾與點也：此指《論語·先進》記載「子路、曾皙、冉有、公西華侍坐」。
孔子要求四人說出濟世之志向。當曾皙表明其願望是：「暮春者，春服既
成。冠者五六人，童子六七人，浴乎沂，風乎舞雩，詠而歸。」孔子深有所
感地表示：「吾與點也！」與，贊同。曾皙，名點，曾參之父。

[56] 開發：啟發、教導。

此。

　　嘉定十三年 [57]，賜諡曰元公。淳祐元年 [58]，封汝南伯，從祀 [59] 孔子廟庭。

時代意義

　　中國傳統儒學內含兩個系統，一是傳經系統，二是傳道系統。傳經系統旨在保存中國自古以來的知識庫。它是儒者對於社會各類議題能夠提出有效策略的依據之一，不少儒者懷有「通經致用」的濟世理想。傳道系統旨在解決人在精神與價值層面遭遇的問題。它讓儒者在現實生活的各種挑戰中，能保有仁心與維護正義的勇氣。兩者之地位本無可取代。不過就理學的發展而言，由於元、明、清官方採用程朱觀點的四書集注作為科舉項目，再加上理學家們又涉入政治紛爭，導致理學在宋、明兩朝均有列入「僞學」的紀錄〔宋朝發生於南宋寧宗慶元三年（西元 1197 年）、慶元四年（西元 1198 年）。明朝發生於王守仁逝世的隔年，世宗嘉靖八年（西元 1529 年）〕。這使得理學的價值與現實的政治利益長期糾結不清。明亡後，理學受到不少學人的排斥。例如明末清初的思想家顏元（西元 1635–1704 年）認為：「周、程、朱、邵之靜坐，徒事口筆，總之皆不動也。而人才盡，聖道亡矣。」（《習齋言行錄》卷下）盛清時期的學者戴震（西元 1724–1777 年）表示：「周子（案：周敦頤）論學聖人，主於無欲。王文成（案：王守仁，西元 1472–1528 年）論致知，主於良知之體。皆以老、釋廢學之意論學，害之大者也。」（《孟子私淑錄》卷三）

---

[57] 嘉定十三年：西元 1220 年。嘉定是南宋寧宗的年號。
[58] 淳祐元年：西元 1241 年。淳祐是南宋理宗的年號。
[59] 從祀：附祭。

今日若單從學術思想的角度看待中國理學，它的開端人物周敦頤帶給宋代儒學界的是一種人生本體論的新觀點。他的《太極圖說》認爲在天地諸種現象的背後有一本體的存在，稱作「無極之真」。人若要與天地合德須以「無欲」作爲人生的本體，他稱作「人極」。他在《通說・聖》又稱：「寂然不動者誠也，感而遂通者神也，動而未形有無之間者幾也。」這個「誠」字在周敦頤的解釋下，也成了人心感應之前，一寂然不動以待感之心本體。此後宋明儒「去人欲，存天理」的觀念中，天理也成一本體，若有一物般獨立存在。這一觀點，就儒家論，不能不說從周敦頤首先提出。

這種觀點雖然深具哲學本體論之氣味，但它建構了華人文化有關人與人之間「信任半徑」（radius of trust）的空間觀念。華人俗話的「天地良心」之說，正是從人與天地合德處言人心之良可照耀宇宙萬物。此良心又稱作道心。當人心與宇宙運行之道相合，也就是當人心處於誠明而無私欲的中和狀態，人可以憑此良心做出俯仰天地而無愧之事，衆人間可由此建構出深度信任。上述的「孔、顏樂處」正是印證天地良心的最佳事蹟。就周敦頤的品行來說，宋人黃庭堅（西元 1045–1105 年）稱其「胸懷灑落，如光風霽月」（《豫章集・濂溪詩序》），形容他是人品高潔的正人君子。這就說明了宋代理學的價值旨在涵養人之道心。如今華人社會倚賴法治系統維繫人與人之間最小半徑的信任圈，實處於聖學衰微的時代。傳道之重任，我輩豈能不慨然承擔！

編撰者：陸冠州

延伸閱讀

1. 梁紹輝，《周敦頤評傳》，南京：南京大學出版社，2002 年。
2. 全祖望，《宋元學案》，臺北：華世出版社，1987 年。

參考資料

1.錢穆，《中國思想史》，臺北：蘭臺出版社，2001 年。
2.侯外廬、邱漢生、張豈之，《宋明理學史》，北京：人民出版社，1984 年。

中國第一位環遊世界的航海家 ── 鄭和

《明史‧鄭和傳》

導讀

　　此篇節錄《明史》卷三○四〈宦官一〉列傳。鄭和（西元 1371－1433 年）是信仰伊斯蘭教的回族人，本姓馬，出身雲南望族。十歲左右被明軍擄至首都南京，受閹割成為宦官。三年後服侍燕王朱棣，也就是日後發動「靖難之役」而奪得皇位的明成祖。在歷時三年的「靖難之役」（西元 1399－1402 年）中，鄭和立下戰功。明成祖登基後（西元 1403 年），御書「鄭」字，賜以為姓，以表揚他的功績。此時鄭和三十三歲，據記載他身高有九尺（超過二公尺），腰粗十圍（超過六十公分），「眉目分明，耳白過面，齒如編貝，行如虎步，聲音洪亮。」（袁忠徹，《古今識鑑》卷八）明成祖於永樂三年（西元 1405）任命他為下西洋的統帥，除了因為鄭和曾立下戰功之外，也與近臣姚廣孝（西元 1335－1418 年）和袁忠徹（西元 1376－1458 年）的極力推薦有關。加上鄭和信仰伊斯蘭教，永樂年間又成為佛教菩薩戒弟子，對於東南亞國家與印度地區的宗教文化也有所瞭解。更重要的是，明成祖有意將出使外國的重任交付宦官。《明史‧宦官傳》稱：「明世宦官出使、專征、監軍、分鎮、刺臣民隱事諸大權，皆自永樂間始。」於是在鄭和之外，明成祖還任命四品太監王景弘為第二位正使。由鄭、王兩人率領一個人數龐大的使節團，首次出洋人員就有二萬七千餘人。這個耗費鉅大的外交活動前後共七次（成祖期間六次，宣宗一次），歷時二十八年（西元 1405－1433 年），均直轄於皇帝內

廷。

　　明成祖遣使者下西洋的目的，主要是想超越元代下西洋的事業，附帶查訪明惠帝是否流落海外。元朝集合中西各種工藝人才，曾造大舶東征日本，南征安南（今越南）。明代在開國之初在首都南京西北的龍江之旁，建造龍江船場，又稱寶船場。該船場置有提舉、典史、指揮等官，下有廂長、甲長、作頭、監匠、匠丁，員工最多有四百餘戶。鄭和下西洋的船艦大部分是龍江船廠所造，最大者長四十四丈（約一百三十七公尺），寬十八丈（約五十六公尺），一共有六十二艘，其船身體積是當時世界船隻的兩倍以上。內可搭乘千人。鄭和率領的艦隊有寶船（專運西洋寶物）、馬舡、糧船、坐船、戰船等種類。每次出使的船隻大小數量不一，最少百艘，最多至兩百多艘。使團組織在正使之下，有副使、監丞、少監、內監、都指揮、指揮、千戶、百戶、舍人、郎中、鴻臚寺序班、陰陽官、陰陽生、醫官、醫士、旗校、勇士、力士、軍力、餘丁、買辦、通譯，及書手等。如遇戰事則正使太監爲總兵官，掛大元帥印，副使爲副總兵官，掛副元帥印，以下軍宦有都督、參將、游擊、把總等編制。

　　這一個使團組織的功能有三：第一是在政治功能上，鄭和前後出訪三十餘國，遍歷東南亞、印度、中東、阿拉伯半島以至非洲東岸等地。除了成功拓展明朝的外交版圖外，也增加明朝統治領域。例如交趾（今越南北部紅河流域）在明成祖永樂五年（西元 1407 年），鄭和第一次下西洋時納入中國版圖，置交趾布政司。該年明朝也在舊港（今印尼南蘇門答臘省首府巨港）置宣慰司。第二是軍事功能上，掃除貿易與外交障礙，宣揚明朝國威。例如鄭和第一次下西洋逮捕橫行舊港一帶十多年的海盜首領陳祖義，讓海上貿易得以暢通。第二次下西洋俘虜錫蘭山（今斯里蘭卡島）國王亞烈苦奈兒，將其帶回南京。起因是他覬覦鄭和船艦內的財物，發兵攻打鄭和使團而落敗。第三次鄭和使團至蘇門答剌（今蘇門答臘島八昔（Parsei）河口一帶），遭到該國前王子蘇幹剌率部屬攻擊，鄭和追擒蘇幹剌，並俘其妻子，一併帶回南京。最後一項功能是經濟上促進中西貿易。單是鄭和下西洋所獲財富的數量，據估計至少有金二、三十萬餘兩，

白銀千餘萬兩，遠遠超過宋元時期市舶收入的十數倍。（見朱鑑秋《百年鄭和研究資料索引（西元 1904－2003 年）》，頁 158－167）

　　不過對明朝這個農業社會而言，鄭和使團的功績雖大，但是其開銷始終是一筆可觀的數目。仁宗年間（西元 1425 年），朝中已有人認爲應停止下西洋的活動，而將國力專用於對付蒙古。據明人記載：「仁宗即位，從前戶部尚書夏原吉之請，詔停止西洋取寶，船不復下番。宣德中復開，至正統復禁。」（嚴從簡《殊域周咨錄・古里》）文中「正統」是明朝第六位皇帝英宗的第一個年號（西元 1436－1449 年）。他在位不久就下詔停止下西洋活動。換言之，明朝從宣德八年（西元 1433 年）起，再也沒有鄭和這類盛大使團出使西洋各國。甚至迄清末，也不復見這類由政府資助的遠航使團事蹟。是以鄭和環遊世界的盛事，在中國二十五史中，可謂空前絕後。

本文及註釋

　　鄭和，雲南人[1]，世所謂三保太監[2]者也。初事燕王[3]於藩

---

[1] 雲南人：鄭和是雲南昆陽州人（今雲南晉寧縣昆陽街道），他出身信奉伊斯蘭教的回回望族。

[2] 三保太監：鄭和，本姓馬，名和，小名三保。明太祖洪武十三年冬（西元 1381 年），明朝大將傅友德（西元 1327－1394 年）、藍玉（西元？－1393 年）等征討隸屬於元朝的雲南。鄭和與衆幼童被擄入明軍之中，時年十歲上下，未幾送往明朝首都南京閹割，成爲宦官。洪武十七年（西元 1384 年），服侍燕王朱棣。世稱「三保太監」。

[3] 燕王：朱棣（西元 1360－1424 年）。明太祖第四子，十歲受封燕王。以勇敢善戰爲太祖所喜，屢次命其率諸將出征，甚有威名。洪武三十一年（西元 1398 年），太祖死，明惠帝即位。隔年（西元 1399 年）七月，朱棣在其封地北平舉兵叛變，掀起一場歷時三年的戰爭，史稱「靖難之役」。明惠帝建文四年（西元 1402 年）六月，首都南京陷落，宮中火起，惠帝不知所終。朱棣奪位登基，成爲明朝第三任皇帝，是爲成祖。

邸[4]，從起兵有功[5]。累擢太監[6]。成祖疑惠帝[7]亡海外，欲蹤跡[8]
之，且欲耀兵異域，示中國富強。永樂三年[9]六月，命和及其儕
王景弘[10]等通使西洋。將士卒二萬七千八百餘人，多賫[11]金幣。
造大舶[12]，修[13]四十四丈[14]、廣[15]十八丈者六十二。自蘇州劉家
河[16]泛海至福建，復自福建五虎門[17]揚帆，首達占城[18]，以次遍

---

[4] 藩邸：侯王的宅第。邸，音ㄉㄧˇ，高貴之住所。

[5] 從起兵有功：鄭和在燕王起兵「靖難」的過程中，曾於建文元年（西元 1399 年）十月，在北平附近的鄭村壩（今北京東壩村）大敗來攻的惠帝軍隊，立下顯著戰功。明成祖登基後，於永樂元年（西元 1403 年）御書「鄭」字，賜以為姓，以表揚他的戰功。鄭和之稱來自他隨朱棣起兵有功而獲賜姓。

[6] 累擢太監：鄭和深受明成祖及仁宗、宣宗的信任，提拔他擔任內官監太監、南京守備太監，官至四品（明太祖規定宦官官階不得超過四品）。累，屢次。擢，提拔，音ㄓㄨㄛˊ。太監，品秩高階的宦官。

[7] 惠帝：朱允炆（西元 1377 - ? 年）。明太祖之孫，繼太祖之位，成為明朝第二任皇帝。登基不久便推行削藩，使周王、齊王、代王、岷王相繼被廢為庶人。燕王藉機舉兵叛變。三年後，惠帝因燕軍攻入首都南京，逃離宮中，下落不明。

[8] 蹤跡：追蹤找尋。

[9] 永樂三年：西元 1405 年。

[10] 王景弘：福建龍巖縣集賢里（今福建漳平市）人。他與鄭和同為明朝下西洋使團的四品正使太監。航行前，他負責船舶的徵集、航海技術人員的甄選，以及航海路線的規劃等準備工作。航行中，他負責船隊的航海事務。抵達目的地後，他與鄭和一同肩負訪問各國的重任。據史書記載，他與鄭和下西洋一共四次，皆在明成祖期間。

[11] 賫：贈送。賫，音ㄐㄧ，「齎」俗字。

[12] 大舶：巨大的船艦。舶，音ㄅㄛˊ，大船。

[13] 修：建造、興建。

[14] 四十四丈：約十四公尺。一丈等於十尺。明代一尺等於三十一‧一公分。

[15] 廣：寬度。

[16] 蘇州劉家河：今江蘇蘇州市瀏河口，扼婁江入長江之匯流點。

[17] 福建五虎門：今福建閩江口琅岐島。

[18] 占城：今越南平定省歸仁市。

歷諸番國[19]，宣天子詔，因給賜其君長，不服則以武懾之。五年九月，和等還[20]，諸國使者隨和朝見。和獻所俘舊港[21]酋長[22]。帝大悅，爵賞有差。舊港者，故三佛齊國[23]也，其酋陳祖義[24]，剽掠商旅。和使使招諭，祖義詐降，而潛謀邀劫[25]。和大敗其眾，擒祖義，獻俘，戮[26]於都市[27]。

六年九月，再往錫蘭山[28]。國王亞烈苦奈兒誘和至國中，索金幣，發兵劫和舟。和覘[29]賊大眾既出，國內虛，率所統二千餘人，出不意攻破其城，生擒亞烈苦奈兒及其妻子官屬。劫和舟者聞之，還自救，官軍復大破之。九年六月獻俘於朝。帝赦不誅，

---

[19] 遍歷諸番國：遠至南洋群島諸國。

[20] 還：回國。

[21] 舊港：今印尼南蘇門答臘省首府巨港。

[22] 酋長：部落的領袖。

[23] 三佛齊國：古國名，今印尼南蘇門答臘省首府巨港。明洪武三十年（西元1397年），東爪哇（今印尼爪哇島東部）滿者伯夷國攻佔三佛齊國，改其名為舊港。見《明史·外國五·三佛齊傳》。

[24] 陳祖義：祖籍廣東潮州人。明朝洪武年間，全家移居南洋。陳祖義盤踞在巨港十多年，從事海盜活動。集團成員最鼎盛時超過萬人，戰船百艘。雄霸於日本、台灣、南海、印度洋等海面。劫掠過往船隻達萬艘，攻打五十多座沿海鎮城。明太祖懸賞五十萬兩白銀捉拿陳祖義，明成祖增至七百五十萬兩。

[25] 潛謀邀劫：暗地策劃攔路搶劫。潛，秘密地、暗中地。邀，攔截。

[26] 戮：音ㄌㄨˋ，先示眾羞辱，再斬首，犯人死後須陳屍示眾。

[27] 都市：南京市集。都，南京。明成祖永樂十九年（西元1421年），明朝首都才由南京徙都至北京。

[28] 錫蘭山：唐代稱僧伽羅國，宋代稱細蘭，明代稱錫蘭山，今斯里蘭卡島。

[29] 覘：音ㄓㄢ，窺視、觀察。

釋歸國。是時，交阯[30]已破滅[31]，郡縣其地[32]，諸邦益震讋[33]，來者日多。

十年十一月，復命和等往使，至蘇門答剌[34]。其前偽王子蘇幹剌者，方謀弒主自立[35]，怒和賜不及己，率兵邀擊官軍。和力戰，追擒之喃渤利[36]，並俘其妻子，以十三年七月還朝。帝大喜，賚諸將士有差。

十四年冬，滿剌加[37]、古里[38]等十九國咸遣使朝貢，辭還。復命和等偕往，賜其君長。十七年七月還。十九年春復往，明年八月還。二十二年正月，舊港酋長施濟孫[39]請襲宣慰使職，和齎

---

[30] 交阯：又稱安南國。今越南北部紅河流域。明成祖永樂五年（西元 1407 年）派兵攻下安南國，改稱交阯，置交阯布政司。二十一年後，明朝喪失交阯統治權，又以安南國稱之。

[31] 破滅：指明成祖永樂五年（西元 1407 元）派張輔（西元 1375－1449 年）率軍攻下安南國之事。

[32] 郡縣其地：交阯於明成祖永樂五年（西元 1407 年）納入中國版圖後，置交阯布政司，管轄十五個府，四十一個州，二百一十個縣。

[33] 震讋：震驚恐懼。讋，音ㄓㄜˊ，恐懼、喪膽。

[34] 蘇門答剌：今日蘇門答臘島八昔河口一帶。

[35] 弒主自立：起初蘇門答剌國王與鄰國花面王交戰，中矢而亡。當時王子年幼，王妃下令徵求勇士，若有人報國王之仇，願嫁為妻子，立其為王。後有一老漁翁率國人大敗鄰國，並割下花面王左耳以邀功。王妃果真下嫁漁翁，尊其為老王。後來王子年長，與部下密謀殺害老王而取得王位。蘇幹剌是老王的弟弟。老王被弒後，他逃至山中，連年率眾侵擾。見《明史·外國六·蘇門答剌傳》。

[36] 喃渤利：在蘇門答剌國之西，今日蘇門答臘島西北角。該國皆回回人，僅千餘家。

[37] 滿剌加：今馬來西亞的麻六甲州。

[38] 古里：今印度南部喀拉拉邦（Kerala）第三大城市科澤科德（Kozhikode）。

[39] 施濟孫：明朝舊港宣慰使施進卿之子。明成祖於永樂五年（西元 1407 年），在舊港設置宣慰司，由施進卿擔任首任的宣慰使，以嘉勉他助鄭和逮捕陳祖義的功勞。施進卿是廣東人。

敕印往賜之。比還，而成祖已晏駕[40]。洪熙元年[41]二月，仁宗命和以下番諸軍守備南京。南京設守備，自和始也。宣德五年[42]六月，帝以踐阼[43]歲久，而諸番國遠者猶未朝貢，於是和、景弘復奉命歷忽魯謨斯[44]等十七國而還。

　　和經事三朝[45]，先後七奉使，所歷……凡三十餘國。所取無名寶物，不可勝計，而中國耗廢亦不貲[46]。自宣德以還，遠方時有至者，要不如[47]永樂時，而和亦老且死。自和後，凡將命海表[48]者，莫不盛稱和以誇外番，故俗傳三保太監下西洋，為明初盛事云。

時代意義

　　清末民初的學者梁啟超（西元 1873–1929 年）於 1904 年發表〈祖國大航海家鄭和傳〉，開啟近代對鄭和下西洋的研究風氣。在該文中，他說：「及觀鄭君，則全世界歷史上所號稱航海偉人，能與並肩者，何其寡也。鄭君之初航海，當哥倫布發現亞美利加以前六十餘年，當維哥達嘉馬（瓦斯科·達·伽馬）發現印度新航路以前七十餘年。顧何以哥氏、維氏

---

[40] 晏駕：皇帝駕崩。
[41] 洪熙元年：西元 1425 年。洪熙是明仁宗年號，在位僅一年。
[42] 宣德五年：西元 1430 年。明宣宗年號，共計十年（西元 1426–1435 年）。
[43] 踐阼：即帝位。
[44] 忽魯謨斯：古國名。位於今波斯灣荷姆茲海峽（Strait of Hormuz）的一個海島，當時隸屬於蒙古帖木兒帝國。
[45] 經事三朝：鄭和在明成祖、仁宗、宣宗三朝擔任公職。
[46] 不貲：數量極多，無法計量。貲，音ㄗ，計量、估量。
[47] 要不如：總是比不上。要，總。
[48] 命海表：出使海外。命，出使。海表，海外的地方。

之績，能使全世界劃然開一新紀元；而鄭君之烈，隨鄭君之沒以俱逝？我國民雖稍食其賜，亦幾希焉。則哥倫布以後，有無量數之哥倫布，維哥達嘉馬以後，有無量數維哥達嘉馬，而我則鄭和以後，竟無第二之鄭和。噫嘻，是豈鄭君之罪也！」他的意思是鄭和下西洋的壯舉既早於哥倫布發現新大陸（西元 1493 年），也早於葡萄牙探險家瓦斯科‧達‧伽馬（Vasco da Gama, 1469－1524）發現印度新航路（西元 1498 年），為什麼中國就不像外國進入大航海時代，進而使中國邁向現代化的方向發展？

　　這樣的疑問反映出近現代中國知識分子的心聲：中國的衰落是近代之事。在此之前，中國絕對是世界強國。梁啟超在〈論中國學術思想變遷之大勢〉一文道：「學術思想之在一國，猶人之有精神也，而政事、法律、風俗及歷史上種種之現象，則其形質也。故欲覘其國文野強弱程度如何，必於學術思想焉求之。」該文又說：「合世界史通觀之，上世史時代之學術思想，我中華第一也；（泰西雖有希臘蘇格拉底、亞里斯多德諸賢，然安能及我先秦諸子？）中世史時代之學術思想，我中華第一也；（中世史時代，我國之學術思想雖稍衰，然歐洲更甚。歐洲所得者，惟基督教及羅馬法耳，自餘則暗無天日。歐洲以外，更不必論。）惟近世史時代，則相形之下，吾汗顏矣。」（《梁啟超全集》第 2 冊，第 3 卷「新民說」，頁561）他認為中國在清末以前，一直是世界第一的強國。因為中國的學術思想向來在質量上領先世界各國，而學術思想的水平與各國國力之強弱呈正向關係。所以身為大國的知識分子，千萬不能看輕自己的學術與文化，一味地贊同西化的價值。

　　時至今日，牽動西方國家現代化發展的諸種要素已日趨明朗。除了學術與工業、科技、社會組織較中國優質化之外，現代金融體系的建立也是箇中不可缺少的條件。梁啟超日後也體認到這一點，他說：「自近世信用制度發達以來，金融機關為各業之腦髓，金融機關不發達，而各業斷無能發達之理，以今日中國之金融機關而論，若不急謀改良發達，則實業萬無能興之日，此銀行業之所以不能不設法發達之也。」（《梁啟超全集》第 4 冊，第 8 卷，〈涖北京商會歡迎會演說辭〉，頁 2522）若由推想，當初

鄭和使團的費用是由一個現代金融體系化的國家預算支應，其歷次下西洋的經濟效應則是透過現代政經體系產生乘數效應。那麼明宣宗之後，明、清兩朝應能出現無數量的鄭和。問題是，梁啟超失望了。無數的近現代中國知識分子失望了。不過當中國官方於 2013 年推出一帶一路的政策，企圖建立起陸路及海上新絲路。同時又積極籌建亞洲基礎設施投資銀行，為一帶一路的公共建設注入各國資金。或許現代的鄭和型人物能因運而生，且讓我們拭目以待。

編撰者：陸冠州

延伸閱讀

1. 韓勝寶，《鄭和之路》，上海：上海科學技術文獻出版社，2005 年。
2. 周運中，《鄭和下西洋新考》，北京：中國社會科學出版社，2013 年。

參考資料

1. 鄭鶴聲、鄭一鈞，《鄭和下西洋資料匯編》，山東：齊魯書社，1989 年。
2. 朱鑑秋，《百年鄭和研究資料索引（1904－2003）》，上海：上海書店出版社，2005 年。

開臺聖王──鄭成功

《清史稿‧鄭成功傳》

　　本篇選自《清史稿‧卷二百二十四‧列傳十一‧鄭成功》。鄭成功與張煌言、李定國同傳，傳中附敘鄭經、鄭克塽，本篇僅節錄鄭成功部分。

　　中國正史產生的習慣是前代歷史，後代修纂。清朝滅亡，紹繼大統的中華民國於民國三年（西元 1914 年）由國務院呈文，袁世凱批准設立清史館纂修《清史》，內容比照正史體例分〈紀〉、〈志〉、〈表〉、〈傳〉四部分，共五百三十六卷。歷時十四年，1927 年纂修工作大致初步完成，鑑於當時局勢多變，遂決定先作發行，以其爲未定本，故名之爲《清史稿》。

　　清史館由趙爾巽任館長，繆荃孫、柯劭忞等人爲總纂，總領修撰工作，參與者先後有一百餘人，但是沒有固定編制，人員由館長聘用。撰稿其間，甚至無專門書手繕寫，往往各卷作者須自行請人抄稿，按千字記算，其克難如此。

　　《清史稿》存在著許多問題，由於編修者多爲清朝遺老，基本上站在清朝的角度來寫清史，不能客觀面對歷史。書中對清朝歌功頌德，貶低辛亥革命。國民政府北伐成功後，將《清史稿》定爲禁書，禁止刊印及發售，雖然後來解禁，無非是受此觀點影響。由於書成於眾手，彼此照應不夠，完稿後未經仔細核改，刊行時校對也不認真，又匆忙付梓，致使體例不一，繁簡失當，以至於年月、事實、人名、地名錯誤往往可見。

《清史稿》的刊印，是由袁金鎧主持，金梁經辦，於1928年出書，計印一千一百部，其中四百部由金梁運往東北發行，這批書稱之為「關外第一次本」。後來清史館人員發現金梁擅自對原稿進行更易，也不同意金梁的增刪，於是把北京的存書又作了一些抽換，這批書通稱「關內本」。以後東北又印過一次，內容也有所更動，稱之為「關外二次本」。《清史稿》總計有三種不同的版本，本文主要依據1996年北京中華書局關外二次本的點校標點本。

儘管《清史稿》存在許多錯誤與缺點，它根據的大部分材料如清實錄、清代國史列傳、清會典和一些檔案，今天也可以看見，但是《清史稿》本身史料豐富，編者又把大量的資料匯集起來，做了一些整理，使讀者能得到比較詳細而系統的清代史事的素材，其價值仍不可忽視。所以想要瞭解清代歷史，《清史稿》仍是一部重要的參考書。

本文及註釋

鄭成功，初名森，字大木，福建南安人。父芝龍，明季入海，從顏思齊為盜，思齊死，代領其眾。崇禎[1]初，因巡撫熊文燦請降，授游擊將軍；以捕海盜劉香、李魁奇、攻紅毛[2]功，累擢總兵。

芝龍有弟三：芝虎、鴻逵、芝豹。芝虎與劉香搏戰死。鴻逵初以武舉從軍，用芝龍功，授錦衣衛掌印千戶。崇禎十四年，成

---

[1] 崇禎：朱由檢（西元1611－1644年），明朝光宗皇帝第五子，明熹宗異母弟。熹宗駕崩後繼任皇帝，號崇禎。崇禎十七年（西元1644年），李自成攻破北京，朱由檢自縊於煤山，廟號思宗。

[2] 紅毛：形容西洋人的蔑稱，主要用於閩南語。當時多用以形容荷蘭、西班牙、葡萄牙、英國諸國人。

武進士。明制，勳衛[3]舉甲科進三秩，授都指揮使。累遷亦至總兵。福王立南京，皆封伯，命鴻逵守瓜州。順治二年，師下江南，鴻逵兵敗，奉唐王聿鍵[4]入福建，與芝龍共擁立之，皆進侯，封芝豹伯。未幾，又進芝龍平國公、鴻逵定國公。

芝龍嘗娶日本婦[5]，是生森，入南安學為諸生[6]。芝龍引謁唐王，唐王寵異之，賜姓朱，為更名。尋封忠孝伯。唐王倚芝龍兄弟擁重兵，芝龍族人彩亦封伯，築壇拜彩、鴻逵為將，分道出師，遷延不即行。招撫大學士洪承疇與芝龍同縣，通書問，敘鄉里，芝龍挾二心。

三年，貝勒[7]博洛[8]師自浙江下福建，芝龍徹仙霞關守兵不為備，唐王坐是[9]敗。博洛師次[10]泉州，書招芝龍，芝龍率所部

---

[3] 勳衛：官名，多以功臣子弟擔任。

[4] 唐王聿鍵：朱聿鍵，南明第二任君主，西元 1645 年於福州登基稱帝，改元為隆武，西元 1646 年清軍入福建，在汀州被擄殺，年四十四歲。永曆帝即位後初上尊謚思文皇帝，永曆十一年（西元 1657 年）上廟號紹宗。

[5] 日本婦：鄭成功之母田川氏，不詳其名，為日本平戶藩士田川七左衛門之女，後來母親改嫁給從中國福建泉州移民到平戶的華僑鐵匠翁翊皇，她也成為翁翊皇的繼女，因而亦作翁氏、翁太妃。後嫁給同樣從泉州到平戶發展的鄭芝龍，生鄭成功，西元 1645 年鄭芝龍透過關係取得幕府特許，將田川氏接到福建省泉州府南安縣安平鎮故鄉與鄭成功團聚。次年清軍攻陷安平，田川氏為避免遭到清軍凌辱，自縊而死。

[6] 諸生：明清兩代稱已入學的生員為諸生。

[7] 貝勒：全稱為多羅貝勒，中國清朝皇室爵位之一，原為滿族貴族稱號，即金代「字菫」的不同翻譯，複數為「貝子」。清建國後，成為宗室封爵名。

[8] 博洛：西元 1613–1652 年，滿洲愛新覺羅氏，清太祖努爾哈赤孫，饒余敏郡王阿巴泰第三子。

[9] 坐是：因是之故，因此。

[10] 次：軍行所居止之處所。

降，成功諫不聽。芝龍欲以成功見博洛，鴻逵陰縱[11]之入海。

四年，博洛師還，以芝龍歸京師，隸漢軍正黃旗[12]，授三等精奇尼哈番[13]。成功謀舉兵，兵寡，如南澳募兵，得數千人。會將吏盟，仍用唐王隆武號，自稱「招討大將軍」。以洪政、陳輝、楊才、張正、余寬、郭新分將所部兵，移軍鼓浪嶼[14]。成功年少，有文武略，拔出[15]諸父兄中，遠近皆屬目。而彩奉魯王以海自中左所[16]改次長垣[17]，進建國公，屯廈門。彩弟聯，魯王封為侯，據浯嶼[18]，相與為犄角[19]。成功與彩合兵攻海澄[20]；師赴援，洪政戰死。成功又與鴻逵合兵圍泉州，師赴援，圍解，鴻逵入揭陽。成功頒明年隆武四年大統曆。

五年，成功陷同安，進犯泉州。總督陳錦師至，克同安，成功引兵退。

---

[11] 陰縱：暗中放縱。

[12] 漢軍正黃旗：清朝軍事組織，為努爾哈赤所建立，初分黃、白、紅、藍四旗，稱為正黃、正白、正紅、正藍，後增鑲黃、鑲白、鑲紅、鑲藍四旗，統稱八旗。八旗中的族屬成分主要以滿人為主幹，輔以漢、蒙古、朝鮮等族群。

[13] 精奇尼哈番：清爵名，相當於漢人之子爵。

[14] 鼓浪嶼：福建廈門市思明區的一個小島。

[15] 拔出：特出。

[16] 中左所：為中左守御千戶所城簡稱，是明朝衛所制下隸屬永寧衛的中左守御千戶所之城池，位在同安縣嘉禾嶼上，在今廈門西南部，亦稱中左所城、廈門城。

[17] 長垣：今之福建馬祖島。

[18] 浯嶼：位處泉州和漳州府交界的海中小島。

[19] 相與為犄角：分布兵力於不同處所，以便牽制或夾擊敵人或互相支援。

[20] 海澄：明嘉靖四十五年（西元 1566 年）分龍溪縣之靖海館及漳浦縣部分地置海澄縣，治所在今福建省龍海市東南海澄鎮，屬漳州府。

六年，成功遣其將施琅等陷漳浦，下雲霄鎮，進次詔安。明桂王[21]稱帝，號肇慶，至是已三年。成功遣所署光祿卿陳士京朝桂王，始改用永曆號，桂王使封成功延平公。魯王次舟山，彩與魯王貳[22]，殺魯王大學士熊汝霖及其將鄭遵謙。

七年，成功攻潮州，總兵王邦俊禦戰，成功敗走。攻碣石寨，不克，施琅出降。成功襲廈門，擊殺聯，奪其軍，彩出駐沙埕。魯王將張名振討殺汝霖、遵謙罪，擊彩，彩引餘兵走南海；居數年，成功招之還，居廈門，卒。

八年，桂王詔成功援廣州，引師南次平海，使其族叔芝莞守廈門。福建巡撫張學聖遣泉州總兵馬得功乘虛入焉，盡攖其家貲[23]以去。成功還，斬芝莞，引兵入漳州，提督楊名高赴援，戰於小盈嶺，名高敗績，進陷漳浦。總督陳錦克舟山，名振進奉魯王南奔，成功使迎居金門。

九年，陷海澄，錦赴援，戰於江東橋，錦敗績。左次泉州，成功復取詔安、南靖、平和，遂圍漳州。錦師次鳳凰山，為其奴所殺，以其首奔成功。漳州圍八閱月，固山額眞[24]金礪等自浙江來援，與名高兵合，自長泰間道至漳州，擊破成功。成功入海澄

---

[21] 明桂王：朱由榔，南明第四任君主，西元 1646 年在廣東肇慶稱帝，年號永曆。西元 1659 年避清軍，流亡緬甸，永曆十五年（西元 1662 年）遭縊死。死後鄭成功在臺灣的政權仍沿用永曆年號。

[22] 貳：不同心。

[23] 家貲：家資、家產。

[24] 固山額眞：滿語，即掌管八旗之都統，是清代八旗制度中每一旗的最高長官。

城守，金礪等師薄[25]城，成功將王秀奇、郝文興督兵力禦，不能克。上命芝龍書諭成功及鴻逵降，許赦罪授官，成功陽諾，詔金礪等率師還浙江。

十年，封芝龍同安侯，而使齎[26]敕封成功海澄公、鴻逵奉化伯，授芝豹左都督。芝龍慮成功不受命，別為書使鴻逵諭意。使至，成功不受命，為書報芝龍。芝豹奉其母詣京師。成功復出掠福建興化諸屬縣。

十一年，上再遣使諭成功，授靖海將軍，命率所部分屯漳、潮、惠、泉四府。成功初無意受撫，乃改中左所為思明州，設六官[27]理事，分所部為七十二鎮，遙奉桂王，承制封拜。月上魯王豚、米，並厚廩[28]瀘溪、寧靖諸王，禮待諸遺臣王忠孝、沈佺期、郭貞一、盧若騰、華若薦、徐孚遠等，置儲賢館以養士。名振進率所部攻崇明，謀深入，成功嫉之，以方有和議，召使還，名振俄[29]遇毒死。成功託科餉[30]，四出劫掠，蔓及上游。福建巡撫佟國器疏聞，上密敕為備。李定國攻廣東急，使成功趣[31]會

---

[25] 薄：通「迫」，迫近、接近。

[26] 齎：送。

[27] 六官：《周禮》以天官冢宰、地官司徒、春官宗伯、夏官司馬、秋官司寇、冬官司空分掌邦政，稱為六官或六卿。隋唐以後，以吏、戶、禮、兵、刑、工六部尚書統稱。六官職掌，吏部掌管官吏的銓敘、升遷、降調等事。戶部掌管稅收及國家的財務。禮部掌管禮制及學校考試等事。兵部掌管軍事。刑部掌管刑罰。工部掌管各項技藝。

[28] 廩：本指糧倉，此作給食。

[29] 俄：不久。

[30] 科餉：軍隊中發給官兵之薪水與糧餉。

[31] 趣：通「促」，催促。

師。成功遣其將林察、周瑞率師赴之,遷延不即進,定國敗走。成功又攻漳州,千總劉國軒以城獻。再進,復陷同安。其將甘輝陷仙遊,穴城入,殺掠殆盡。至是,和議絕。上命鄭親王世子濟度[32]為定遠大將軍,率師討成功。

十二年,左都御吏龔鼎孳請誅芝龍,國器亦發芝龍與成功私書,乃奪芝龍爵,下獄。成功遣其將洪旭、陳六御攻陷舟山,進取溫、台[33]。聞濟度師且至,隳[34]安平鎮及漳州、惠安、南安、同安諸城,撤兵聚思明。濟度次泉州,檄招降,不納;易為書,成功依違[35]答之。上又令芝龍自獄中以書招成功,謂不降且族誅,成功終不應。

十三年,濟度以水師攻廈門,成功遣其將林順、陳澤拒戰;颶起,師引還。成功以軍儲置海澄,使王秀奇與黃梧、蘇明同守。梧先與明兄茂攻揭陽未克,成功殺茂,並責梧。梧、明並怨成功,俟秀奇出,以海澄降濟度,詔封梧海澄公,駐漳州,盡發鄭氏墓,斬成功所置官。大將軍伊爾德克舟山,擊殺六御。成功攻陷閩安城牛心塔,使陳斌戍焉。

十四年,鴻逵卒。師克閩安,斌降而殺之。成功陷台州。

十五年,謀大舉深入,與其將甘輝、余新等率水師號十萬,陷樂清,遂破溫州;張煌言來會。將入江,次羊山,遇颶,舟

---

[32] 濟度:西元 1633–1660 年,滿洲愛新覺羅氏,清將領。清太祖努爾哈赤三弟和碩莊親王舒爾哈齊之孫、鄭獻親王濟爾哈朗第二子。

[33] 溫、台:溫州、台州。

[34] 隳:毀壞、損毀。

[35] 依違:贊成反對皆可,謂模棱兩可。

敗，退泊舟山。桂王使進封為王，成功辭，仍稱招討大將軍。

　　十六年五月，成功率輝、新等整軍復出，次崇明，煌言來會，取瓜州，攻鎮江，使煌言前驅，泝[36]江上。提督管效忠師赴援，戰未合，成功將周全斌以所部陷陣，大雨，騎陷淖，成功兵徒跣擊刺[37]，往來剽疾[38]，效忠師敗績。成功入鎮江，將以違令斬全斌，繼而釋之，使守焉；進攻江寧，煌言次蕪湖，廬、鳳、寧、徽、池、太諸府縣多與通款，騰書成功，謂宜收旁郡縣，以陸師急攻南京。成功狃[39]屢勝，方謁明太祖陵，會將吏置酒，輝諫不聽。崇明總兵梁化鳳赴援，江寧總管喀喀木等合滿、漢兵出戰，襲破新軍，諸軍皆奔潰，遂大敗，生得輝殺之。成功收餘眾猶數萬，棄瓜洲、鎮江出海，欲取崇明。江蘇巡撫蔣國柱遣兵赴援，化鳳亦還師禦之，成功戰復敗，引還。煌言自間道[40]走免。上遣將軍達素、閩浙總督李率泰分兵出漳州、同安，規取廈門。成功使陳鵬守高崎、族兄泰出浯嶼，而與周全斌，陳輝、黃庭次海門。師自漳州薄海門戰，成功將周瑞、陳堯策死之；迫取輝舟，輝焚舟。戰方急，風起，成功督巨艦衝入，泰亦自浯嶼引舟合擊，師大敗，有滿洲兵二百降，夜沉之海。師自同安嚮高崎，鵬約降，其部將陳蟒奮戰，師以鵬已降，不備，亦敗。成功收鵬殺之，引還。

---

[36] 泝：逆水而上。
[37] 徒跣擊刺：光腳赤足，用戈矛劈刺。
[38] 往來剽疾：指鄭成功軍隊剽悍快速。
[39] 狃：習慣、安於。
[40] 間道：近路。

十七年，命靖南王耿繼茂移鎮福建，又以羅託為安南將軍討成功。

　　十八年，用黃梧議，徙濱海居民入內地，增兵守邊。成功自江南敗還，知進取不易，桂王入緬甸，聲援絕，勢日蹙[41]，乃規取臺灣。

　　臺灣，福建海中島，荷蘭紅毛人居之。芝龍與顏思齊為盜時，嘗屯[42]於此。荷蘭築城二：曰赤嵌，曰王城，其海口曰鹿耳門。荷蘭人恃鹿耳門水淺不可渡，不為備。成功師至，水驟長丈餘，舟大小銜尾徑進[43]。紅毛人棄赤嵌走保王城。成功使謂之曰：「土地我故有，當還我；珍寶恣[44]爾載歸。」圍七閱[45]月，紅毛存者僅百數十，城下，皆遣歸國。

　　成功乃號臺灣為東都，示將迎桂王狩[46]焉。以陳永華為謀主，制法律、定職官、興學校。臺灣周千里，土地饒沃，招漳、泉、惠、潮四府民闢草萊[47]，興屯聚，令諸將移家實之。水土惡，皆憚行，又以令嚴不敢請，銅山守將郭義、蔡祿入漳州降。是歲，聖祖即位，戮芝龍及諸子世恩、世廕、世默。成功既得臺灣，其將陳豹駐南澳，而令子錦居守思明。

　　康熙元年，成功聽周全斌讒，遣擊豹，豹舉軍入廣州降。惡

---

41 蹙：緊迫、窮困。

42 屯：聚集。

43 銜尾徑進：形容船一艘跟著一艘直接進入。銜，馬嚼子。尾，馬尾巴。銜尾，馬嚼子接著馬尾巴。徑，直接。

44 恣：任意。

45 閱：經過。

46 狩：古代帝王巡察諸侯或地方官治理的地方。

47 草萊：荒蕪之地。

錦與乳媼通[48]，生子，遣泰就殺錦及其母董。會有訛言成功將盡殺諸將留廈門者，值全斌自南澳還，執而囚之，擁錦，用芝龍初封，稱平國公，舉兵拒命。成功方病，聞之，狂怒囓指。五月朔，尚據胡床[49]受諸將謁，數日遽卒，年三十九。

成功子十，錦其長也，一名經。成功既卒，臺灣諸將奉其幼弟世襲為招討大將軍，使於錦告喪。錦出全斌使為將，以永華為咨議、馮錫範為侍衛，引兵至臺灣。諸將有欲拒錦立世襲者，全斌力戰破之，錦乃入，嗣為延平王。

時代意義

在物換星移，改朝換代之後，歷史學者面對歷史，理應超越歷史，進而客觀詳實的描述歷史。只是我們常看到中國歷史的建構，常受制於統治者的意圖與形塑，或是成王敗寇的政治史觀，而歷史學者也常會有意無意受到時代的意識形態所左右，烙下時代的痕跡。

《清史稿・鄭成功》是第一篇以正史角度記敘的鄭成功傳記，而且是在清朝滅亡後所產生，理應是客觀而詳實，而歷史的文化自覺也應該要超越時代。可惜的是，清遺老們對本篇傳記仍以清帝國王朝口吻敘述，而且隱含成王敗寇歷史觀。這對照康熙皇帝以「抗志」、「孤忠」、「屯師」、「爭半壁」的觀點，晚清船政大臣沈葆楨以「生而忠正，沒而英靈」稱讚鄭成功，本篇是缺乏的，當然也不需要像江日昇寫《臺灣外記》將鄭成功「神化」那樣，只要跳脫那一個時代，如實評價即可。

---

[48] 錦與乳媼通：錦，即鄭經，居廈門，和其四弟乳母陳昭娘私通生子鄭克壓，因為亂倫，鄭成功大怒，要鄭泰殺鄭經與鄭經母親董氏。

[49] 胡床：一種可以摺疊的輕便坐具，又稱交床，原為遊牧民族使用。中國古代無類似今天椅子的坐具，因此古人在相當一段時間內都是席地而坐，後來在床、榻上坐，此坐法均稱跪坐，後來隨著境外遊牧民族到中國而傳入。

本篇傳記是非常制式八股化的描寫，難有主從、詳略之分，更難言如文章有起始、轉折、跌宕、高潮之別。雖說歷史本無重要不重要的差異，但歷史學者的職責，就是在眾多人事中治理出核心的問題或價值，告訴世人歷史的本質。而本篇倒像是流水帳簿式的記事，家世、元年、二年、三年……如何如何，重結果成敗得失的紀錄，較少分析之所以成敗得失的原因。如傳中僅交代鄭成功母親爲日本婦，爾後就隻字不提，殊不知鄭成功在父親降清之後，抗清仍堅定不移，實與其母受清軍凌辱有關。長江、南京之役則是鄭成功勢力由盛轉衰的關鍵戰役，牽動著後來渡海來臺，另闢戰場，成爲全面引進漢文化到臺灣的先行者，而文中則敘述非常簡略。而如何規取臺灣，亦寥寥數語，更爲簡略。

　　也許礙於篇幅，也許受限時間，也許本於立場，作者刻意略提綱要，如存實錄，幸好書名《淸史稿》，後人還有很大的努力空間。

編撰者：鄭國瑞

延伸閱讀

1. 廖漢臣，《鄭成功傳》，臺北：益群書店，1996 年。
2. 傅朝卿主編，《國姓爺・延平郡王・開台聖王──鄭成功與台灣文化資產特展圖錄》，臺南：台南市文化資產保護協會，1999 年。

參考資料

1.《延平二王遺集》，臺灣文獻叢刊第六七種，臺北：臺銀經濟研究室，1960 年。
2. 鄭亦鄒《鄭成功傳》，臺灣文獻叢刊第六七種，臺北：臺銀經濟研究室，1960 年。
3.《民族英雄鄭成功》，海風出版社，2002 年。

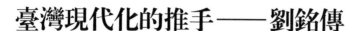

臺灣現代化的推手——劉銘傳

《臺灣通史·劉銘傳傳》

本文選自連橫《臺灣通史》卷三十三〈劉銘傳列傳〉。

連橫（西元 1878－1936 年），幼名允斌，表字天縱、字雅堂，又作雅棠，又名武公，又號慕陶、或號劍花。臺灣臺南人，祖籍福建漳州府龍溪縣（今漳州龍海），臺灣日治時期的詩人、臺語學家、臺灣歷史學家。著有《臺灣通史》、《臺灣語典》、《臺灣詩乘》、《劍花室詩集》等。

連橫早年接受儒學教育，先人以「汝爲臺灣人，不可不知臺灣史」訓誨，又遭逢臺灣爲日本所佔的時代局勢，是以有發揚民族精神之必要。《臺灣通史序》云：「惟仁惟孝，義勇奉公，以發揚種性」，自西元 1908 年至 1918 年撰寫《臺灣通史》，體裁仿效司馬遷《史記》之體例而另有創新。起自隋煬帝大業元年（西元 605 年），終於割讓（西元 1895 年）。分爲〈紀〉四、〈志〉二十四、〈傳〉六十，共八十八篇，三十六卷，以「連橫曰」爲論贊。全書約六十萬字，另附表目一百零一項。西元 1920 年由臺灣通史社出版發行，這是以中文完成的第一部冠以「臺灣通史」名稱的著作。

連橫在當時文獻資料取得困難的情況下，能以一人之力完成《臺灣通史》這部鉅著，實在令人敬佩。《臺灣通史》書成之後，大陸文化界因而對臺灣有更多的認識，而在臺灣生活的人們因而能對這塊土地有更多的瞭解。《臺灣通史》或有失真、缺漏之處，但對臺灣的族群意識及史學論述，誠然有其重要的價值與意義。

《臺灣通史》出版時，文字沒有分段，不利於閱讀。至於連橫在本文
中引用大量劉銘傳的奏議，雖是史傳的傳統，以此顯現傳主立德主功立言
的不凡，但這也與連橫推崇劉銘傳有長遠的眼光有關。如論贊云：「臺灣
三百年間，吏才不少，而能立長治之策，厥維兩人，曰陳參軍永華，曰劉
巡撫銘傳，是皆有大勳勞於國家者也。」。

　　傳主劉銘傳（西元 1836-1896 年），字省三，安徽合肥人。淮軍將
領，清代洋務派骨幹，臺灣省首任巡撫，率軍防禦法國艦隊的進犯。主張
「以臺灣之財，足供臺地之用」，編練新軍，從事一系列洋務改革，爲臺
灣的近代化有重要之貢獻。

　　劉銘傳對臺灣建設的規劃，是以軍事爲先，除希望在島上建立戰時可
以自給的軍工產業外，同時建請在臺建立海軍；因受限於財政，先從興利
的近代化實業及增加稅收著手。除建設多處砲臺、兵工廠等軍備外，同時
推行多項基礎建設，包括鋪設臺灣第一條鐵路（初期僅大稻埕到錫口段完
工通車）、福州和滬尾（今新北市淡水區）間的海底電纜，辦理電報、煤
務、郵務等；此外，動用軍力「開山撫番」、清丈全省田賦等，以期就地
爲防務及新政開拓財源。著有《劉壯肅公奏議》及《大潛山房詩稿》

　　本文首先簡介劉銘傳的鄉里籍貫及來臺之前的軍功事蹟，標出劉銘傳
善戰的形象。續寫清法越南戰爭時期，劉銘傳守臺之功業。再引用劉銘傳
的奏章，陳述對臺灣防務、建省、建設等事務的看法，如建防、練兵、清
賦、撫番、專駐臺灣，後以割臺之後劉銘傳的反應，以明臺灣的重要及劉
銘傳對臺灣的感情，後以論贊肯定劉銘傳在臺的功業。

本文及註釋

　　劉銘傳字省三，安徽合肥人也。少任俠，洪軍之役[1]，湘鄉

---

[1] 洪軍之役：太平天國之亂，起於清道光三十年（西元 1851 年），迄同治三年
（西元 1864 年），歷時十四年。

曾國藩[2]奉詔辦團練，銘傳從之，歷戰有功。同治元年[3]，李鴻章[4]募准勇，聞其名，以為管帶。自領銘軍，所向克捷，以功封一等男[5]。事在《清史》。

光緒十年[6]越南之役[7]，法軍犯台灣，勢危迫，詔任督辦台灣事務大臣，旋[8]授福建巡撫，授太子少保，加兵部尚書銜。

夏五月，至台北，趣[9]籌戰守。台為海中重地，安危繫東南，而軍政不整，餉械亦絀[10]。未幾而法艦攻基隆，銘傳帥提督曹志忠、蘇得勝、章高元、鄧長安拒之，法軍大敗，陣斬中隊長三人，獲聯隊旗二。

秋七月，法艦攻福州，入馬尾，毀船廠。防務大臣張佩綸不能戰，總督何璟亦驚走，詔大學士左宗棠治軍福建，銘傳乃得稍修軍備。兵備劉璈[11]駐台南，亦能軍，故無兼顧患。然璈以加營

---

2 曾國藩：西元 1811–1872 年，初名子城，譜名傳豫，字伯涵，號滌生；清湖南長沙人，宗聖曾子七十世孫。近代政治家、軍事家、理學家、文學家，與胡林翼並稱曾胡。曾國藩與李鴻章、左宗棠、張之洞並稱「晚清四大名臣」。官至武英殿大學士、兩江總督。

3 同治元年：西元 1862 年。

4 李鴻章：西元 1823–1901 年，字子黻、漸甫，號少荃、儀叟、省心，諡文忠，清安徽合肥人。晚清重臣，官東宮三師、文華殿大學士、北洋通商大臣、直隸總督。

5 男：古代封建制度五等爵的最末一等，即男爵。

6 光緒十年：西元 1884 年。

7 越南之役：清法越南戰爭，西元 1883 年至 1885 年間。。

8 旋：不久。

9 趣：通「趨」，行動歸向。

10 絀：音ㄔㄨˋ，不足、短缺。

11 劉璈：西元 ?–1889 年，字蘭洲，清朝湖南臨湘人，清朝地方官員。劉璈本投左宗棠，因頗有戰功，任甘肅蘭州道與臺灣道道員。璈，音ㄠˊ。

務處，又恃才，頗不受節制，銘傳銜[12]之。

八月，法軍復攻基隆，銘傳督戰，炮彈萃[13]至，殞[14]數人，左右請退。曰：「人自尋彈，彈何能尋人？」眾聞之奮戰，士氣大振，法軍又敗去。已而諜報法艦別攻滬尾[15]。滬尾為台北要害，距城三十里。銘傳慮有失，則台北不守，命撤軍。各提督力諫，不聽，唯留統領林朝棟[16]駐獅球嶺[17]。或議之，曰：「是惡知吾之深意也。」其後法艦三攻滬尾，皆受創去。宗棠以基隆失守，劾[18]之，銘傳具疏辯。法軍據基隆，謀南下，輒為朝棟所扼[19]。

十一年春二月，別攻澎湖，據之。而是時清軍在越南疊[20]勝，法人亦無久戰意，乃議和，撤兵去，詔以銘傳駐台籌辦善後[21]。

---

[12] 銜：懷恨在心。

[13] 萃：聚集。

[14] 殞：音一ㄣˋ，殺。

[15] 滬尾：今新北市淡水區。

[16] 林朝棟：西元 1851–1904 年，字蔭堂，號又密，幼名松，綽號稱「目仔少爺」，臺灣府彰化縣阿罩霧人（今臺中市霧峰區），臺灣清治時期將領，棟軍主帥，霧峰林家第六代，曾參與中法戰爭的臺灣戰事，協助劉銘傳在臺辦理新政，以及平定施九緞事件，官至二品頂戴道員，賞黃馬褂。甲午戰爭後，支持籌組臺灣民主國。但乙未戰爭失敗，於是舉家遷廈門，後病死上海。

[17] 獅球嶺：位於基隆港南方。

[18] 劾：音ㄏㄜˊ，檢舉、揭發不法行為。

[19] 扼：據守、控制。

[20] 疊：連。

[21] 善後：事故發生後妥善處理遺留下的問題。

六月，奏曰：「竊法兵退讓澎湖，臣同前陝甘總督楊岳斌[22]於本月十七日會奏在案。善後[23]各事，急須次第舉辦，謹為我皇太后皇上陳之。

一、台澎以設防為急務也。查全台各海口，大甲以南至鳳山，沙線[24]遼闊，兵船不能攏岸[25]，遠隔四五十里，近亦二三十里，設防較易。而大甲以北，新竹一帶海口分歧，直至宜蘭，兵船可入，至遠不過三五里。基隆、滬尾雖可停泊兵船，賴有山險，如有巨炮水雷，設防尚能為力。唯新竹沿海平沙，後壟[26]中港皆可出入三號兵船，地勢平衍[27]，全恃兵力，頗難著手，然猶較勝於澎湖。臣派提督吳宏洛至該處察看情形，據稱地無草木，一片沙石，無土可取，面面受敵，甚難為力，唯港口以南，天然船塢，最宜停泊兵船。臣到台一年，察看形勢，不獨為全台之門戶，亦為南北洋之關鍵。

欲守台灣，必先守澎湖；欲保南北洋，亦必須保澎湖。如能澎、廈駐泊兵船，防務嚴密，敵船附近，無可停泊，則不能飛越

---

[22] 楊岳斌：西元 1822–1890 年，原名載福，字厚庵。湖南乾州廳衙角營（今湘西土家族苗族自治州吉首市寨陽鄉曙光村）人。淮軍水軍將領，光緒十一年（西元 1885 年），率軍至臺灣，駐軍淡水，以抗法軍。

[23] 善後：事故發生後安善處理遺留下的問題。

[24] 沙線：指航線上的暗灘。

[25] 攏岸：靠岸。

[26] 後壟：此為後壟港，名稱由平埔族語而來。清領及日治時期島內重要移民、通商口岸，是進入苗栗的門戶。道卡斯族分為三大社群，分別為竹塹社群、後壟社群、蓬山社群。後壟社群活躍於今日苗栗縣境內，分後壟、中港、新港、貓裏、嘉志閣五社。

[27] 平衍：平坦寬廣。

深入，不顧後路。此澎、廈辦防固為全台之急，且非僅台灣之急也。試就澎湖而論，若欲辦防，則須不惜重費，認真舉行，縱兵船一時難集，而陸兵不過三千，必須多購大炮，堅築炮台，製辦水雷，屯積糧薪。計購炮築台需費約在四五十萬兩，須一二年內方可告竣。若敷衍將就，不若不防，既節數營之餉，亦免臨事覆軍[28]之累，應請旨定奪。

一、台澎軍政急宜講求操練也。查台灣軍務弛廢已久，湘淮各軍皆強弩之末[29]。欲杜[30]浮冒[31]，挽回積習，非切實講求操練不可。近時各營多用後門槍炮，尤非勤習操練，不能施放，不識碼號，則不識遠近高低，槍出無準，是有利槍與無槍同。且不知拆機磨擦[32]，遇雨遇濕，上槍則損，重價購之，隨意棄之，尤為可慨。是練兵非僅台灣急務，亦各省之急務。唯台灣煙瘴之地，兵丁半多煙病，將貪兵猾[33]，寬則怠玩不振，積弊難除，嚴則紛紛告假，去而之他，一時頗難整頓。現同沈應奎、陳鳴志商酌裁留營數，除鎮標練兵不計外，共擬留三十五營：臺南合澎湖十五營，臺北合宜蘭十五營，中路嘉義、彰化、新竹一帶擬派五營。論形勢則臺北為吃重，論地方則臺南為遼長，則再無可減之兵矣。

---

[28] 覆軍：全軍覆沒。

[29] 強弩之末：強弩射出的箭，到射程盡頭，已經沒有力道。比喻原本強大的力量已經衰竭，不能再發揮效用。

[30] 杜：禁止。

[31] 浮冒：假冒不實，虛報冒充。

[32] 拆機磨擦：維護保養。

[33] 猾：狡詐虛浮不實在。

一、全台賦稅急宜清查也。查台灣田產之美甲[34]於天下，一歲兩熟。而淡水一縣每年額徵錢糧耗羨[35]銀七百八十餘兩，正供官穀九千餘石，宜蘭並無錢糧，其餘縣分賦稅亦輕，計全台所入關稅釐金[36]並鹽務每年可得銀一百零數萬兩。將來整頓鹽務，剔除各項中飽[37]之資，每年可得一百二十萬兩。以台澎三十五營，每年需餉一百二十餘萬兩，尚有輪船經費，一切雜款，並須添設製造局，每年需餉約在一百四五十萬兩。若能將各縣賦稅清查無遺，以台灣之入款，供台灣之所用，自可有餘無絀。

唯清賦一事，要在官紳得力。臣不諳[38]吏治，昧[39]於理財，商諸沈應奎[40]辦理之法，議必先行清查戶口，次第舉行，恐須一二年內方收實效。

一、全台生番急宜招撫也。查台灣生番從前多在外山，因遭閩、粵客民愈來愈眾，日侵月削，遁入內山，種類繁多，近亦耕稼為生，各有統屬，平居無事。而土匪游勇每有百十成群，聚集

---

[34] 甲：超出一般，名居首位。

[35] 耗羨：舊時官吏徵收銀糧時，為防止漕運的耗損，於正額之外多收若干，稱為「耗羨」。

[36] 釐金：從清朝晚期開始，至西元 1930 年代徵收的一種地方商業稅，因初定稅率為一釐，百分之一為一釐，故名釐金。

[37] 中飽：官吏侵吞公款、壓榨人民而獲巨利。

[38] 不諳：不熟、不清楚。諳，音ㄢ。

[39] 昧：音ㄇㄟˋ，糊塗。

[40] 沈應奎：西元 1821–1895 年，號吉田，浙江平湖縣人。中法戰爭時，法海軍佔領澎湖，進擾基隆、淡水，臺灣戒嚴。應奎奉召赴臺，乘漁舟冒險渡海。光緒十三年（西元 1887 年）臺灣改設行省，佐巡撫劉銘傳贊畫一切，勞績最著。光緒十五年（西元 1889 年）奉旨接替邵友濂，於臺灣地區擔任臺灣首任布政使。

於番民交界之處，搶劫居民，或侵佔生番田廬，騙其財物，一有事端，輒起械鬥。奸民被殺，則訴於官，派兵剿辦。而生番被殺，冤無可訴，集眾復仇，仇怨日深，兩不安靖。若不及早設法招撫，使之歸化，將來番地日蹙[41]，結怨甚多，鬱[42]久必變，恐成陝、甘回匪之禍[43]。

即以防務而論，防海又須防番，勢難兼顧，治理為難。若得生番全服，僅防外患，不憂內侮，既節防費，且可開山伐木，以裕[44]餉源。夫設防、練兵、清賦三者，皆可及時舉辦，唯撫番不易，應俟[45]三者辦成後，方能議行。

其次如安設電報，修路造橋，以通南北之氣；清理屯墾，開礦采木，以興自然之利，亦為要務。

臣智識庸愚，難勝艱巨，禦敵既無方略，辦事又乏才能，每念時局之艱難，不能圖報於萬一。徬徨中夜，深自疚心[46]。唯有竭其愚忱，努力盡職，勿敢稽延[47]，以開廢弛[48]之漸[49]。管見[50]所及，恭折敬陳。」

---

[41] 蹙：音ㄘㄨˋ，縮減。
[42] 鬱：積聚、凝滯。
[43] 陝、甘回匪之禍：即清同治年間（西元 1862–1873 年）發生在陝西、甘肅兩省的回民暴動。
[44] 裕：使富裕。
[45] 俟：音ㄙˋ，等待。
[46] 疚心：心中憂苦慚愧。
[47] 稽延：拖延、耽誤。
[48] 廢弛：懈怠敗壞。
[49] 漸：積弊。
[50] 管見：自謙見識狹小。

既又奏請專駐台灣，略曰：「台灣為七省門戶，各國無不垂涎[51]，每有釁端[52]，咸思吞噬。前車可鑒[53]，來軫方遒[54]。所有建防、練兵、清賦、撫番數大端，均須次第整頓。臣曾平居私念，以台孤懸海外，土沃產饒，宜使台地之財，足供台地之用，而後可以處常，可以處變。此次蒞台經年，訪求利弊，深見實有可為。甚惜從前因循[55]之誤，固知補救未晚，而時會[56]迫切，勢不能不併日[57]經營。況臣才質庸愚，恐難勝任，重以閩疆公事繁多，而又遠涉重洋，顧此失彼[58]，與其貽誤[59]於後，曷若[60]陳情於前。再四思維，唯有乘此未接撫篆[61]之時，准開福建巡撫本缺，俾得專辦台灣事務，庶幾勉效寸長[62]，或可無致隕越[63]。」詔以楊昌浚兼署福建巡撫，而銘傳遂得專駐矣。

---

[51] 垂涎：音ㄔㄨㄟˊ ㄒㄧㄢˊ，流口水，比喻極想獲得。

[52] 釁端：音ㄒㄧㄣˋ ㄉㄨㄢ，爭端。

[53] 前車可鑒：先前的失敗經驗，可作為日後的教訓。此指以前之外患。

[54] 來軫方遒：此指將來之禍患。軫，音ㄓㄣˇ，古代車箱底部的橫木，借代為車子。遒，音ㄑㄧㄡˊ，迫近。

[55] 因循：敷衍慢怠。

[56] 時會：時運。

[57] 併日：古言貧困有「易衣而出，併日而食」之語，因情況特殊，只能好幾天才吃一餐。此指時局迫切，只好把長時間要做的事集中在短時間完成。

[58] 顧此失彼：注意這個卻忽略了那個。指不能全面兼顧。

[59] 貽誤：音ㄧˊ ㄨˋ，耽誤。

[60] 曷若：不如。曷，音ㄏㄜˊ，豈、何。

[61] 篆：音ㄓㄨㄢˋ，印信。

[62] 寸長：微小的技巧才能。

[63] 隕越：比喻失職。

先是，同治十三年[64]，欽差大臣沈葆楨[65]奏請臺灣建省，廷議不從，至是宗棠復言。九月，詔設台灣省，以福建巡撫為台灣巡撫，兼理學政。廷議以台灣新創，百事待舉，非有文武兼備之臣，不足以資治理，詔以銘傳為巡撫。十二年夏四月就任，乃偕[66]福建總督楊昌浚奏議改設行省事宜，當以理財為要。語在《度支[67]志》。

　　前貴州布政使沈應奎以罪褫職[68]，永不敘用，銘傳諗[69]其才，奏請破格[70]，不許；復力舉，乃以為台灣布政使。應奎工心計[71]，樂輔助，台灣財政因之日進。銘傳既奏陳四事，次第舉行，定建省會於東大墩[72]，以府治初闢，諸未設備，乃暫駐台北。

---

[64] 同治十三年：即西元 1874 年。同治十年（西元 1871 年），琉球漁民被殺事件。同治十三年二月，日本政府設「台灣番地事務局」。進軍臺灣。清政府派福建船政大臣沈葆楨到臺灣部署防務。同年八月，中日簽《臺事專約三款》，日本從臺灣撤兵。光緒五年（西元 1879 年）三月，日本占琉球，改置沖繩縣。

[65] 沈葆楨：西元 1820–1879 年，字翰宇，一字幼丹，清侯官人（今福建閩侯縣）。道光進士，授編修，咸豐間署廣信府。太平軍興，以守城有功，擢江西巡撫。同治間，總理福建船政十三年，日本窺伺臺灣，負責加強臺灣防務，以及開發等一切事宜。光緒初，官至兩江總督，卒諡文肅。

[66] 偕：音ㄒㄧㄝ／，又音ㄐㄧㄝ，共同、一起。

[67] 度支：開支。

[68] 褫職：音ㄔˇ　ㄓ／，革職、免職。

[69] 諗：音ㄕㄣˇ，知悉。

[70] 破格：不拘成規。

[71] 工心計：人的心思細密，擅長算計。

[72] 東大墩：地名。墩，音ㄉㄨㄣ。劉銘傳原先省城預定地，在今臺中市頂橋仔頭到東大墩一帶。

台灣前用班兵[73]，皆調自福建，久而積弊。光緒元年，沈葆楨奏請裁撤，新募勇營，不從，唯鎮標[74]僅置練勇[75]。及法軍之役，銘傳自率淮軍十營來台，頗奏膚功[76]，至是用之，僅存三十五營，以當防備。設總營務處於台北，隸巡撫，以候補道盧本揚任總辦，而台灣軍政一新。

　　然台為海中孤島，防務維艱，乃聘德人為工師，建基隆、淡水、安平、打鼓各炮台，或改修之。購置巨炮，計費六十四萬餘兩。又設軍械機器局於台北，以記名提督劉朝幹為總辦。並設火藥局、水雷局，以籌自製。蓋台在海外，當恃航連，一有戰事，往來遏絕[77]，非是不足以自給也。五月，奏請清賦。六月，設清賦局於南北兩府，以布政使轄之，縣置分局。而各廳縣多以欲辦清賦，當先查戶，方足以清其本，通飭[78]各屬，限兩月報竣[79]。既成，據以清賦，計田以甲[80]，從舊例也，每甲當十一畝。語在《田賦志》。

---

[73] 班兵：正式編制內的士兵。

[74] 鎮標：清代由總兵統轄的綠營兵。

[75] 練勇：清代地方武裝團練、鄉勇等的統稱。

[76] 膚功：大功。

[77] 遏絕：阻止禁絕。

[78] 飭：告誡、命令。

[79] 竣：事情完畢。

[80] 甲：量詞，臺灣計算地積的單位。一甲有二千九百三十四坪，等於〇‧七公頃。

是時蜚語[81]流布，劣紳土豪[82]陰事[83]阻撓，而彰化知縣李嘉
棠貪墨[84]，又奉行不謹[85]，縣民施九緞糾眾以抗[86]，各地亦蠢蠢欲
動[87]，銘傳檄[88]棟軍統領林朝棟平之。而清賦亦以十四年告竣，
驟增四十九萬餘兩。初，葆楨在台，曾辦撫番開墾，至是乃擴大
之，設撫墾局，奏簡[89]在籍紳士林維源[90]為總辦，設番學堂，布
隘勇制，以勵番政，其不從者，移師討之。朝棟伐東勢角[91]之
番，屯兵罩蘭[92]，以脅蘇魯、馬臘邦二社，不從；五月進攻，又
不利。

---

[81] 蜚語：音ㄈㄟ ㄩˇ，沒有根據的流言。

[82] 劣紳土豪：劣紳，品行惡劣的紳士。土豪，舊時指地方上有錢有勢的家族或
　　個人，後特指農村中有錢有勢的惡霸。

[83] 陰事：陰謀。

[84] 貪墨：為官貪污而不廉潔。

[85] 奉行不謹：未依令行事。

[86] 施九緞糾眾以抗：此即施九緞事件，為臺灣清治時期後期重大民變事件之
　　一，也是建省以來規模最大的民變事件。起因為劉銘傳派淡水縣知縣李嘉棠
　　往彰化丈量土地，卻引發官民糾紛，士紳施九緞自稱「公道大王」，率民眾
　　圍縣城，開展暴動，全縣陷入失序狀態。之後由林朝棟指揮平定。該事件導
　　致李嘉棠等官員被查辦，劉銘傳丈量工作也宣告失敗，不久離職下臺，臺灣
　　建省後的新政宣告結束。

[87] 蠢蠢欲動：蟲子要爬行時的動作。比喻人意圖搗亂。

[88] 檄：音ㄒㄧˊ，用檄文飭令、告知等。

[89] 簡：挑選。

[90] 林維源：西元1840-1905年，字時甫，號冏卿，臺灣臺北板橋人，祖籍福建
　　省漳州府，板橋林家的重要成員。是一位富商、紳士、官吏。曾任太寺卿、
　　幫辦臺灣撫墾大臣等職。林維源與其兄林維讓屬板橋林家第四代。板橋林家
　　花園多在其手中完成。馬關割臺後，遷居廈門。

[91] 東勢角：即為今日的東勢一帶。該地設有東勢角撫墾局，為臺灣撫墾局轄下
　　的地方分支單位，成立於西元1886年的臺灣清治時期末，為中臺灣山地行政
　　的權責機關。

[92] 罩蘭：今苗栗縣卓蘭鎮。

十二年秋七月，銘傳自往平之，餘番亦先後歸服。當其時，百事俱舉，而南北遼遠，內外阻隔，乃籌行郵傳[93]，增電線，築鐵路。又派革職道張鴻祿、候補知府李彤恩考察南洋商務，設招商局於新嘉坡[94]，購駕時、斯美兩輪船，以航行香滬[95]，遠至新嘉坡、西貢、呂宋[96]等埠，台灣貿易為之大進。十三年，兵備道陳鳴志、鎮海後軍副將張兆連稟請開山，從之。自彰化之集集以至水尾[97]，新設台東、埔里社兩廳，置腦務、煤務兩局，由官辦之。

　　興殖產，勸工商，鑄新幣，行保甲，以謀長治之策。創西學堂於台北，以教俊士[98]。銘傳既兼理學政，十五年，蒞南歲試[99]。或言其不文，及榜發，多一時之秀[100]。是年橄棟軍築省城，基隆鐵路亦將達新竹，而政府頗多掣肘[101]，士論又譏其過

---

[93] 郵傳：傳遞書信的地方，或稱為「郵置」。

[94] 新嘉坡：新加坡又譯為新嘉坡。

[95] 香滬：香港、上海。

[96] 呂宋：菲律賓。

[97] 自彰化之集集以至水尾：從今南投集集鎮到花蓮水尾，即關門古道，又稱集集水尾道路、拔仔莊道路、丹大越嶺道，起點從集集鎮集集市街開始，通到花蓮縣瑞穗鄉（水尾），是清朝所開闢的最後一條橫貫中央山脈的古道。之所以名為關門古道，主要因古道橫越過中央山脈之關門山山頂而得名。

[98] 俊士：才智出眾的人。

[99] 蒞南歲試：主持南部考場的童子試。歲試及第者為生員，俗稱秀才。歲試一名歲科，又名童子試、小試，為最下層之考試。歲試每三年舉行兩次，均在十一月、每試分三次。第一次為知縣主試之縣考、第二次為知府主試之府考、第三次為學政使主試之學政考。縣考與府考，合稱先考；學政考稱本考。考生須合格縣考方能進府考；合格府考，始能參加學政考。

[100] 一時之秀：當時最優秀的人。

[101] 掣肘：音ㄔㄜˋ　ㄓㄡˇ，拉住胳膊。比喻阻撓別人做事。

激 102。

　　銘傳知不可為，十六年冬十月，奏請開缺 103，令布政使沈應
奎護理。十七年春三月，以邵友濂 104 為巡撫，而百事俱廢矣。銘
傳既告病 105 歸家，遂不出。甲午之役 106，清廷欲起為領兵大臣，
辭。及聞割台，李鴻章以書慰之。二十二年冬十一月二十七日，
薨於里第，年五十有九。清廷軫悼 107，追贈 108 太子太保，諡壯
肅，准建專祠。

　　連橫曰：台灣三百年間，吏才不少，而能立長治之策者，
厥 109 維 110 兩人：曰陳參軍永華 111，曰劉巡撫銘傳，是皆有大勛
勞 112 於國家者也。永華以王佐之才 113，當艱危之局，其行事若諸

---

102 過激：過於激烈或急進。

103 開缺：官吏因故去職或死亡，造成職位空缺，尚待選人充任。

104 邵友濂：西元 1840-1901 年，原名維埏，字筱春（一作小村），浙江餘姚
　　人，曾任臺灣巡撫、湖南巡撫。

105 告病：因病辭職。

106 甲午之役：光緒二十年（西元 1894 年），歲次甲午，中、日發生戰爭，後
　　清朝戰敗，簽訂馬關條約，史稱為「甲午戰爭」。

107 軫悼：音ㄓㄣˇ ㄉㄠˋ，痛切哀悼。

108 追贈：死後贈官。

109 厥：語助詞，無義。

110 維：僅、只有。

111 陳參軍永華：即陳永華（西元 1634-1680 年），字復甫，諡文正，明福建泉
　　州府同安縣人，輔鄭成功治臺。

112 勛勞：功勞。

113 王佐之才：可為卿相的才幹。

葛武侯[114]。而銘傳則管、商[115]之流亞[116]也，顧不獲成其志，中道[117]以去，此則台人之不幸。然溯其功業，足與台灣不朽矣。

時代意義

　　中法戰爭（西元 1884 年）爆發，清朝重新啓用劉銘傳，派他以福建巡撫身分督辦臺灣軍務。劉銘傳到臺後積極整備，一度擊退登陸基隆的法軍；後坐鎮臺北府城，由於滬尾之役湘軍孫開華等部挫敗法軍攻佔臺北的行動，加之基隆疫病流行，使法軍放棄攻佔臺灣的計畫、撤往澎湖。中法戰爭落幕後，清朝於西元 1885 年決定在臺建省，劉銘傳成為首任巡撫；然而在改制的過渡期間，巡撫劉銘傳與原任按察使銜分巡臺灣兵備道，即臺灣的實際統治者臺灣道、湘軍將領劉璈之間權責不明，加上保臺戰功之爭，深化兩人間的派系矛盾，演變成二劉間「你死我活」的鬥爭。撫道之爭雖以劉銘傳的勝利告終，劉璈獲罪被流，但過程中涉及到冒功、誣告，給劉銘傳的官聲及在臺治蹟蒙上了陰影。

　　劉銘傳在臺推動的建設，有：擴大撫番、增設郡縣、清理賦稅、發展交通、推廣農業、設新式學堂、電燈電報等。其中在「撫番」期間，劉銘傳採血腥的武力征討，或是欺詐誘殺，原住民或被殺，或逃徙。胡適之

---

[114] 諸葛武侯：即諸葛亮（西元 181－234 年），字孔明，三國蜀漢琅邪郡陽都（今山東沂水縣）人。避亂荊州，劉備三訪其廬乃出。爲人足智多謀，忠心耿耿。曾敗曹操於赤壁，佐定益州，使蜀與魏、吳成鼎足之勢。劉備歿，輔助後主劉禪，封武鄉侯。志在攻魏以復中原，乃東和孫權，南平孟獲，與魏長期爭戰，後鞠躬盡瘁，卒於軍中，諡號忠武。

[115] 管、商：管仲與商鞅，爲法家之祖。二人分別爲齊、秦之相，行使法治，使兩國稱霸諸侯。後喻爲善於治國的臣子。

[116] 流亞：同類的人物。

[117] 中道：半路、中途。

父，曾任臺東直隸州知州的胡傳，曾對劉銘傳的「開山撫番」留下嚴厲的評語：「臺灣自議開山以來，十有八年矣。剿則無功；撫則罔效；墾則並無尺土寸地報請升科；防則徒為富紳土豪保護茶寮、田寮、腦寮，而不能禁兇番出草。每年虛糜防餉、撫墾費為數甚鉅。明明無絲毫之益，而覆轍相蹈，至再、至三、至四，不悟、不悔；豈非咄咄怪事哉！」

在推行新政的過程中，臺灣財政還是不堪負荷。加上規劃或經營的不善、官員貪污等問題一一浮現，甚而引發民變，如彰化縣因清賦問題而爆發的施九緞事件（西元 1888 年），結果只有少數新政項目得以持續推動。劉銘傳駐臺六年，他興辦的近代化實業未竟全功。連橫在劉銘傳本傳中對此深表遺憾，且多有維護之言。如：「十七年春三月，以邵友濂為巡撫，而百事俱廢矣。」又云：「顧不獲成其志，中道以去，此則臺人之不幸。」

劉銘傳告老還鄉（西元 1891 年），臺撫一職先由布政使沈應奎署理，再由原湖南巡撫邵友濂接任。世局紛擾，也無法埋頭建設。後來臺灣進入日治時期，在近代化的道路上往前走了一步。國府來臺之後，為了去日本化，對劉銘傳治臺功業，多予肯定。

不論如何，劉銘傳確實開啟了臺灣官辦近代化建設的先聲，是清治二百十餘年間治理最為積極的一段時期。

編撰者：陳文豪

延伸閱讀

1. 王明皓，《臺灣巡撫劉銘傳》，上海：上海文藝出版社，2002 年。

2. 賴福順，《鳥瞰清代臺灣的開拓》，臺北：國立編譯館，2007 年。

3. 臺灣記憶 Taiwan Memory，國家圖書館

   http://memory.ncl.edu.tw/tm_cgi/hypage.cgi?HYPAGE=index.hpg

參考資料

1.許雪姬，〈劉銘傳研究的評介──兼論自強新政的成敗〉，第五屆
「中國近代文化的解構與重建」學術研討會論文集《鄭成功、劉銘
傳》，頁 303-322，2003 年。

2.連橫，《臺灣通史》，臺北：臺灣時代書局，1975 年。

3.鄧孔昭，《臺灣通史辨誤》，臺北：自立晚報社文化出版部，1991
年。

一代革命女豪──秋瑾

《清史稿‧秋瑾傳》

 導讀

　　秋瑾的一生短暫，卻精采絢爛，英烈千秋。歷史上搞革命的女性，在秋瑾之前，尚有武則天的革唐命建武周王朝，兩者皆是不讓鬚眉的女英，但歷史的評價卻有不同。史家對武則天褒貶互見，甚而貶抑其爲牝雞司晨，竊權亂政；而秋瑾則多所褒揚，是滿清革命史冊中唯一的女性。其所以如此，除了不同時代的史家對女性角色扮演的看法有別外，更大的因素還來自於兩個人的革命之「志」不同。

　　本篇傳記選自趙爾巽等撰之《清史稿》，簡扼道寫一代女英豪丹心照汗青的史蹟。首段記述秋瑾不同舊時代女性的性命才情，不僅自幼讀書通大義、嫻辭令、工詩文，且性情任俠有鬚眉之氣。身在男性爲尊的時代，秋瑾因著女大當嫁的舊禮教，十八歲便由父母作主，嫁給富家子弟王廷鈞爲妻，並與之生有一對子女。不汲汲富貴的她與醉心利祿的丈夫完全不同調，婚後兩人情意並不相投。

　　第二段寫「生不得男兒列，心卻比男兒烈」的秋瑾，爲了向傳統歧視婦女的習俗宣戰，脫下女裝，換著男裝，並爲自己取號爲「競雄」，「鑑湖女俠」，宣示要在民族革命的大業中與男子爭雄。而爲了走自己的路，她棄夫別子，走出家庭，遊學日本。在東京，她廣交愛國志士，與諸女士組共愛會，並加入在東京成立的同盟會，推翻滿清政府的革命事業於焉開始。

第三段載陳天華蹈海抗議日方政府打壓留學生的行動，加上國內不斷傳來革命黨人進行武裝抗爭的消息，益發促使秋瑾決定回國參加革命。回國後不僅暗中尋找革命死士，也在上海著手創辦《中國女報》，鼓吹男女平等，號召婦女自立，還密謀製造炸彈。

　　第四段紀錄她受徐錫麟之邀，到紹興主持大通學堂，藉以鍛鍊培訓同志起義革命的能量。並和徐錫麟共同制訂在安徽、浙江兩省同時發動起義的計畫。由於遭到叛徒出賣，起義不成，徐錫麟身受剖腹剜心的酷刑。

　　第五段寫的是秋瑾策動起義失敗殉難於紹城的事蹟。其實當時清軍包圍秋瑾所在的大通學堂時，她並非無路可逃，大家也都勸其出奔全命，但她依舊從容赴義。及至被捕，遭紹興知府連夜提審，皆坦言革命不諱，並引用清代詩人陶澹人之詩句，提筆寫下：「秋風秋雨愁煞人」七個大字作為絕命詞。充分表達了一位女革命家憂國憂民、壯志未酬、面對死亡的悲憤心情。

　　第六段是史家贊論，既讚其以女子而心雄萬夫，可為巾幗揚眉吐氣的豪情。也深惜她雖有大將才，卻無法奮力出擊，終究束手就縛的犧牲奉獻。最後用人中豪傑來點評秋瑾的歷史地位：「清季以巾幗光革命史乘者惟瑾，瑾亦人傑矣哉」！

本文及註釋

【性任俠有鬚眉氣】

　　秋瑾，字璿卿，別號競雄，又稱鑑湖女俠。浙江會稽人，隸籍山陰。幼隨父宦於閩，旋複隨父入湘。年十八，嫁湘人王廷鈞。廷鈞入資為部郎，需次[1]京師，瑾與之俱。生有子女各一。

---

[1] 需次：舊時指官吏授職後，按照資歷依次補缺。

與同官廉泉妻吳芝瑛深相契。讀書通大義，嫻[2]辭令，工詩文，又性任俠，慕朱家、郭解[3]之為人，以巾幗[4]而有鬚眉氣[5]。時清政日非，國勢陵夷[6]，士大夫猶復醉心利祿，瑾心薄之，因是與其夫不投。

【留學日本，組會結盟】

　　甲辰三月，悉以章服裳珮[7]之屬贈芝瑛，而東走日本留學。次年，中國革命同盟會成立，瑾加盟焉，自是更字競雄，號鑑湖女俠。日以物色志士為事。間又與諸女士組共愛會，而已為之長，氣譽日起。每有會集，輒摳衣[8]登壇，慷慨陳國事，聞者動容。甲辰冬，陶成章以事東渡，瑾因其戚陳氏子得識成章，及瑾日語講習會肄業終。乙巳夏，回浙省親，以成章介，先後得識蔡元培與徐錫麟；因以錫麟介，入光復會。旋復返日，入青山實踐女學校，會徐錫麟、陶成章亦相繼來日，益相結，以圖浙事。

---

[2] 嫻：熟練。

[3] 朱家、郭解：秦漢之際的遊俠。朱家，魯（今山東曲阜）人，以任俠得名。大量藏匿豪士及亡命之人，以助人之急而聞名於關東。季布被劉邦追捕，他通過夏侯嬰向劉邦進言，得赦免。郭解，字翁伯，河內軹（今濟源東南）人，長得短小精悍，貌不驚人，性格沉靜，勇悍，不喝酒。年輕時心狠手辣，恣意殺人。他肯捨命助人報仇，還幹些藏命作奸剽攻、鑄錢掘塚的事情。後來，一改前行，對人以德報怨，厚施薄望，救人之命不恃其功。在當地聲望很高。

[4] 巾幗：婦女的頭巾和頭髮上的裝飾物。後以借代為婦女的代稱。

[5] 鬚眉氣：具有男子氣概。

[6] 陵夷：衰敗，走下坡路。

[7] 章服裳珮：章服，以紋飾為等級標誌的禮服。裳珮，女性的衣裳配飾。

[8] 摳衣：提起衣服前襟。古人迎趨時的動作，表示恭敬。

【奉獻革命，倡設女報】

　　乙巳冬，日本文部省頒「取締中國留學生所入學校及寄宿舍之規則」，留學界大譁。陳天華蹈海死，宋教仁、胡瑛等主全體退學歸國。瑾尤憤甚，以胡漢民、汪精衛、范源濂等反對退學歸國。宋等於全體留學生俱樂部宣佈胡汪之死罪，范源濂避慝[9]病院，瑾往毆擊之。其後宋胡等心稍平，而瑾卒以此歸國，得識徐自華，結異姓姊妹，留任潯溪女學教員。是夏至浙東，陰求死士，得呂東昇諸人。還至南潯，以陳華招，將赴爪哇興女學，陶成章、龔味蓀止之，乃倡設《中國女報》於上海。又與陳伯平等於虹口租屋，秘製炸彈，謀暗殺。不慎，藥爆，伯平傷目，瑾傷手。

【居校集訓，密謀起義】

　　丙午冬，萍鄉革命軍起，同盟會會員集議上海，欲起兵為援，瑾以浙事自任，乃還紹興，入居大通學校。與諸黨人約，俟湘舉事，即起而為應。謀既定，及親走內地。經歷諸暨、義烏、金華各地，密結會黨。及上海同議黨人楊卓林等殉義於寧，胡瑛等被繫於鄂，寧調元等見拘於湘。接應之事，頓成瓦解。瑾益憤，乃始謀獨力舉事矣。大通學堂為徐錫麟所創，藉以薈萃訓練金、紹、處三府黨人者，至是，舉瑾主校事。

【部署起義失敗，徐錫麟殉難】

　　瑾及親往金處諸邑，改約束，頒號令，部署其眾，以光復漢

---

[9] 慝：音ㄊㄜˋ，災害。

族。大振國權八字，編定八軍，統名為「光復軍」。每軍置大將、副將、行軍參謀、佐尉等職，以徐錫麟為首領，而己為協領，定議先由金華起義，處州應之，俟杭城清兵出擊，再由紹興軍襲取杭城，軍學界為內應；若杭城不破，則退軍紹興，經金處出江西以通安慶，期與徐錫麟合。始定期五月二十六日，繼易為六月初十日，以佈置未周，五月初，紹興黨人裘文高召台州義軍，遽[10]樹革命軍旗幟於嵊縣西鄉。二十一日，武義黨案發。二十三、四日，金華黨案又發。瑾以事發，使陳伯平赴安慶密告徐錫麟，錫麟知事急，在皖響應。遂於二十六日殺皖撫恩銘，事敗，錫麟死之。清廷震駭。

【清軍圍捕，殉義紹城】

五月晦，安慶耗至，六月朔，大通諸弟子議早發難，先佔紹城。瑾必欲待期六月十日，諸弟子以事不可為，稍稍散去，及清軍至，有勸其出奔者，又不應。及至校掩捕，猶有持械以拒敵者。瑾與程毅、徐頌揚、錢應仁、呂植松、王植槐、蔣繼雲同被執。及審，直認革命不諱。再審，無一語。惟書「秋雨秋風愁煞人」。翌晨，殉義於紹城軒亭口，年三十有三。友人吳芝瑛等收其遺骸，葬之西湖；清吏惡之，乃陰囑其兄桐遷葬於紹興。乙酉冬，其子沅德再遷葬於湘。

【巾幗英雄，光耀史冊】

論曰：秋瑾以弱女子而心雄萬夫，可為巾幗揚眉吐氣矣。其

---

[10]遽：音ㄐㄩˋ，倉促、急速。

在橫濱，即入三點會；後返浙，復組浙東會黨為光復軍。其欲以會黨起事，蓄意久矣。觀其軍事部署，有大將才，獨惜不能奮起一擊，而終至束手就縛。清季以巾幗光革命史乘者惟瑾，瑾亦人傑矣哉！

時代意義

在傳統舊時代，像秋瑾這樣的女子，身在書香門第，又嫁入富豪門，只要守著三從四德，在家相夫教子，沒事和鄰人閒話家常，說東道西，生活就可以過得奢華而富貴，老了還可以無後顧之憂，頤養天年。但秋瑾心雄萬夫，救國情切，不願為「米鹽瑣屑終身其身」，而以「匡濟艱難」自期，勇敢挑戰舊觀念的關河險阻，披荊斬棘走自己的路。先是毅然衝破封建家庭的束縛，隻身東渡日本求學。繼而投入革命欲以推翻腐敗的君權政府，辦女報、興女學以鼓吹女權，為近代婦女解放吹響了第一聲號角。雖然她未能在有生之年看到成功，但她以生命召喚生命，一人倒下了，卻喚醒了民族魂，教千千萬萬的同胞同志前仆後起，推翻滿清，開啟民國新紀元。

當今我們已告別帝王君權政治和男尊女卑的舊時代，坐擁民主自由、女男平等的果實，人民可以選自己國家的領導人，可以放言讜論時事；女性可以與男性平起平坐，同享人權，並可邁家出門讀書、工作、創業，參與公共事務甚至登上政治的舞台。因此，物換星移，時代更迭，現代或許不再需要像秋瑾一樣拋灑頭顱熱血的革命女英豪，也不需要辦女報、興女學來喚醒女性的先驅者。但有了民主自由，是不是代表當政者的威權不再，社會已正義？而男女性別平等是不是意謂著人人皆平權？強凌弱，眾暴寡的霸凌無有？

秋瑾當年因著理想與愛，燃燒自己，捨己愛人的高貴情操，彷彿一道光芒，不僅點亮了時代的黑河，也映照著現在。而她跨越性別的框框，不

畏人言，勇於做自己的生命熱情，也時時昭示我們「革命尚未成功，同志仍須努力」。秋瑾所以光耀史冊，正來自於她無私爲公的耿耿之「志」，現代或許無需槍桿子出政權的流血革命，但「顧此耿耿在」的心靈改革仍須刻刻自勵。唯有像秋瑾這樣志慮純一的奉獻，化小愛爲大愛，才能讓自我生命日新富有，而宇宙歷史生生長流。

編撰者：王季香

延伸閱讀

1. 郭延禮，《解讀秋瑾（上）》，山東：山東教育出版社，2013 年。
2. 顧燕翎，〈女性主義秋瑾〉，《婦女與兩性》創刊號，1990 年 1 月，頁 27–47。
3. 王煒，〈論秋瑾性別角色轉換的三個層面〉，《人文社會科學》，第 2 期，2006 年，頁 117–119。
4. 李細珠，〈秋瑾女性革命家形象的歷史建構〉，《社會科學研究》，2007 年 5 月，頁 147–152。

參考資料

1. 陳象恭，《秋瑾年譜及傳記資料》，北京：中華書局，1983 年。
2. 趙爾巽等著，《清史稿》，北京：中華書局，1997 年。